JN237189

Wordで作ったWordの本

作って簡単・超便利!
Wordのマクロ実践サンプル集

[Word 2010/2007/2003/2002 対応]

西上原裕明●著

技術評論社

> 本書は以下の環境で作成されています。
> ◎Windows Vista
> ◎Word2007
> ◎本文のフォントはダイナコムウェア株式会社の「ＤＦ華康明朝体 Std」、見出しのフォントは同社の「ＤＦ平成ゴシック体 Std」を使用しています。

免責事項

●本書に記載された内容は、情報の提供のみを目的としています。したがって、本書を用いた運用は、必ずお客様自身の責任と判断によって行ってください。これらの情報の運用の結果について、技術評論社および著者はいかなる責任も負いません。

●本書記載の情報、ソフトウェアに関する記述などは 2010 年 6 月現在のものを掲載しています。それぞれの内容については、ご利用時には変更されている場合もあります。

●以上の注意事項をご了承いただいた上で、本書をご利用願います。これらの注意事項をお読みいただかずにお問い合わせいただいても、技術評論社および著者は対処しかねます。あらかじめご承知おきください。

Word のバージョン、読者対象について

●本書は Microsoft Windows Vista 上で Microsoft Word2010 を使用する場合を例に解説しています。Windows 7/XP や Word2002/2003/2007 をお使いの場合、表示される画面や操作方法が異なることがありますので、あらかじめご了承ください（Word2002/2003/2007 での操作方法については本文中で解説しています）。

●本書は Word の基本的な操作はひととおりマスターしている方を対象としています。まったくの初心者の方は、本書の前に別途、初心者向けの書籍を読まれることをお勧めします。

商標について

●Microsoft、MS、Windows、Office、Word は米国 Microsoft 社の登録商標または商標です。その他、本書に掲載されている会社名および製品名などは、それぞれ各社の商標、登録商標、商品名です。なお、本文中には(tm)マーク、(R)マークは明記しておりません。

はじめに

　たとえば「1 ページの行数を加減する」「空段落を削除する」「全角の英数字を半角にする」「桁区切りのカンマを入れる」……本書を手に取った方は、こんな作業の繰り返しにうんざりしているのではないでしょうか。

　マクロを使えば楽になるらしい……そこで書店に行ってみると、あふれているのは Excel 用の本ばかり。Word のマクロ本となると、現在発売されているのは筆者の「Word で実践 やさしくて役に立つマクロ事例集 2003/2002 対応」（技術評論社刊）だけというありさまです。そこで、同書よりも少し敷居を下げて、「とりあえず Word でマクロを体験してみたい」という方のために書いたのが本書です。

　マクロとは、たとえば Word や Excel の中で行う作業を手順書としてまとめたものです。このようなマクロを作る上で一番大切なのは、対象となるアプリケーションの使い方をよく知ることです。いくら Excel のマクロに詳しくても、Word で扱う要素には「何」があって、「どうする」ことができるのかを知らなければ、一歩も踏み出すことはできません。反対に、Word で何をどうしたいかがわかっていれば、それをマクロ形式の手順書として仕上げることは、それほど高い壁ではありません。

　もちろん、マクロで高度な処理を行うにはいろいろな知識と経験が必要です。しかし、ごく簡単なマクロでも、実用的なものはいくらでも作ることができます。作ったマクロがうまく動作しなくても、問題発生→原因究明→改善を繰り返すことで、マクロへの理解が深まり、マクロ作りの自力も向上していきます。

　マクロ事例は処理対象ごとに区分けしており、興味の持てそうなものから試していただいてもよいのですが、これから学ぶ方はなるべく順を追って読むことをおすすめします。本書のマクロの多くは 10 行前後、長くても 1 ページ以内です。ぜひ実際に「解読」「入力」「実行」してみてください。

　本書を通じてマクロを感覚的に理解できるようになり、ステップアップへの手がかりを得ることができましたら幸いです。

　執筆できる機会の少ない Word のマクロ本ですが、「学習用に軽いマクロの事例集を作りたい」という筆者の願いを叶えてくださり、本書の編集をご担当くださいました技術評論社の熊谷裕美子さんに深く感謝申し上げます。

筆者

目次

Part1 「記録マクロ」を使ってみよう

1-1 操作の内容を「記録」してみよう 10
- マクロの記録を開始する 10
- 記録したい操作を実行する 11
- マクロの記録を終了する 11

1-2 記録したマクロを実行してみよう 12
- 記録した操作を取り消し、マクロで実行してみる 12

1-3 記録したマクロの中身を見てみよう 13
- Visual Basic Editor で記録マクロの中身を確かめる 13

Part2 VB Editor を使ってみよう

2-1 VB Editor を使ってみよう 16
- Word と VB Editor 間の行き来はショートカットキーが便利 16
- マクロ活用には［開発］タブが便利（2007/2010） 17
- VB Editor はこうなっている 18
- 最初にやっておきたいオプション設定 19

2-2 知っておきたいマクロの書き方 20
- マクロの記入場所を作る 20
- マクロ名の決まりごと 22
- 何でも書ける「注釈記号」 23
- 長い行は「継続行」で折り返す 23
- 複雑な構造はインデントと行空けでわかりやすく 24

2-3 知っておきたいマクロの基礎知識 25
- ◇ 処理の対象は「オブジェクト」 25
- ◇ オブジェクトの要素を表す「プロパティ」 26
- ◇ オブジェクトを処理する「メソッド」 29
- ◇ コードをわかりやすくする「組み込み定数」 30
- ◇ 「オブジェクトブラウザ」を使ってみる 31
- ◇ マクロの処理を楽にする「変数」 32
- ◇ 同じ処理を繰り返す「For〜Next」文 35
- ◇ 同種のオブジェクトの処理に便利な「For Each In〜Next」文 ... 36
- ◇ 繰り返しを柔軟に処理できる「Do〜Loop」文 38
- ◇ 条件によって処理を変える「If」文 40
- ◇ 状態によって処理を選択する「Select Case」文 42
- ◇ ループを途中で抜け出す「Exit For」「Exit Do」「End」 43
- ◇ 記述の負担を減らし、速度を向上させる「With 文」 44
- ◇ 決まったデータに名前を付けて利用する「Const」 45

2-4 簡単なマクロを作り、テストしてみよう 46
- ◇ 短いマクロを入力してみる-1 46
- ◇ 短いマクロを入力してみる-2 47
- ◇ VB Editor からマクロを実行する 49
- ◇ VB Editor でマクロの動作を 1 行ずつ確かめる 50
- ◇ 「ブレークポイント」を活用する 52
- ◇ 「ローカルウィンドウ」を活用する 53
- ◇ 「ウォッチウィンドウ」を活用する 54
- ◇ 「イミディエイトウィンドウ」を活用する 55
- ◇ よくありがちな記述ミス 56
- ◇ それでも起こるエラーへの対処 57
- ◇ マクロが止まらない!?〜急ブレーキのかけ方 58

2-5 マクロの「ヘルプ」を活用しよう 59
- ◇ VB Editor のヘルプを呼び出す 59
- ◇ マクロの中身からヘルプを逆引きする 60
- ◇ 組み込み定数を調べる 61

Part3 マクロ用のテンプレートを作って活用しよう

3-1 マクロ用のテンプレートを用意する 64
- ◇ テンプレートを既定の場所に保存する 64
- 【コラム】テンプレート間で［標準］モジュールをコピーする 65
- ◇ Word のセキュリティ設定を確かめる（2002/2003） 66
- ◇ Word のセキュリティ設定を確かめる（2007/2010） 66
- ◇ テンプレートを「アドイン」する 67

3-2 アドインテンプレートのマクロを使う 69
- ◇ マクロを一覧から実行する 69
- ◇ マクロにショートカットキーを割り当てる 70
- ◇ マクロにボタンを割り当てる（2002/2003） 71
- ◇ マクロをクイックアクセスツールバーで使う（2007/2010） 72
- 【コラム】テンプレートのプロジェクト名を短くする 73
- ◇ Word にタブとボタンを登録する（2010） 74

3-3 独自のタブとボタンを作る(2007/2010) 76
- ◇ テンプレートにタブを作り、マクロをボタン化する手順 76
- ◇ ボタンに応答するマクロを作る 77
- ◇ 「customUI」フォルダと「customUI.xml」ファイルを作る 78
- ◇ 「customUI」フォルダをテンプレートに組み込む 81
- ◇ 「customUI」ファイルを参照するしかけを作る 82

目次

Part4 簡単マクロ事例集

文字処理

1. カーソル位置から行末まで削除する 86
2. 蛍光ペンの色を「白色」に置換する 88
3. 下線の語句だけ別文書に書き出す 90
【コラム】Selection と Range 93
4. 半角のカタカナを全角に変換する 94
5. 英字、数字を半角に変換する 96
6. 英大文字の略号だけを全角に変換する 98
7. アラビア数字を漢数字に変換する 100
8. 数字を桁区切りカンマ形式にする 102
9. 小数点以下を四捨五入する 104
10. 2桁の数字だけ縦中横文字に置換する 106
11. 【】で囲まれた文字を割注に変換する 108
12. 割注をまとめて解除し【】で囲む 110

段落処理

13. 空白行をまとめて削除する 112
14. スペースを字下げインデントに変える 114
15. 指定文字数で折り返す 116
【コラム】InputBox と MsgBox 119
16. 強制改行を解除して段落をまとめる 120
17. ドロップキャップを一括設定・解除する 122
18. 番号付き段落を見出しスタイルにする 124

ページ書式

19. ページサイズを B4、A4、B5 に変える 126
【コラム】2つの変数の中身を入れ替える 129
20. 文書の基本行数を増減する 130
21. 文書の1行の基本文字数を増減する 133
22. 指定行数の便箋を作る 135
23. すべての段組みの書式を統一する 141

表編集	24	すべての表の負の値だけ書式を変える ... 143
	25	段落間の表の前に番号を一括挿入する ... 144
	26	表の行と列を転置する ... 146
		【コラム】複数のデータをひとつの変数で処理する(配列変数) .. 150
表書式	27	表の行を斜めに揃える ... 151
	28	すべての表の数字セルを右揃えにする ... 152
	29	すべての表の書式を統一する ... 154
	30	文書中の表の位置を揃える ... 156
	31	すべての表幅を3種類に統一する ... 158
	32	表にスタイルを一括設定する ... 160
図編集	33	アンカーのロックを切り替える ... 161
	34	すべての行内配置図版に番号を付ける ... 162
	35	図を10％ずつ拡大・縮小する ... 164
	36	章見出しを一気にワードアート化する ... 166
	37	描画キャンバスの図をグループ化する ... 168
	38	描画キャンバスのグループ解除（2007以前） ... 170
	39	描画キャンバスのグループ解除（2010） ... 172
	40	選択した図を縦横に整列 ... 174
	41	描画キャンバスの図を整列（2007/2010） ... 176
	42	描画キャンバスの書式統一（2007以前） ... 178
	43	テキストボックスの設定を調整する ... 179
	44	行内配置写真の書式統一（2007/2010） ... 180
	45	複数の写真を別段落に分けて挿入する ... 181
	46	写真の幅と高さをまとめて調整する ... 182
画面表示	47	Wordウインドウを定位置に表示する ... 183
	48	隠し文字だけ表示を切り換える ... 184
	49	決まった寸法でグリッドを表示する ... 185
環境設定	50	文書の文字色でプリンタを切り替える ... 186
	51	アドインテンプレートをオン・オフする ... 187
	52	「既定のフォルダ」を切り替える ... 188

Part 1

「記録マクロ」を使ってみよう

「記録マクロ」とは、操作内容をマクロとして自動的に記録してくれる機能のことです。たとえばあらかじめ選択した文字範囲に対して「太字と下線を設定する」という操作を記録すると、以降は記録されたマクロを「実行」するだけで、同じ処理を行うことができます。

記録された内容が適切とは限らないので、記録マクロを使いこなすにはマクロの知識が必要ですが、差し当たり「マクロとはどんなものか」を知るには便利です。

この Part1 では記録マクロの操作方法について概説します。

1-1 操作の内容を「記録」してみよう

マクロとは、操作の手順書です。Wordの「記録マクロ」を利用すると、実際に行った操作を記録し、マクロとして自動的に書き出すことができます。なんでも記録してくれるわけではありませんが、マクロ独特の書き方を知る上でとても役に立ちます。手始めに、簡単な操作を「記録」してみましょう。

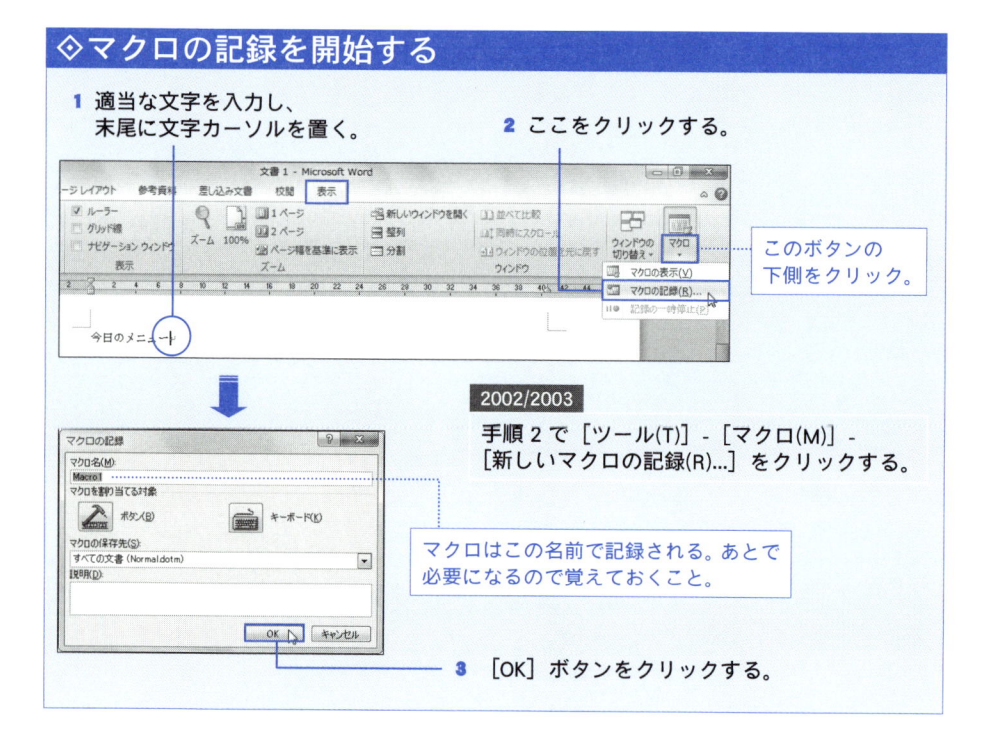

◇マクロの記録を開始する

1 適当な文字を入力し、末尾に文字カーソルを置く。

2 ここをクリックする。

このボタンの下側をクリック。

2002/2003
手順2で［ツール(T)］-［マクロ(M)］-［新しいマクロの記録(R)...］をクリックする。

マクロはこの名前で記録される。あとで必要になるので覚えておくこと。

3 ［OK］ボタンをクリックする。

- 手順3の前に［ボタン(B)］または［キーボード(K)］をクリックすると、マクロの実行用にボタンまたはショートカットキーを割り当てることができますが、まずはそのまま［OK］ボタンをクリックしてみてください。マクロをボタンまたはショートカットキーで実行する方法についてはPart3であらためて解説します。

- ［マクロの保存先(S):］で［すべての文書(Normal.docm)］（Word2002/2003ではNormal.dot）を選択すると、記録したマクロをすべての文書で使うことができます。必ずしも適切ではありませんが、練習中はそれでもかまいません。保存先についてはPart3であらためて解説します。

◇記録したい操作を実行する

1 ここ（[中央揃え]）を
   クリックする。

   2002/2003
   手順1と3では[書式設定]
   ツールバーのボタンを
   クリックする。

2 [Shift]＋[Home]キーを押し、
   先頭までの文字範囲を選択する。

   > マクロの記録中は
   > ドラッグによる範囲選択は
   > できない。

3 ここ（[太字]）を
   クリックする。

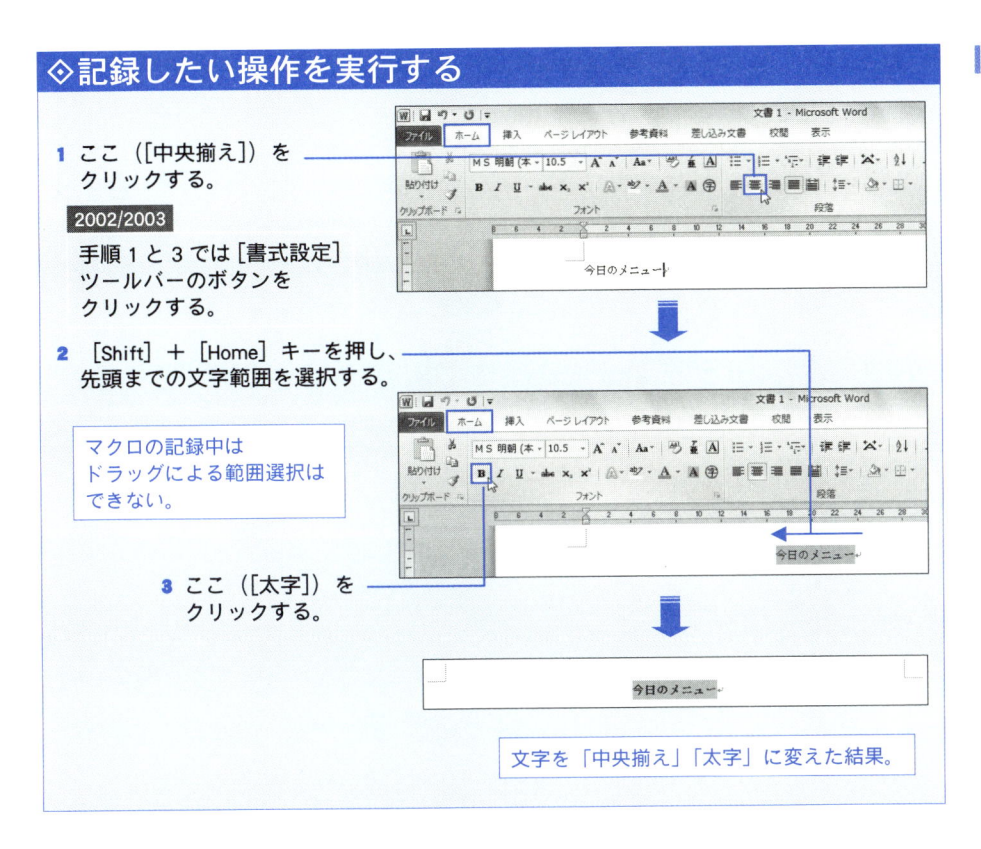

文字を「中央揃え」「太字」に変えた結果。

📖 文字範囲は、[Shift]キーを押したままで[→][←][↑][↓]キーを押しても選択できます。マクロの記録を開始する前に文字カーソルを別の場所に置いていた場合には、文字カーソルを先頭または末尾に移動してから選択してください。ただし、その操作もマクロに記録されます。

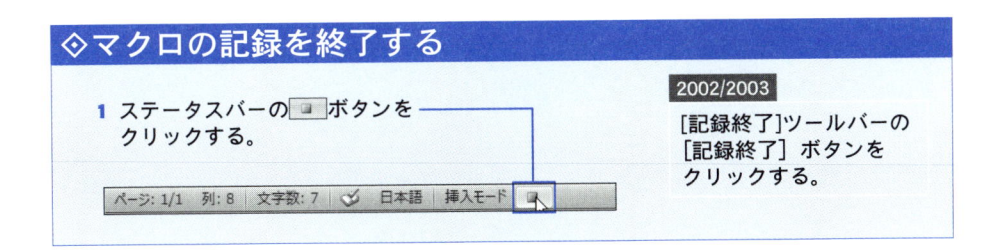

◇マクロの記録を終了する

1 ステータスバーの　ボタンを
   クリックする。

   2002/2003
   [記録終了]ツールバーの
   [記録終了]ボタンを
   クリックする。

📖 ステータスバーとはWordウィンドウの下端のバーのことです。

1-1 操作の内容を「記録」してみよう

11

Part 1 「記録マクロ」を使ってみよう

1-2 記録したマクロを実行してみよう

記録したマクロを実行する方法はいろいろありますが、まずはマクロの一覧から実行する方法を試してみましょう。別の文書で試してもよいのですが、ここでは前節で使った例を最初の状態に戻し、再利用します。マクロの結果を取り消す方法も覚えられるので一石二鳥です。

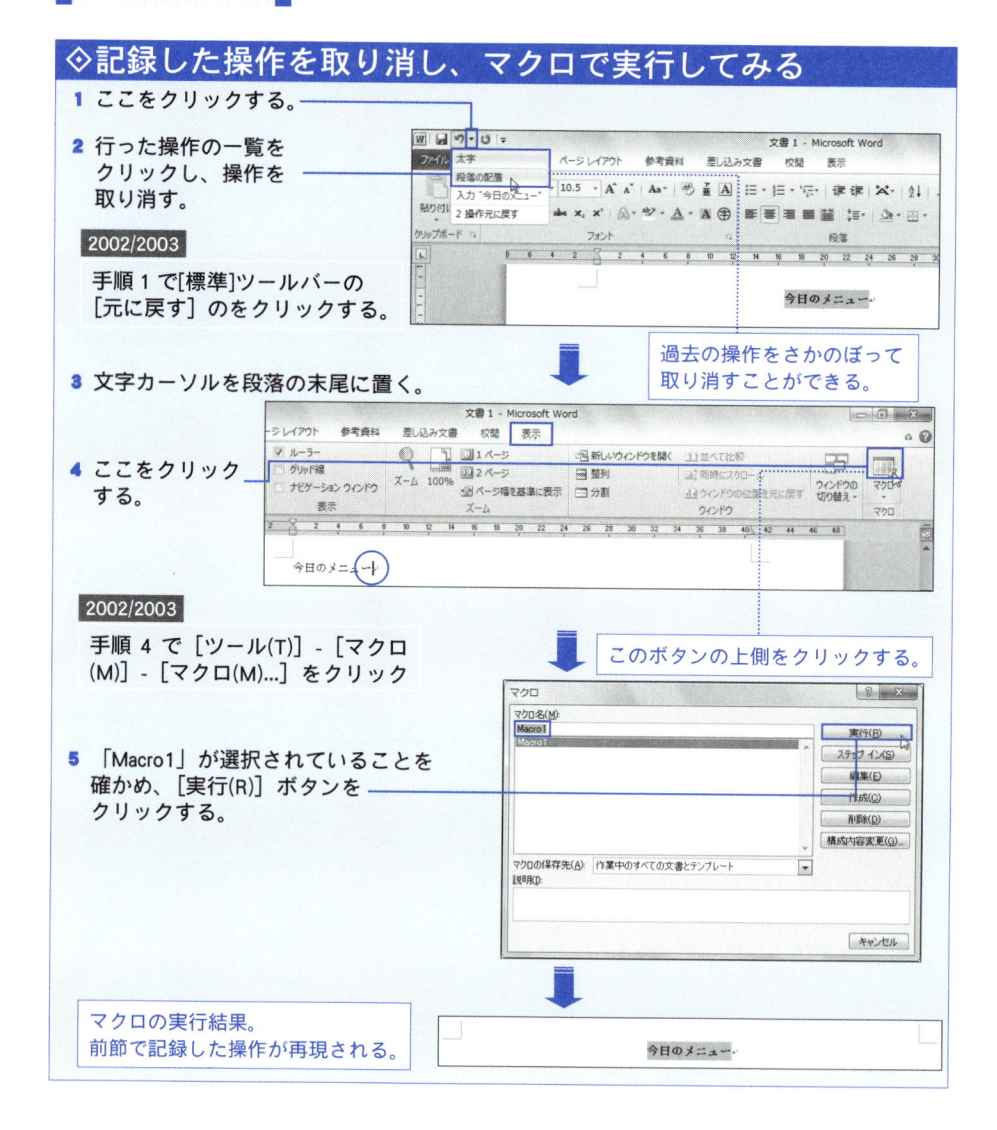

◇記録した操作を取り消し、マクロで実行してみる

1 ここをクリックする。

2 行った操作の一覧をクリックし、操作を取り消す。

2002/2003
手順1で[標準]ツールバーの[元に戻す]のをクリックする。

過去の操作をさかのぼって取り消すことができる。

3 文字カーソルを段落の末尾に置く。

4 ここをクリックする。

2002/2003
手順4で［ツール(T)］-［マクロ(M)］-［マクロ(M)...］をクリック

このボタンの上側をクリックする。

5 「Macro1」が選択されていることを確かめ、[実行(R)]ボタンをクリックする。

マクロの実行結果。
前節で記録した操作が再現される。

12

1-3 記録したマクロの中身を見てみよう

操作をマクロとして記録すると、その内容がマクロ独特の形式による手順書として書き出されます。先の 11 ページでは、「中央揃え」「行頭まで選択」「太字設定」という 3 つの操作を行いました。では、その内容がどのように書き出されているかを見てみましょう。

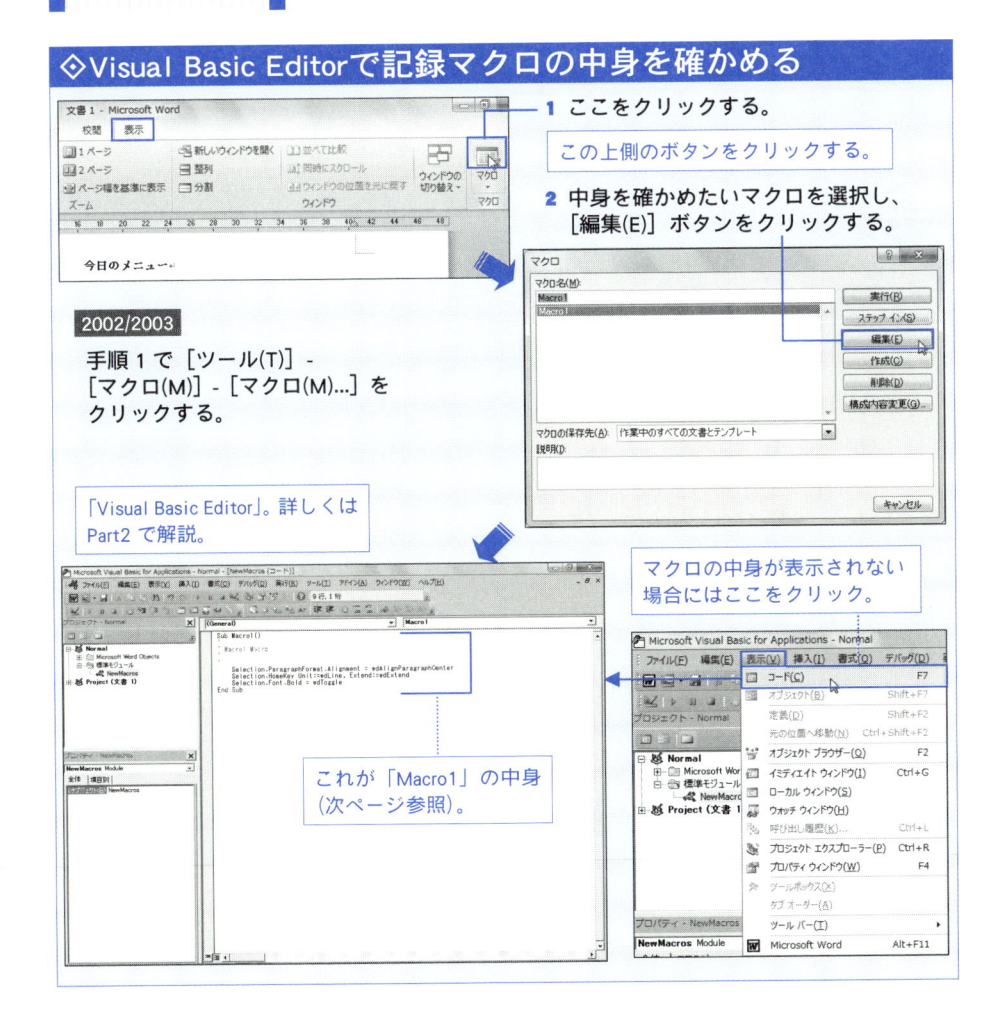

◆Visual Basic Editorで記録マクロの中身を確かめる

1 ここをクリックする。

この上側のボタンをクリックする。

2 中身を確かめたいマクロを選択し、[編集(E)] ボタンをクリックする。

2002/2003
手順 1 で [ツール(T)] - [マクロ(M)] - [マクロ(M)...] をクリックする。

「Visual Basic Editor」。詳しくは Part2 で解説。

これが「Macro1」の中身（次ページ参照）。

マクロの中身が表示されない場合にはここをクリック。

📖 画面の様子はご使用の状況によって異なります。マクロの中身が表示されない場合には [表示(V)] - [コード(C)] をクリックしてください。

ひとくち解説 記録マクロの使いみち

こまかいお話はあとにして、まずは記録したマクロの中身を眺めてみましょう。

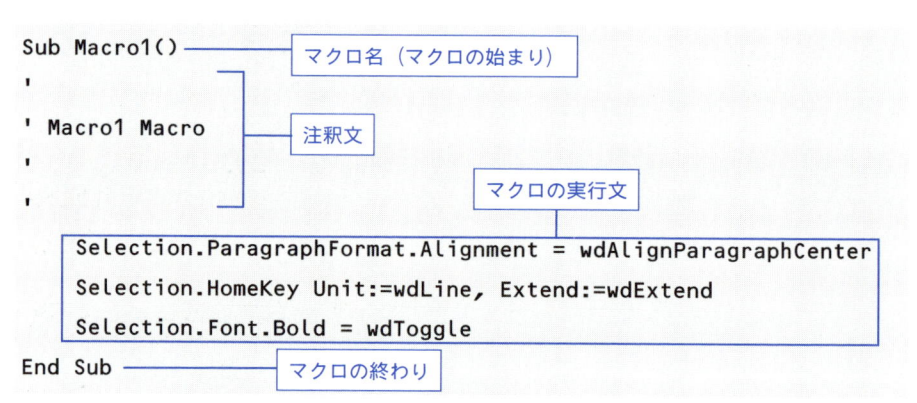

```
Sub Macro1()          ← マクロ名（マクロの始まり）
'
' Macro1 Macro        ← 注釈文
'
'
                                      ← マクロの実行文
    Selection.ParagraphFormat.Alignment = wdAlignParagraphCenter
    Selection.HomeKey Unit:=wdLine, Extend:=wdExtend
    Selection.Font.Bold = wdToggle
End Sub               ← マクロの終わり
```

　この例では、枠線で示した「実行文」の3行が記録時の操作に対応しています。たとえば1行目の左辺「Selection.ParagraphFormat.Alignment」を読み下すと、「選択箇所の段落書式の段落配置」のように読めます。間の「=」は等号ではなく、「左辺を右辺の状態にしなさい」という意味です。

　そこで右辺を見ると「wdAlignParagraphCenter にしなさい」となっています。「〜Center」は「中央揃え」を表すようです。いかがでしょうか。一見難しそうでも、よく見ると意外に「簡単」かもしれません。

　記録マクロを使うと、「なるほど、選択範囲は Selection、段落配置は ParagraphFormat の Alignment で表せばいいらしい」と見当が付きます。これを手がかりにして、各語句の意味や使い方を Visual Basic Editor のヘルプ（59ページ参照）で調べることもできます。

　記録マクロには欠点もあります。たとえば3行目の「Selection.Font.Bold = wdToggle」の左辺は「選択箇所のフォントの太字設定」を表し、右辺の「wdToggle」は現状の反転を表します。つまり「太字なら太字を解除、そうでなければ太字にする」という意味になり、太字の箇所でこのマクロを実行すると太字が解除されます。常に太字にすることが目的であれば、この記録マクロをそのまま使うことはできません。

　また、「記録されない操作もある」「文字範囲の選択にはマウスドラッグは使えない」「余計な情報が記録される」といった不都合もあります。記録マクロには限界があることを理解した上で利用することが大切です。

Part 2

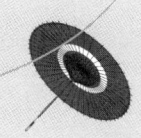

VB Editor を使ってみよう

Wordのマクロを作るには、「Visual Basic Editor」と呼ばれる道具を使います。

「Visual Basic Editor」には、マクロを作る上で便利な機能がたくさん備わっています。また、マクロの動作をテストしたり、プログラミングに必要なヘルプ情報を参照することもできます。

このPart2では、「Visual Basic Editor」の基本的な使い方について解説します。

VB Editor を使ってみよう

Wordでマクロを作るには「Visual Basic for Applications」というプログラム専用の言葉を使います。そのための道具が「Visual Basic Editor」です。ここでは、Visual Basic Editorを使う上で最小限知っておきたい基本操作について解説します。なお、本書では以下「VB Editor」と略記します。

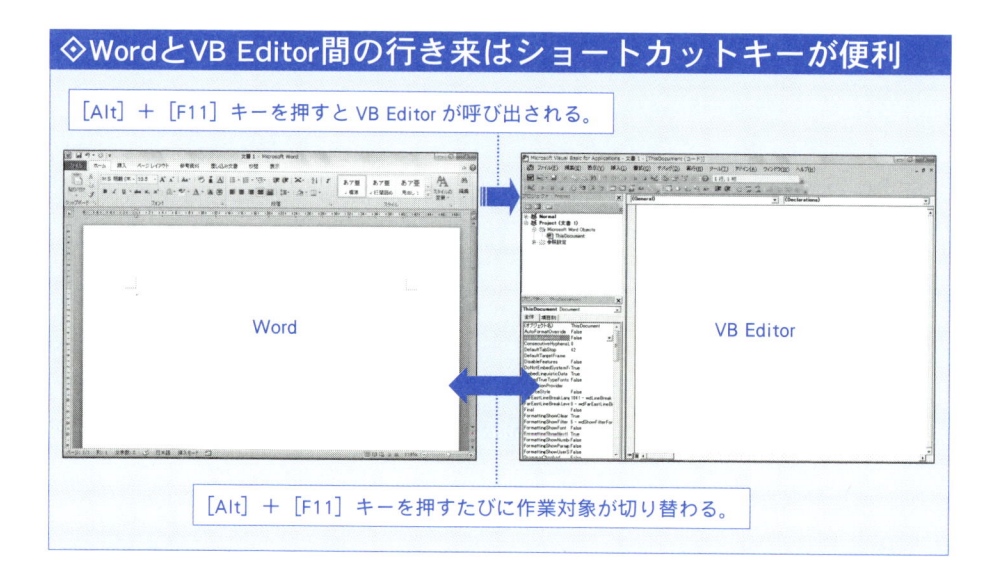

◇WordとVB Editor間の行き来はショートカットキーが便利

［Alt］＋［F11］キーを押すとVB Editorが呼び出される。

［Alt］＋［F11］キーを押すたびに作業対象が切り替わる。

ひと口解説　瞬時にVB Editorを呼び出せる［Alt］＋［F11］キー

　Part1の13ページではVB Editorを［マクロ］ダイアログボックス経由で呼び出しましたが、VB Editorを活用する場合にはぜひ［Alt］＋［F11］キーを覚えることをおすすめします。最初にこのショートカットキーを押すとVB Editorが呼び出され、以降は押すたびに作業対象がWord←→VB Editor間で切り替わります。

　また、作りかけのマクロをテストする場合には、ウィンドウのサイズを調整し、両方見えるようにしておけば、マクロの動作結果をすぐに確かめることもできます。

　VB Editorでの作業を終えたらVB Editorの右上の ［閉じる］ボタンで閉じてください。また、［Alt］＋［Q］キーでも閉じることができます。

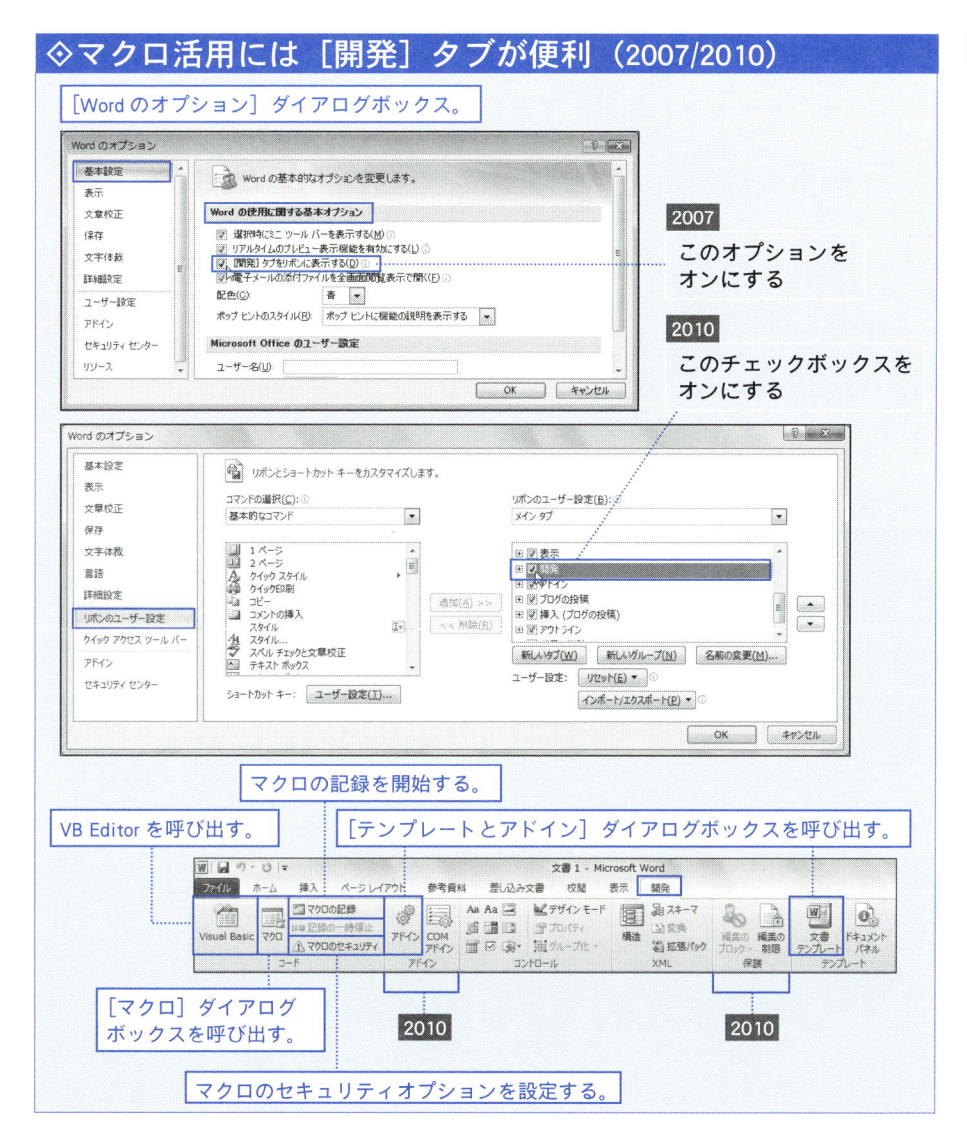

◇マクロ活用には［開発］タブが便利（2007/2010）

［Word のオプション］ダイアログボックス。

2007
このオプションを
オンにする

2010
このチェックボックスを
オンにする

マクロの記録を開始する。

VB Editor を呼び出す。　［テンプレートとアドイン］ダイアログボックスを呼び出す。

［マクロ］ダイアログ
ボックスを呼び出す。　**2010**　　　**2010**

マクロのセキュリティオプションを設定する。

ひとこと解説　余裕があれば短縮キーを覚えると便利

　マクロ関係のコマンドは、Word2003 以前では、［ツール(T)］-［マクロ(M)］にまとめられています。Word2007/2010 では［表示］タブの右端にもマクロ関係のボタンがありますが、マクロを活用する場合には、［開発］タブを表示させておくとよいでしょう。

◆VB Editorはこうなっている

［プロジェクトエクスプローラ］。
現在開いているファイルが表示される。

ツールバー。
表示を切り替えるには右クリック。

ウィンドウの表示を
切り替えるには
ここから操作。

［コード］ウィンドウ。
マクロ記入用のシートが表示される。
表示されない場合は 13 ページ参照。

［プロパティ］ウィンドウ。
作業対象の状態が
表示される。

VB Editor のツールバー。

ひと口解説　基本は 2 つのウィンドウ

　VB Editor をはじめて起動すると、上図のような 3 つのウィンドウが表示されます。ほかにもいくつかのウィンドウがありますが、必ず使うのが左上の［プロジェクトエクスプローラ］と右側の［コード］ウィンドウです。左下の［プロパティ］ウィンドウはダイアログボックスを独自に作る場合以外はほとんど使いません。各ウィンドウの表示切り替えは［表示(V)］メニューから行います。

　ツールバーは 4 種類あります。［標準］は作業全般、［編集］は入力支援、［デバッグ］はマクロの動作テスト用です。基本的に、この 3 つは常に表示させておくことをおすすめします。［ユーザーフォーム］はダイアログボックスを独自に作る場合に使います。本書では扱いません。

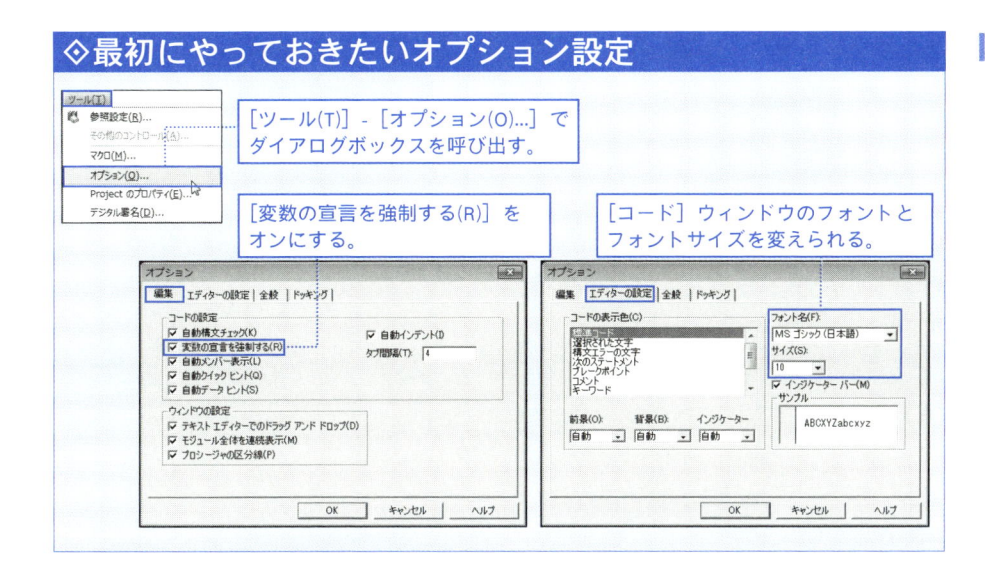

◇最初にやっておきたいオプション設定

2-1 VB Editor を使ってみよう

［ツール(T)］-［オプション(O)...］で
ダイアログボックスを呼び出す。

［変数の宣言を強制する(R)］を
オンにする。

［コード］ウィンドウのフォントと
フォントサイズを変えられる。

ひと口解説　［変数の宣言を強制する］オプションをオンにする

　［オプション］ダイアログボックスのほとんどの項目は、最初の設定のままでかまいません。

　ただし、必ず変えておきたいのが［変数の宣言を強制する］オプションです。「変数」についてはあとであらためて解説しますが、マクロを作る上で欠かせない、強力な要素です。

　変数を使うには、「こういう種類の変数を、○○という名前で使います」と宣言することが大切ですが、このオプションをオフにすると、宣言なしでマクロを実行できるようになります。しかし、たんに入力を間違えただけの語句まで変数扱いになり、どんなエラーが発生するかわかりません。

　このオプションは最初はオフになっていますが、必ずオンにすることをおすすめします。オンにすると［コード］ウィンドウの上端に「Option Explicit」と表示されます。オンにしたにもかかわらず表示されない場合には、上端に直接入力してください。

　［コード］ウィンドウのフォントサイズは適当に調整するのもよいでしょう。フォントはあえて変える必要はありませんが、変える場合には「MS P〜」のようなフォントは避けてください。字送りが不定となり、コードが読みにくくなります。

19

2-2 知っておきたいマクロの書き方

マクロは、所定の場所に所定の書式で書くことになっています。ここでは、マクロの記入場所の作り方、マクロ名の付け方の規則、マクロを読みやすくする書き方について解説します。本書の事例を読む上で必要な事項も含まれているので、ひととおり目を通しておくことをおすすめします。

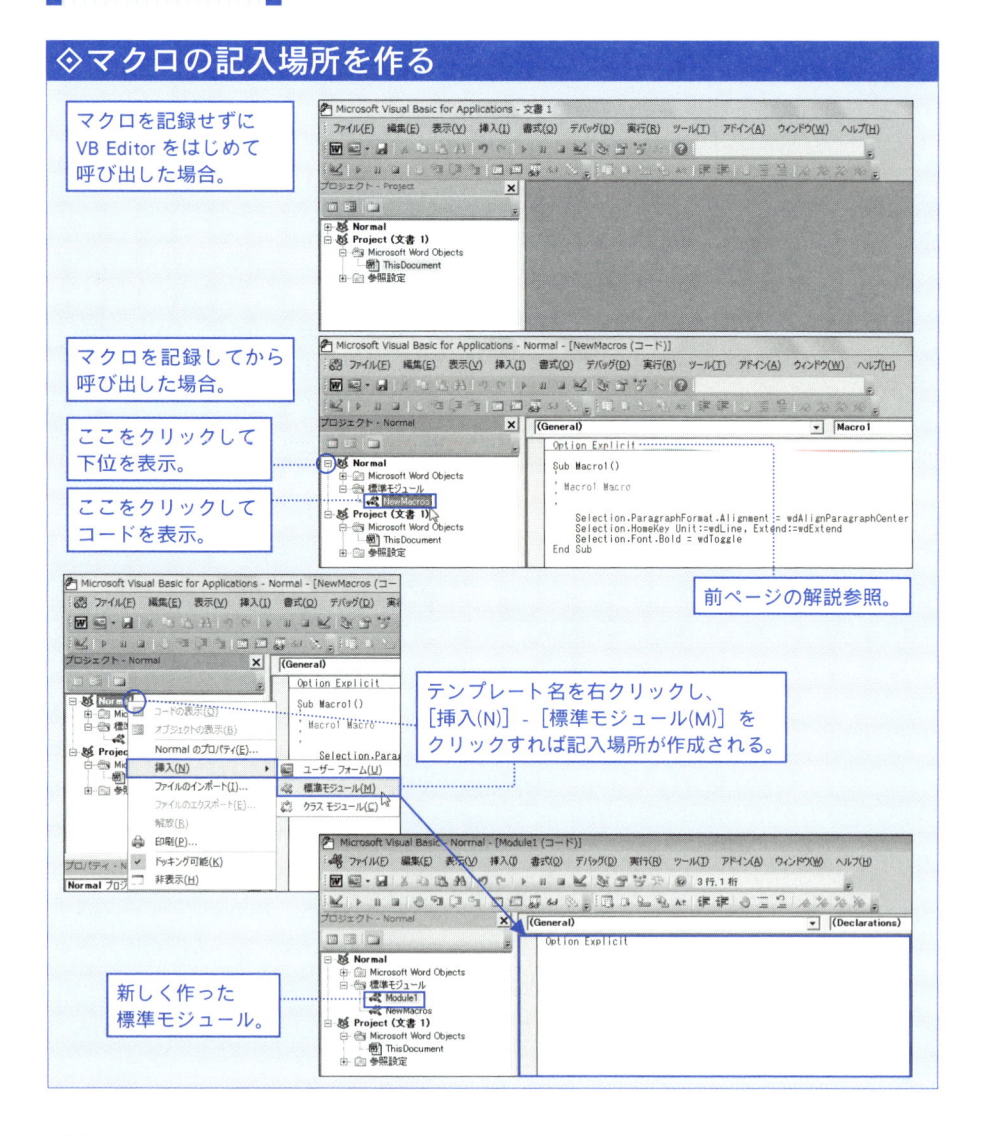

◆マクロの記入場所を作る

マクロを記録せずに VB Editor をはじめて呼び出した場合。

マクロを記録してから呼び出した場合。

ここをクリックして下位を表示。

ここをクリックしてコードを表示。

前ページの解説参照。

テンプレート名を右クリックし、[挿入(N)] - [標準モジュール(M)] をクリックすれば記入場所が作成される。

新しく作った標準モジュール。

「標準モジュール」を用意する

マクロを書く場所のことを「モジュール」と呼びます。[コード] ウィンドウは、このモジュールを表示する場所です。

Part1 で解説した記録マクロを使うと自動的に「NewMacros」という名前のモジュールが作られ、その内容が [コード] ウィンドウに表示されます。

新たに作るマクロはこの「NewMacros」モジュールに書くこともできますが、マクロの数が多くなると、ひとつのモジュールに何でも詰め込むのは考えものです。基本的には、別に専用のモジュールを作り、「NewMacros」は記録マクロ専用とすることをおすすめします。

新しいモジュールを作るには、前ページの図に示したようにテンプレート名を右クリックし、ショートカットメニューの [挿入(N)] - [標準モジュール(M)] をクリックします。

ちなみに、[挿入(N)] のサブコマンドに見える「ユーザーフォーム」は独自のダイアログボックスを設計する場所で、「クラスモジュール」は高度なプログラミングに使います。本書ではこの2つは扱いません。

また、下図に見える「ThisDocument」もクラスモジュールの一種で、たとえば文書自身の開閉時に自動的に実行するマクロなどを書くことができます。このモジュールについても本書では割愛します。

なお、標準モジュールは複数作ることができます。その場合にはモジュール名を適宜変えておくことをおすすめします。下図に、覚えておきたい標準モジュールの操作をまとめてみました。

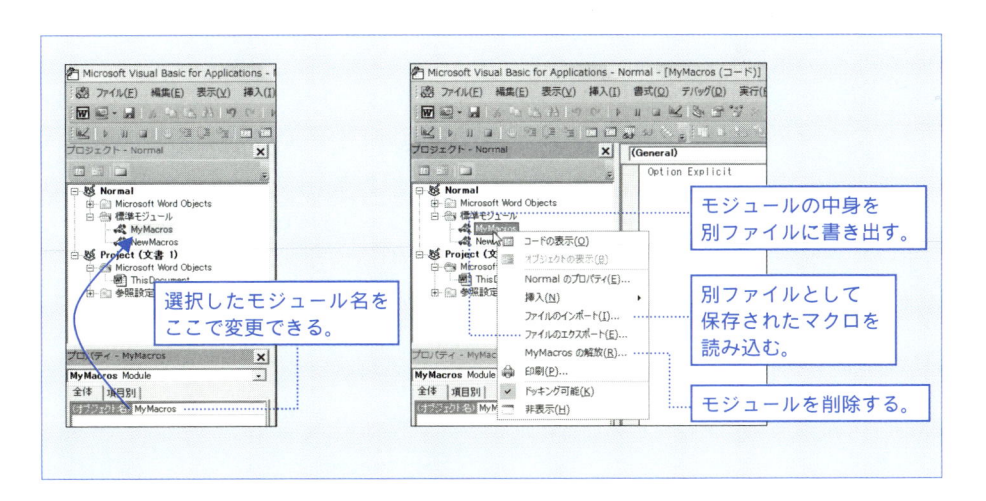

◇マクロ名の決まりごと

```
Sub Macro1()      ← マクロの先頭。
'
' Macro1 Macro
'
    Selection.ParagraphFormat.Alignment = wdAlignParagraphCenter
    Selection.HomeKey Unit:=wdLine, Extend:=wdExtend
    Selection.Font.Bold = wdToggle
End Sub           ← マクロの末尾。
```

ひと口解説 「Sub マクロ名()」で始まり「End Sub」で終わる

　上図はPart1で記録したマクロの結果です。マクロ名はこのように、「Sub マクロ名()」で始まり「End Sub」で終わることになっています。コードを直接書く場合には、先頭行を書いて［Enter］キーを押すと自動的に「End Sub」が補われるので、その間に処理行を書けばよいことになります。ちなみに、「Sub」～「End Sub」のブロックを「プロシージャ」と呼びます。

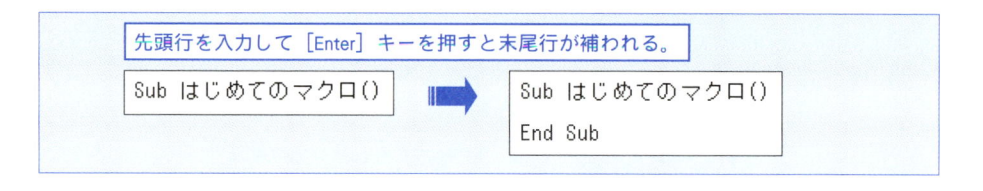

先頭行を入力して［Enter］キーを押すと末尾行が補われる。

```
Sub はじめてのマクロ()
```
　　➡
```
Sub はじめてのマクロ()
End Sub
```

　マクロ名は半角英字が基本です。本書ではわかりやすさを優先して日本語を使っていますが、誤作動する場合もあるので、慣れてきたら半角英字を使うことをおすすめします。
　数字はマクロ名の途中であれば使用できますが、先頭には使えません。記号類は、使えるものとそうでないものがあります。使えない記号を入力するとVB Editorからすぐに怒られるので心配は要りません。

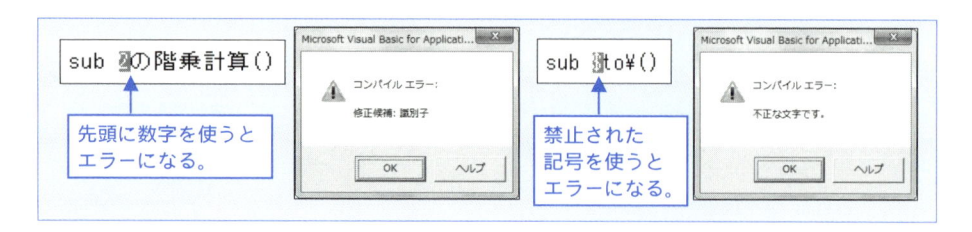

`sub 2の階乗計算()`
先頭に数字を使うとエラーになる。

コンパイル エラー:
修正候補: 識別子

`sub ¥to¥()`
禁止された記号を使うとエラーになる。

コンパイル エラー:
不正な文字です。

◇何でも書ける「注釈記号」

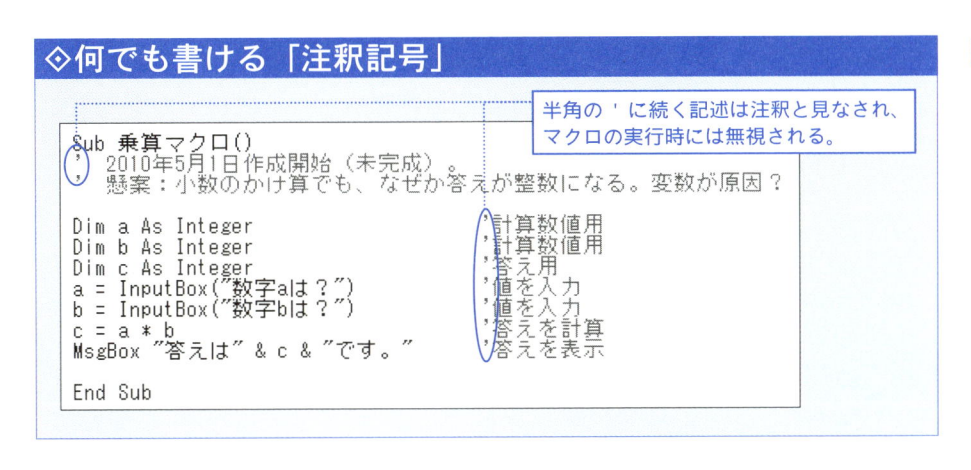

半角の ' に続く記述は注釈と見なされ、マクロの実行時には無視される。

```
Sub 乗算マクロ()
' 2010年5月1日作成開始（未完成）
' 懸案：小数のかけ算でも、なぜか答えが整数になる。変数が原因？
Dim a As Integer      '計算数値用
Dim b As Integer      '計算数値用
Dim c As Integer      '答え用
a = InputBox("数字aは？")  '値を入力
b = InputBox("数字bは？")  '値を入力
c = a * b             '答えを計算
MsgBox "答えは" & c & "です。"  '答えを表示

End Sub
```

ひと口解説 作成中のメモやマクロの説明に便利な注釈

自分で作ったマクロでも、日が経つとマクロの意味が不明になるかも知れません。そんな場合に備えてしっかり書いておきたいのが「注釈」です。上図のように、半角のシングルクォーテーション「'」に続く記述は注釈と見なされ、実行されません。

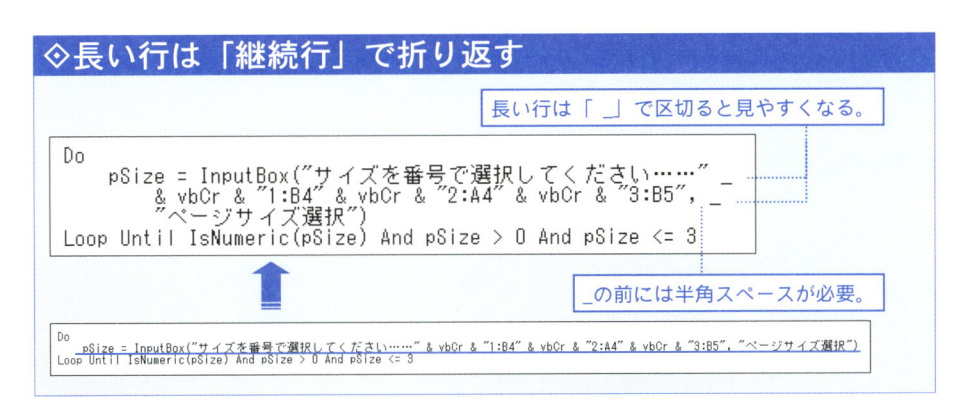

◇長い行は「継続行」で折り返す

長い行は「 _ 」で区切ると見やすくなる。

```
Do
    pSize = InputBox("サイズを番号で選択してください……" _
        & vbCr & "1:B4" & vbCr & "2:A4" & vbCr & "3:B5", _
        "ページサイズ選択")
Loop Until IsNumeric(pSize) And pSize > 0 And pSize <= 3
```

_の前には半角スペースが必要。

```
Do
    pSize = InputBox("サイズを番号で選択してください……" & vbCr & "1:B4" & vbCr & "2:A4" & vbCr & "3:B5", "ページサイズ選択")
Loop Until IsNumeric(pSize) And pSize > 0 And pSize <= 3
```

ひと口解説 「 _ 」に続く行は「継続行」と見なされる

マクロの記述は行単位で解釈されるので、途中で勝手に改行することはできません。しかし、［コード］ウィンドウに表示しきれないような長い行は目で追うのが困難です。そんな場合は積極的に「 _ 」を活用してみてください。

◇複雑な構造はインデントと行空けでわかりやすく

インデントと行空けを使うと処理ブロックが明確になる。

```
With ActiveDocument.PageSetup
    textWidth = .PageWidth - .LeftMargin - .RightMargin
End With

Do
    charNo = InputBox("1行の文字数を入力してください……","文字数")
    If charNo = "" Then End
    If IsNumeric(charNo) Then
        paraWidth = Selection.Characters(1).Font.size * charNo
        If paraWidth > textWidth Then
            MsgBox "文字数が多すぎます。",vbOKOnly,"文字数不適切"
        Else: Exit Do
        End If
    End If
Loop

Selection.ParagraphFormat.RightIndent = textWidth - paraWidth
```

ただ行を並べると解読が大変。

```
With ActiveDocument.PageSetup
textWidth = .PageWidth - .LeftMargin - .RightMargin
End With
Do
charNo = InputBox("1行の文字数を入力してください……","文字数")
If charNo = "" Then End
If IsNumeric(charNo) Then
paraWidth = Selection.Characters(1).Font.size * charNo
If paraWidth > textWidth Then
MsgBox "文字数が多すぎます。",vbOKOnly,"文字数不適切"
Else: Exit Do
End If
End If
Loop
Selection.ParagraphFormat.RightIndent = textWidth - paraWidth
```

ひと口解説　メリハリを付けてブロックを区別する

　上はまったく同じマクロについて書き方を変えた例です。マクロの記述の中には開始文と終了文のセットで使うものがあります。たとえば上図の「With」～「End With」、「Do」～「Loop」、「If」～「End If」がそうです。

　これらはたがいに「入れ子」にすることができますが、ただ行を並べると構造がわからず、エラーが発生しても原因を見つけにくくなります。

　これらの構文を使う場合には、上側の例のようにインデントを使って親子関係にメリハリを付けることが大切です。また、処理ブロックの間を適当に空ければ、さらに読みやすくなります。これらはマクロの実行には無関係ですが、ぜひ活用することをおすすめします。

2-3 知っておきたいマクロの基礎知識

マクロのコードとは手順書のようなものです。手順書を VB Editor に渡すと、その内容に従って処理を実行してくれます。ただし、思いどおりに実行させるには VB Editor が理解できる言葉と表現を使う必要があります。ここでは、マクロを使う上で必ず知っておきたい基礎知識について解説します。

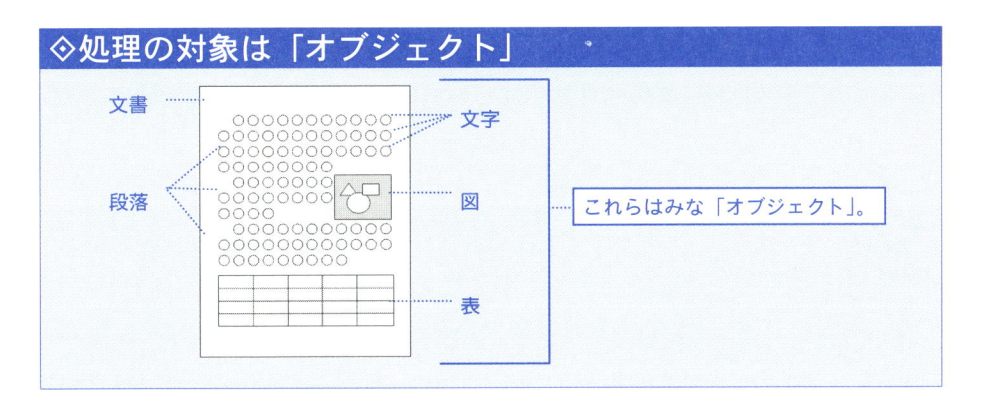

◇処理の対象は「オブジェクト」

文書 ……
段落 ……
文字 ……
図 ……
表 ……

これらはみな「オブジェクト」。

ひと口解説 すべては「オブジェクト」から始まる

　手順書とは「何を」「どうする」を列挙したものです。したがって、一番大切なのは「何を」を明らかにすることです。Wordで扱う「何」には、「文書」「段落」「文字」「図」「表」などがあります。これらの処理対象を、「オブジェクト」と呼んでいます。

　また、上図でもわかるように、ひとつの文書内に同種のオブジェクトはたくさんあります。文書自身も、複数開いている場合があります。このような、同種のオブジェクトグループのことを「オブジェクトコレクション」と呼びます。

　マクロで行う処理のほとんどは、オブジェクトまたはオブジェクトコレクションに対する処理です。

　Wordにはたくさんのオブジェクトがありますが、最初から覚える必要はありません。たとえば「段落を処理したい」場合には段落のオブジェクトを表す方法を調べればよく、そのような作業を繰り返すことで、必要な知識が蓄えられていきます。

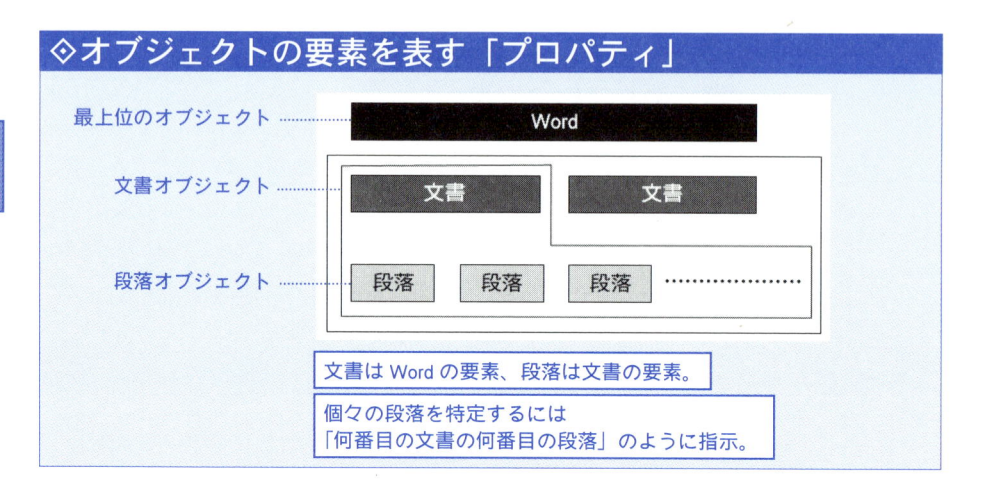

◇オブジェクトの要素を表す「プロパティ」

```
最上位のオブジェクト ……… Word
文書オブジェクト ……………… 文書   文書
段落オブジェクト ……………… 段落 段落 段落 ……………
```

文書は Word の要素、段落は文書の要素。

個々の段落を特定するには
「何番目の文書の何番目の段落」のように指示。

ひと口解説　オブジェクトはプロパティで特定する

　Word では複数の文書を扱うことができます。それぞれの文書にはたくさんの段落や図表を入れることができ、さらに段落には文字、表には行、列、セルなどが含まれています。このように、Word で扱うオブジェクトは Word 自身を頂点とする階層構造になっており、下位のオブジェクトは上位のオブジェクトの「要素」と見なすことができます。

　そこで Word では、下位のオブジェクトを特定するには「～オブジェクトの要素」、あるいは「～オブジェクトコレクションの要素」のように上位のオブジェクトから順にたどっていくことになっています。この要素のことを「プロパティ」と呼びます。

　たとえば、2 番目の文書の 5 番目の段落は次のように表します。

```
Documents(2).Paragraphs(5)
```

　この「Documents」は文書のコレクション、つまり現在開いているすべての文書を表すプロパティで、「Documents(2)」によって特定されるのは「2 番目の Document オブジェクト」です。

　また、「Paragrahs」は文書内の段落コレクション、つまり全段落を表すプロパティで、「Paragraphs(5)」によって特定されるのは「5 番目の Paragraph オブジェクト」です。

　上の記述は特定の段落オブジェクトを表していますが、使っているのはプロパティ名だけで、オブジェクト名ではないことに注意してください。

ちなみに、この「Documents」はプロパティなので、原則としては上位のオブジェクトを示す必要がありますが、この場合は最上位が Word 自身と決まっており、省略できることになっています。上位を省略できるプロパティとしては、作業中の文書を表す「ActiveDocument」、Word のオプションを表す「Option」、選択範囲を表す「Selection」などがあります。

　プロパティでオブジェクトを特定するさいにもうひとつ大切なことがあります。それは、同じオブジェクトでも、上位からたどる道筋はひとつとは限らないということです。たとえばある段落内の文字は次のいずれの方法でも表すことができます。

```
Documents(2).Paragraphs(5).Characters(20)
Documents(2).Characters(100)
```

　上は「2 番目の文書の 5 番目の段落の 20 番目の文字」、下は「2 番目の文書の 100 番目の文字」を表します。どちらの書き方を採用するかは処理の都合によって異なります。

　下図は「文字」への経路を表したものです。たとえば表の中の文字であれば、下図に示したどの経路でも特定できます。経路を選択できるということは、処理に「あの手この手が使える」ということにほかなりません。

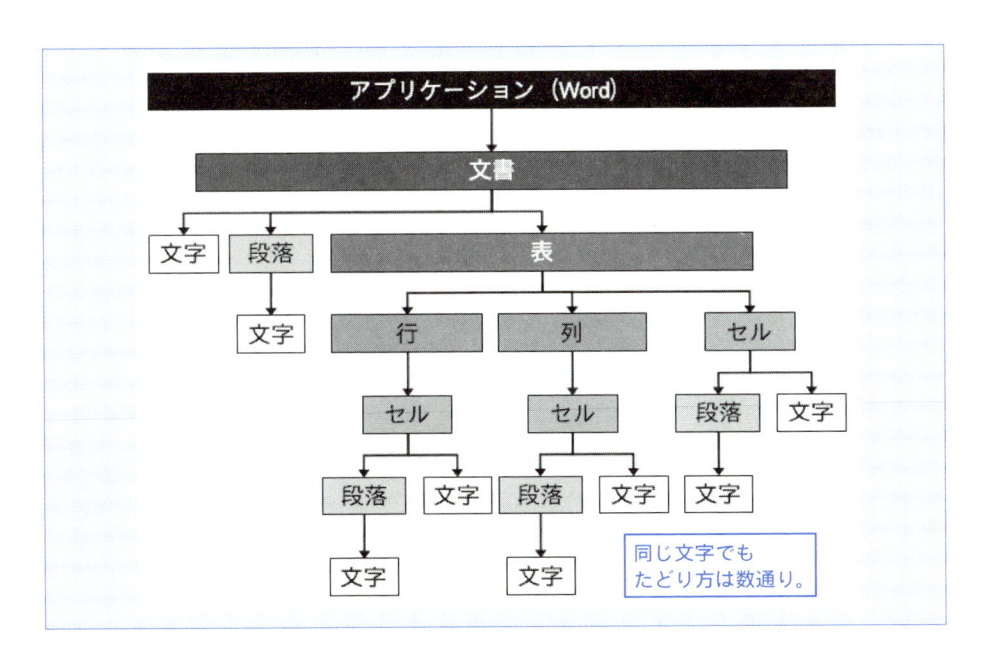

なお、プロパティの多くはオブジェクトと同じ名前を持っているので注意が必要です。たとえば単数形の「Document」はオブジェクト名とプロパティ名の両方の意味で使われます。

また、オブジェクトコレクションの中には単数形を持たないものもあります。たとえば文字のオブジェクトコレクションは「Characters」ですが、1文字を表す「Character」はありません。「Words」は単語を表すオブジェクトコレクションですが、単数形の「Word」はWord自身を表し、単語ひとつを表すオブジェクト名はありません。

最初から深入りすると混乱するので、このあたりの知識はマクロを作りながらひとつずつ覚えていってください。できれば、マクロをたんに引き写すのではなく、その中身を確かめながら試すことをおすすめします。その意味でも、実際に入力してみることはとても大切です。

オブジェクトの特定にプロパティを使うという方法は、Wordのマクロで最も大切な仕様です。慣れるまではわかりにくいかもしれませんが、場数を踏むうちに感覚的に理解できるようになると思います。

ひと口解説 オブジェクトの属性はプロパティで設定する

オブジェクトには、下位のオブジェクトだけでなくいろいろな要素があります。たとえば段落では「中央揃え」や「右揃え」といった段落配置、行高、段落間の空きなどがそうです。これらを処理する場合にも、やはりプロパティを使います。

下記の1行は、選択した段落を「中央揃え」にする記述です。

```
Selection.ParagraphFormat.Alignment = wdAlignParagraphCenter
```

「Selection.ParagraphFormat」は選択範囲の段落書式を表し、「Alignment」は「段落配置」を表します。中央の「=」は等号ではなく「左辺の要素を右辺の状態にせよ」という指示で、右辺の「wdAlignParagraphCenter」は「中央揃え」を表します。

「Alignment」は要素を表すだけで、該当するオブジェクトがあるわけではありません。しかし、「上位オブジェクトの要素を処理する」という意味では、下位のオブジェクトを特定するプロパティと同様です。

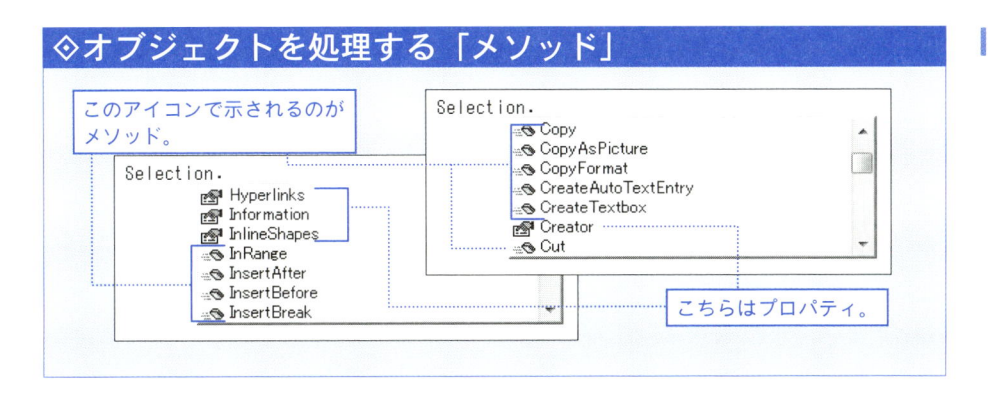

◇オブジェクトを処理する「メソッド」

このアイコンで示されるのがメソッド。

こちらはプロパティ。

ひと口解説　オブジェクトは「メソッド」で操作する

　プロパティはオブジェクトを特定したり、その書式内容などを変える目的で使いますが、オブジェクト自体を操作するわけではありません。

　たとえば選択箇所をコピーしたり、文書中に文字や図表を追加・削除するといった、オブジェクト自体を操作する処理には「メソッド」と呼ばれる機能を使います。次の4行はいずれもメソッドによる処理例で、下線で示した語句がメソッドです。

```
Selection.InsertAfter "今日は"
Selection.Delete
Dialogs(wdDialogFileOpen).Show
Selection.Tables.Add Selection.Range, 5, 8
```

　1行目は選択範囲のうしろに「今日は」という文字を挿入します。2行目は選択範囲を削除します。3行目は［ファイルを開く］ダイアログボックスを表示します。

　4行目は選択箇所に「5行×8列」の表を追加する例で、「表を追加」だけでは仕様がわからないので、「Add」に続けて「この場所(Selection.Range)に、○行、○列で」という指示を付け加えることになっています。

　メソッドの中には、「これがどうしてメソッド？」と思われるものもあります。たとえば「Next」は「選択箇所の次」を表すメソッドで、下記の例では「Selection.Paragraphs(1)」が表す段落オブジェクトに対して使っているので、「次の段落」を表します。

```
Selection.Paragraphs(1).Next
```

また、似たような処理にプロパティとメソッドのどちらも使える場合があります。たとえば次の「Indent」は左インデントを1レベル下げるメソッドで、「LeftIndent」は左インデントの位置を扱うプロパティです。

```
Selection.Paragraphs(1).Indent
Selection.Paragraphs(1).LeftIndent = 50
```

プロパティとメソッドの違いはVB Editorで実際に入力すればポップアップでわかるしくみになっているので、あまり心配は要りません。

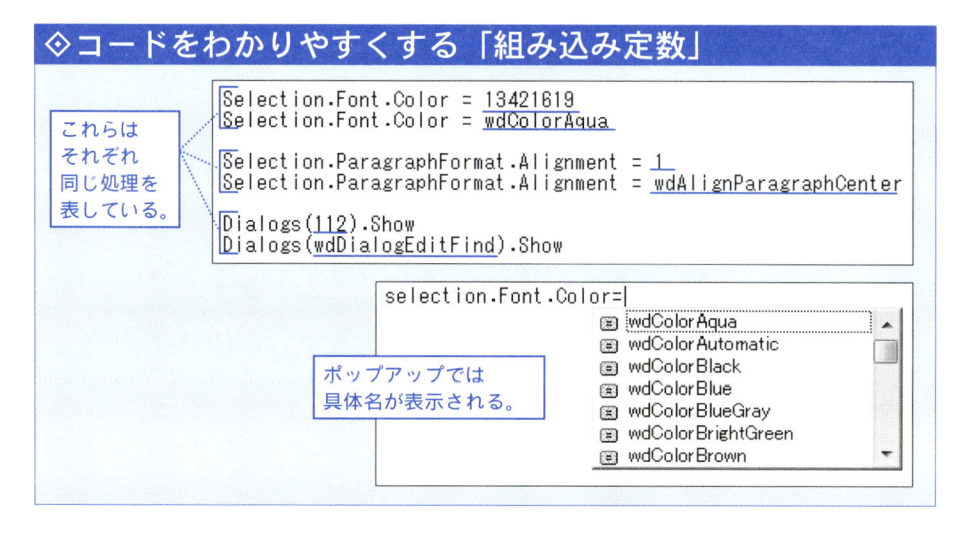

◇コードをわかりやすくする「組み込み定数」

```
Selection.Font.Color = 13421619
Selection.Font.Color = wdColorAqua

Selection.ParagraphFormat.Alignment = 1
Selection.ParagraphFormat.Alignment = wdAlignParagraphCenter

Dialogs(112).Show
Dialogs(wdDialogEditFind).Show
```

これらはそれぞれ同じ処理を表している。

```
selection.Font.Color=|
                    wdColorAqua
                    wdColorAutomatic
                    wdColorBlack
                    wdColorBlue
                    wdColorBlueGray
                    wdColorBrightGreen
                    wdColorBrown
```

ポップアップでは具体名が表示される。

ひと口解説 数値情報には組み込み定数が便利

　上図のコードは、3つの処理を2種類の書き方で表したものです。たとえば最初の2行はいずれも選択範囲に文字色を設定するコードで、1行目の「13421619」と「wdColorAqua」はどちらも「水色」を表しています。

　3行目と4行目は段落を「中央揃え」にするコード、5行目と6行目は［検索と置換］ダイアログボックスを表示するコードです。

　文字色や段落配置の種類、ダイアログボックスには「定数」と呼ばれる番号があらかじめ登録されていますが、「13421619」や「112」ではいかにもわかりにくいので、数値のかわりに具体名で指定できるようになっています。ポップアップでは具体名が表示されるので番号を覚える必要はありませんが、その実体が「数値」だということは覚えておいてください。

◇「オブジェクトブラウザ」を使ってみる

[F2]キーでオブジェクトブラウザを呼び出す。

閉じるにはここをクリック。

オブジェクト名をクリックすると、右側にプロパティ、メソッドなどが表示される。

定数のグループ名をクリックすると、右側にその一覧が表示される。

これが前ページの「Dialogs(112).Show」で使った番号。

ひと口解説　プロパティ、メソッド、定数を調べる

　VB Editorで[F2]キーを押すか、または[表示(V)]-[オブジェクトブラウザ(O)]をクリックすると[オブジェクトブラウザ]が開きます。ここでは各オブジェクトに属するプロパティやメソッドを調べたり、定数の一覧を調べることができます。

　最初のうちは[オブジェクトブラウザ]を使うよりもヘルプを使った方がわかりやすいと思いますが、マクロを使いこなすうちに[オブジェクトブラウザ]の有り難みがわかってきます。本書の範囲では忘れてもかまいませんが、暇なときに眺めてみてください。「こんなプロパティがあった……」「これは何に使う？」など、思わぬ収穫があるかもしれません。

◇マクロの処理を楽にする「変数」

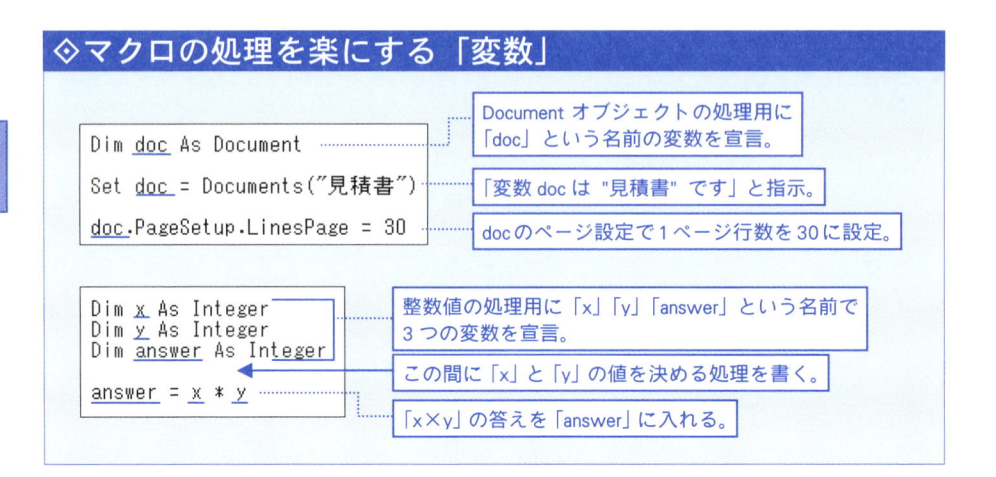

```
Dim doc As Document
Set doc = Documents("見積書")
doc.PageSetup.LinesPage = 30

Dim x As Integer
Dim y As Integer
Dim answer As Integer

answer = x * y
```

- Document オブジェクトの処理用に「doc」という名前の変数を宣言。
- 「変数 doc は "見積書" です」と指示。
- doc のページ設定で 1 ページ行数を 30 に設定。
- 整数値の処理用に「x」「y」「answer」という名前で 3 つの変数を宣言。
- この間に「x」と「y」の値を決める処理を書く。
- 「x×y」の答えを「answer」に入れる。

ひと口解説　変数はデータの一時保管箱

「変数」とは、データについての情報を一時的に保管する箱のようなものです。たとえば文書（Document）の処理用に変数を作り、個々の文書をその変数に割り当てると、以降は具体的な文書名のかわりに変数で表すことができます。入力が楽になるだけでなく、誤入力も避けやすくなります。

そのつど文書名を書く方式では、同じ文書のつもりで「Documents("見積書")」「Documents("見積り書")」のように書いても誤りを見つけにくく、マクロを実行すると思わぬ結果を招くかも知れません。

一方、たとえば「doc」という変数を宣言すると、「doc.」のようにピリオドを入力すればポップアップが表示されますが、綴りを間違えるとポップアップは表示されないので、すぐに誤入力とわかります。

また、変数を使わずに「Documents("見積書")」を繰り返すと、そのつど「見積書」を探しに行くことになり、処理が遅くなりますが、変数を使うと、手近に置いた変数の箱を覗きに行くだけなので処理が速くなります。

このように、「入力が楽になる」「誤入力がわかりやすい」「処理速度が速くなる」という以外にも大きな利点があります。それは上図の下側のマクロ例に示した「汎用性」です。

計算処理などで具体的なデータを書くと用途が限定されてしまいますが、変数を使えば融通を利かせることができます。たとえば上の例では、「answer = x * y」の前に「x」と「y」の値を入力させるような処理を入れておけば、乗算のマクロとして汎用的に使うことができます。

変数は「箱」と説明しましたが、その実体は「メモリ」です。そこで、変数を使うにはメモリ上に場所を確保する必要があります。それが「変数の宣言」で、次のように書くことになっています。

`Dim 変数名 As データ型`

「データ型」とは、その変数で扱うデータの種類のことです。たとえば文書（Document）を扱う変数は「Document 型」として宣言します。整数を扱う変数は「Integer 型」として宣言します。

マクロの中で、宣言した型とは異なるデータを変数に入れようとするとエラーが発生します。また、変数名に続けて「.」を入力した場合のポップアップの内容はデータ型によって決まるので、データ型を間違えれば正しいプロパティやメソッドが表示されなくなります。

データ型にはいくつかの種類がありますが、本書の事例に出てくるのは次のデータ型です。マクロに慣れてきたら、VB Editor のヘルプで「データ型」を検索し、ほかのデータ型も調べてみてください。

Boolean	ブール型。真（True）または偽（False）を扱う。
Integer	整数型。－32,768 ～ 32,767 の整数を扱う。
Long	ロング型。－2,147,483,648 ～ 2,147,483,647 の整数を扱う。
Single	単精度浮動小数点数型。次の値を扱う。 　－3.402823E38 ～ －1.401298E－45 　1.401298E－45 ～ 3.402823E38
String	文字列型。文字列を扱う。
Variant	バリアント型。数値と文字列を扱う。
Object	各種オブジェクトを扱う。 各オブジェクト専用の型もある。

「Object 型」はオブジェクト用の汎用的なデータ型ですが、通常は個々のオブジェクトに即したデータ型を使います。たとえば文書用変数の型は「Document」、段落用変数の型は「Paragraph」です。オブジェクトコレクションを表す「Documents」「Paragraphs」などのデータ型もあります。

Part4 の事例では Object 系のデータ型がいくつか登場しますが、文字どおりの「Object」はひとつも使っていません。

変数の宣言は、実際にその変数を使う箇所より前に書く規則になっていますが、マクロ名に続く先頭部分にまとめた方が、そのマクロで使っている変数がひと目でわかるので便利です。

　筆者の場合、まず最初にそのマクロで必要とする変数を想定し、先にひととおり宣言してから中身を書くようにしています。変数の宣言はいつでも追加できますが、変数名を変えるとマクロの中の手直しに手間がかかり、ミスも起こしやすくなります。その意味でも、変数はわかりやすい場所に書き、自分なりの規則を作って命名することをおすすめします。

　たとえば、マクロで同じ処理を繰り返す場合、回数を数える「カウンタ」用の変数を使うことがあります。このような変数は一般に「i」や「n」などの1文字がよく使われており、筆者もそれにならっています。

　それ以外は、処理対象を連想しやすい名前にしています。たとえば「Document」用は「doc」、「Paragraph」用は「para」といった具合です。

　また、2、3文字程度の短い変数名は小文字で済ませていますが、長めの変数名を付ける場合には、たとえば「rMargin」などのように、途中に大文字を含めるようにしています。この場合、マクロ作成中に「rmargin」のように小文字で入力すると自動的に「rMargin」に変わります。変わらなければ誤入力とすぐにわかるので便利です。

　なお、どんな名前でも付けられるわけではありません。とくに、Wordのマクロ用言語「Visual Basic for Applications」ですでに使われている用語は使えません。たとえば、オブジェクト名、プロパティ名、メソッド名は不可です。そのほか、どんな用語が該当するかは、以降に紹介する構文などを見ていくうちにわかります。

　変数は宣言すればすぐに使うことができますが、「Document」や「Paragraph」など、オブジェクト型の変数に限っては、その変数が具体的に表す対象を指示する必要があります。それが前ページの事例に見られる次の1行です。

```
Set doc = Documents("見積書")
```

　この1行を忘れてマクロを実行するとエラーが発生し、「オブジェクト変数またはWithブロック変数が設定されていません」と表示されます。

　ちなみに、この「Set」文は何度でも使えるので、同じ変数に割り当てるオブジェクトを途中で変えることもできます。これは、オブジェクトを扱う上でとても大切な仕様です。

◇同じ処理を繰り返す「For～Next」文

```
Dim i As Integer
Dim n As Integer
```
整数値（Integer）の処理用に変数を宣言。

変数nに「1」を入れ、変数iが1から10になるまでカウントする。

```
n = 1
For i = 1 To 10
    n = n * 2
Next
```
変数nに、n×2の値を入れる。

変数iが1から文書の数になるまでカウントする。

```
For i = 1 To Documents.Count
    Documents(i).SaveAs "管理文書" & i
Next
```
各文書を「管理文書」+「iの値」という名前で保存する。

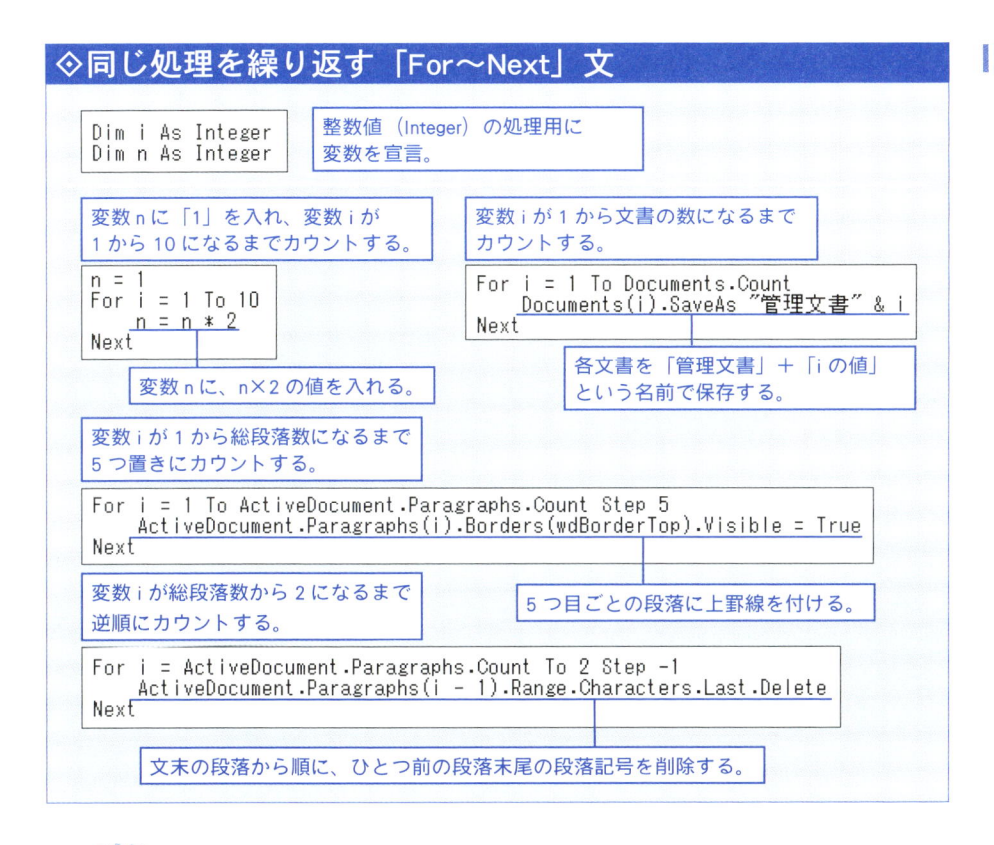

変数iが1から総段落数になるまで5つ置きにカウントする。

```
For i = 1 To ActiveDocument.Paragraphs.Count Step 5
    ActiveDocument.Paragraphs(i).Borders(wdBorderTop).Visible = True
Next
```
5つ目ごとの段落に上罫線を付ける。

変数iが総段落数から2になるまで逆順にカウントする。

```
For i = ActiveDocument.Paragraphs.Count To 2 Step -1
    ActiveDocument.Paragraphs(i - 1).Range.Characters.Last.Delete
Next
```
文末の段落から順に、ひとつ前の段落末尾の段落記号を削除する。

ひと口解説　カウンタを使って指定回数だけ処理を繰り返す

「For カウンタ = x to y」～「Next」という構文を使うと、この2行に挟まれた処理を指定回数分だけ繰り返すことができます。このような構文を「ループ」と呼びます。上図ではループ間に1行ずつ書きましたが、ループ間の行数に制限はなく、もっと長く複雑な処理を書くこともできます。

「For～Next」ループのカウンタには、整数を扱う変数、つまり「Integer」型の変数を使います。そこで、あらかじめ「Dim i As Integer」などのように変数を宣言しておきます。

たとえば「For i = 1 To 10」のように指定すると、変数「i」の値はまず「1」となり、続く行の処理を終えると「Next」によって「For」の次へ戻り、この時点でカウンタが進んで「2」となります。以降「10」になるまで繰り返し、「11」になると前には戻らずにループを終えて次の処理に移ります。ループを抜けても変数の値が「0」になるわけではありません。

カウンタの初期値と最終値は、具体的な値だけでなく、「作業中の文書数」「文書の全段落数」といった形でも指定できます。また、最終値のあとに「Step」を付け加えると、カウンタの進み方を調整できます。たとえば「For i = 1 To 20 Step 5」とすれば、「i」の値は「1、6、11、16」のように変化します。

カウンタを大から小へ逆順で進めるには、「For i = 10 To 1 Step -1」のように、「x to y」の「x」の方を大きい値に設定し、さらに「Step」にマイナスの値を設定します。「Step」を省略するとカウンタの値が減らないので、最初の処理を終えるとすぐにループから抜け出してしまいます。

カウンタは、たんに回数を制御するだけでなく、カウンタの数値をループ内の処理に利用できるという利点もあります。たとえば現在開いている文書は「Documents(1)」「Documents(2)」……のように表すことができますが、この番号にカウンタを使えば、文書の特定が楽になります。

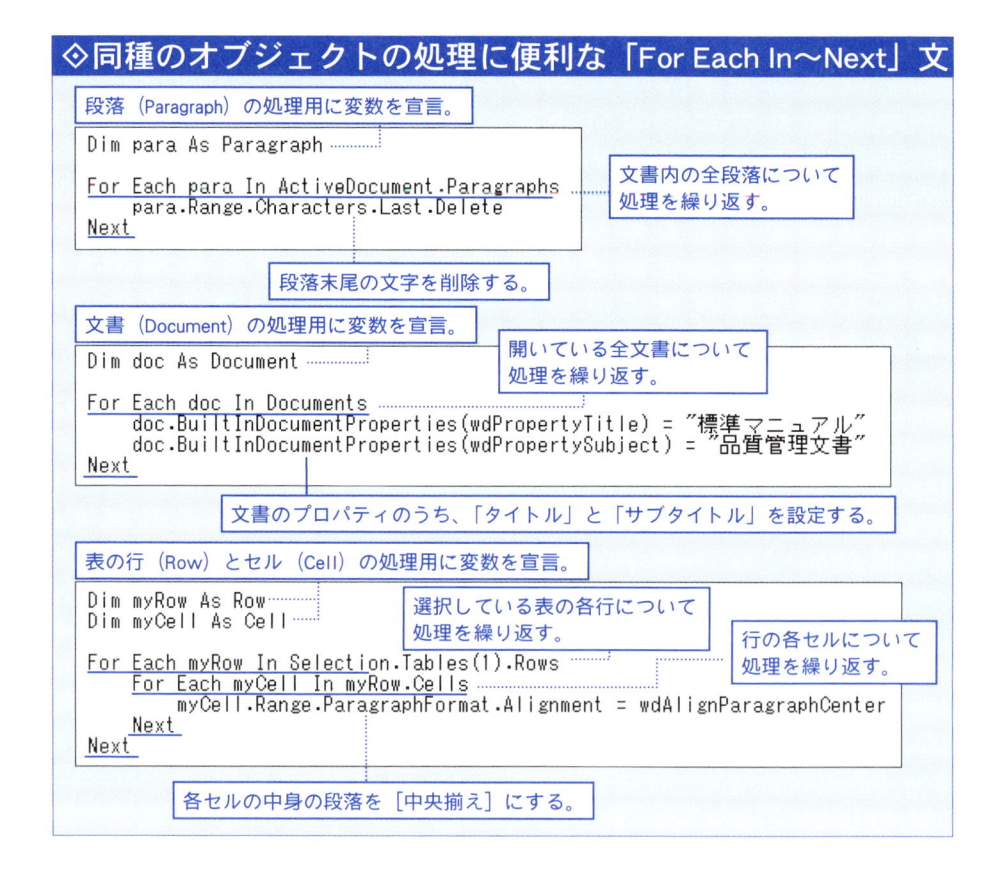

◇同種のオブジェクトの処理に便利な「For Each In〜Next」文

段落（Paragraph）の処理用に変数を宣言。

```
Dim para As Paragraph

For Each para In ActiveDocument.Paragraphs
    para.Range.Characters.Last.Delete
Next
```

文書内の全段落について処理を繰り返す。

段落末尾の文字を削除する。

文書（Document）の処理用に変数を宣言。

```
Dim doc As Document

For Each doc In Documents
    doc.BuiltInDocumentProperties(wdPropertyTitle) = "標準マニュアル"
    doc.BuiltInDocumentProperties(wdPropertySubject) = "品質管理文書"
Next
```

開いている全文書について処理を繰り返す。

文書のプロパティのうち、「タイトル」と「サブタイトル」を設定する。

表の行（Row）とセル（Cell）の処理用に変数を宣言。

```
Dim myRow As Row
Dim myCell As Cell

For Each myRow In Selection.Tables(1).Rows
    For Each myCell In myRow.Cells
        myCell.Range.ParagraphFormat.Alignment = wdAlignParagraphCenter
    Next
Next
```

選択している表の各行について処理を繰り返す。

行の各セルについて処理を繰り返す。

各セルの中身の段落を［中央揃え］にする。

ひと口解説

オブジェクトの数だけ処理を繰り返す

「すべての段落」「作業中のすべての文書」などのように、同じ種類のオブジェクト、つまりオブジェクトコレクションのすべての要素について処理を繰り返す場合には、「For Each 変数 In オブジェクトコレクション」～「Next」という構文が便利です。

オブジェクトを扱うので、この「変数」はオブジェクトコレクションの種類に対応するObject型として宣言します。たとえば文書内の全段落を処理する場合には段落を表す変数を「Dim para As Paragraph」のように宣言します。「para」は別の名前でもかまいません。

このループの中では、変数を使って個々のオブジェクトを特定することができます。たとえば事例1番目の「para.Range.Characters.Last.Delete」は、「段落範囲の文字の最後を削除する」という意味になります。

「段落範囲」という表現は奇妙に思われるかも知れませんが、段落には範囲と無関係の書式、たとえば段落配置や行高、インデントなどもあります。そこで、段落内の文字を特定するには「範囲」を表す「Range」というプロパティを使うことになっています。

ちなみに、「段落の最後の文字」とは段落記号のことです。したがって、「para.Range.Characters.Last.Delete」を実行すると、文書中のすべての段落記号が削除されます。文末の段落記号は削除できないので、無視されます。

ループの中では、事例2番目のように複数の処理を書くことができます。また、事例3番目のようにループの中に小さなループを入れることもできます。

なお、事例2番目は文書プロパティの設定を変え、事例3番目はセル内の段落配置を変えるだけで、文書や行、セルが増減するわけではありません。したがって、ループが進めば単純に次の文書や行、セルが対象になるだけです。

一方、事例1番目では段落記号を削除するので、段落数が減っていきます。この場合、ループが進んだあとの次の処理対象がどうなるかについては十分注意する必要があります。想像とは異なる結果になることも十分あり得るので、事前にテストすることが大切です。

多くの場合、似たような処理は前項の「For カウンタ = x To y」方式でも行えるので、オブジェクトを追加・削除するような処理では、どちらが適切かという判断が必要になります。

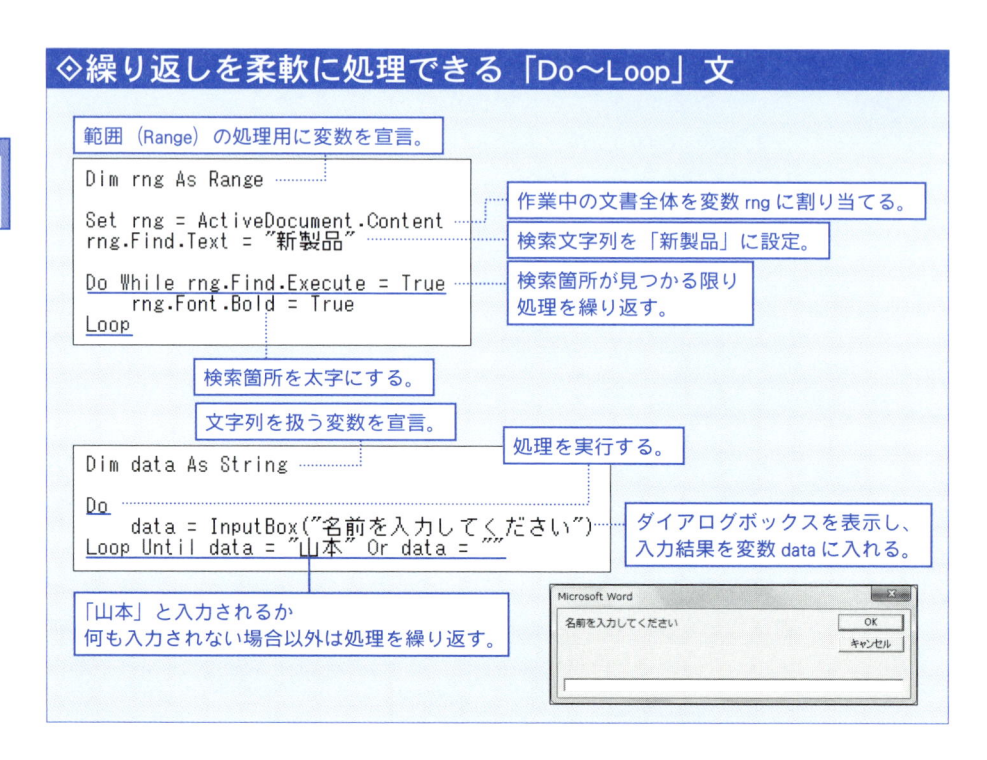

◇繰り返しを柔軟に処理できる「Do〜Loop」文

```
Dim rng As Range
```
範囲（Range）の処理用に変数を宣言。

```
Set rng = ActiveDocument.Content
rng.Find.Text = "新製品"
```
作業中の文書全体を変数 rng に割り当てる。
検索文字列を「新製品」に設定。

```
Do While rng.Find.Execute = True
    rng.Font.Bold = True
Loop
```
検索箇所が見つかる限り処理を繰り返す。
検索箇所を太字にする。

```
Dim data As String
```
文字列を扱う変数を宣言。

```
Do
    data = InputBox("名前を入力してください")
Loop Until data = "山本" Or data = ""
```
処理を実行する。
ダイアログボックスを表示し、入力結果を変数 data に入れる。
「山本」と入力されるか何も入力されない場合以外は処理を繰り返す。

ひと口解説 条件が成立するまで処理を繰り返す

「〜が成立する限り実行」「〜にならない限り実行」のような条件付きで処理を繰り返すには、「Do」〜「Loop」という構文を使います。ループからの脱出条件は、「While」または「Until」で指示します。「While」は「〜が成立する限り」、「Until」は「〜になるまで」という意味です。

事例では「Do While」と「Loop Until」の例を採り上げましたが、「Do Until」「Loop While」のように条件を付けることもできます。

事例の1番目は、検索条件を設定し、検索箇所が見つかる限りループを繰り返します。少し脱線しますが、これは本書で数多く出てくる検索の定型処理なので、ここで詳しく説明しておきます。

マクロで検索を行うには、「範囲を検索する」のように指示します。範囲を表すプロパティには「Selection」と「Range」という2種類があり、検索では「Selection」の方が処理が速いのですが、「Range」の方が扱いが簡単なので、本書の事例ではすべて「Range」を使っています。

まず「Range」を表す変数を宣言し、「Set rng = ActiveDocument.Content」のように検索範囲として文書全体を特定します。

この部分は、検索範囲ではなく開始位置を示す方法もあります。たとえば「Set rng = ActiveDocument.Range(0, 0)」とすると文頭が検索開始位置として設定されます。本書の事例では「.Content」と「.Range(0,0)」の両方を使っていますが、どちらでもかまいません。

次に、「～.Find～」で検索条件を指定します。「～.Find.Text」は検索文字列、「～.Find.MatchWildcards = True」はワイルドカードオプションを有効にする指定です。ほかにも、[検索と置換] ダイアログボックスのオプションに対応する諸条件を指定できます。

条件が決まったら、「Do While rng.Find.Execute = True」で検索を実行します。これは「変数 rng が示す範囲に対して検索を実行し、検索箇所が見つかる限り（= True）ループを繰り返す」という意味です。

「Do While rng.Find.Execute = True」の段階で検索箇所がひとつも見つからなければループ内の処理は行われず、「Loop」の次の行へ移ります。つまり、ループ内の処理を実行する前に条件を判定する場合には「Do While」または「Do Until」を使います。

検索箇所が見つかると、変数「rng」が示す範囲は最初の「.Content」ではなく、検索箇所を表すようになります。そこで、たとえば「rng.Font.Bold = True」のように指示すると、検索箇所が「太字」になります。

変数「rng」が示す範囲に対しては書式設定や文字置換に限らずいろいろな処理を行えるので、Word の通常の置換処理よりもはるかに強力です。

事例の 2 番目は、入力用のダイアログボックスを表示し、入力された内容が不適切であればダイアログボックスを表示し続けるという例です。この場合は、ひとまず無条件でダイアログボックスを表示する必要があるので、「Do」には条件を付けず、入力後に「Loop Until」で判断しています。

右辺の「InputBox( )」は入力ダイアログボックスを表示する関数で、その結果は「文字列」扱いになります。そこで「String」型の変数「data」を用意し、入力結果を左辺で受け取ります。

「Loop Until data = "山本" Or data = ""」は、「data の中身が 山本 または空でない限り」という意味です。入力ダイアログボックスで何も入力せずに [OK] ボタンがクリックされるか、または [キャンセル] ボタンがクリックされると、結果は「空の文字列」として返されます。

このような処理を行わなければ、入力されたデータが不適切でも以降の処理に回されることになり、どんなエラーが発生するかわかりません。また、たんなる入力ミスでダイアログボックスが閉じたのでは、使い勝手もよくありません。

なお、判定条件がもっと複雑な場合にはループ内で条件を設定することもできます。その方法を理解するには、「条件分岐」の構文「If」を知る必要があります。「If」文については次項、ループからの脱出については 43 ページで解説します。

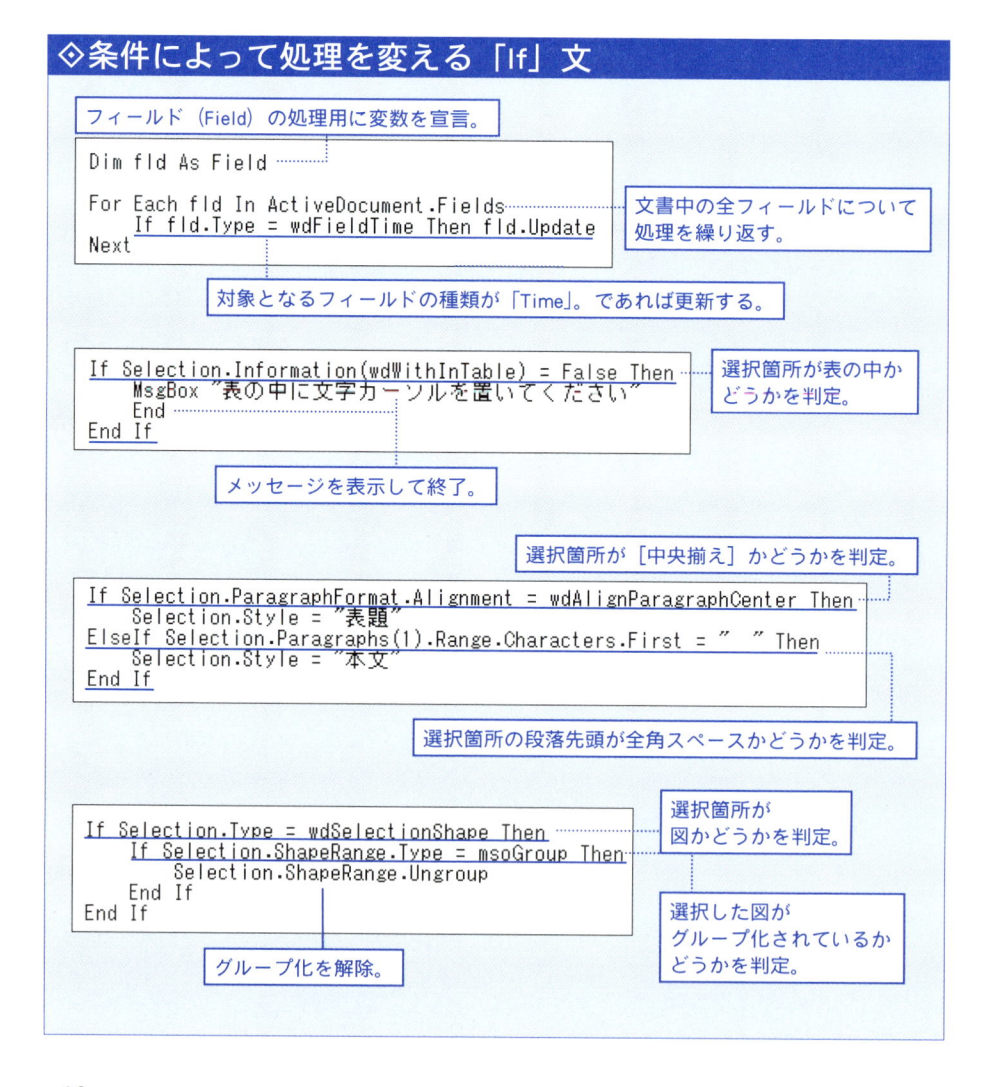

◇条件によって処理を変える「If」文

フィールド（Field）の処理用に変数を宣言。

```
Dim fld As Field

For Each fld In ActiveDocument.Fields
    If fld.Type = wdFieldTime Then fld.Update
Next
```

文書中の全フィールドについて処理を繰り返す。

対象となるフィールドの種類が「Time」であれば更新する。

```
If Selection.Information(wdWithInTable) = False Then
    MsgBox "表の中に文字カーソルを置いてください"
    End
End If
```

選択箇所が表の中かどうかを判定。

メッセージを表示して終了。

選択箇所が［中央揃え］かどうかを判定。

```
If Selection.ParagraphFormat.Alignment = wdAlignParagraphCenter Then
    Selection.Style = "表題"
ElseIf Selection.Paragraphs(1).Range.Characters.First = " " Then
    Selection.Style = "本文"
End If
```

選択箇所の段落先頭が全角スペースかどうかを判定。

```
If Selection.Type = wdSelectionShape Then
    If Selection.ShapeRange.Type = msoGroup Then
        Selection.ShapeRange.Ungroup
    End If
End If
```

選択箇所が図かどうかを判定。

グループ化を解除。

選択した図がグループ化されているかどうかを判定。

ひと口解説 複雑な条件処理は列挙や入れ子で対処

「If」文は、与えられた条件が成立するかどうかで処理を分ける構文で、基本的に次の4種類の書き方があります。

【1】　If 条件 Then 処理	【4】　If 条件A Then
【2】　If 条件 Then	処理A
処理	Else If 条件B Then
End If	処理B
【3】　If 条件 Then	Else If 条件C Then
処理A	処理C
Else:処理B	⋮
End If	End If

　事例の1番目は【1】、2番目は【2】の書き方を使っています。処理の記述が短ければ【1】が簡単ですが、長い場合や複数行にわたる場合には【2】のように書きます。この場合、最後に「End If」を付けて「If」文の終わりをきちんと示す必要があります。

　【3】は、「条件が成立すれば成立すれば処理A、成立しなければ処理Bを実行」します。単純に○か×かを判定する書き方です。

　【4】は条件と処理を列挙する書き方で、先頭から順に処理されるので、たとえば条件Aが成立すれば処理Aが実行され、条件B以下は無視されて「End If」のあとへ処理が移ります。

　事例の3番目がこれにあたり、条件Aでは［中央揃え］かどうかを判定します。成立しなければ条件Bに処理が移り、段落の先頭が全角スペースかどうかを判定します。たんに［中央揃え］か［右揃え］かといった判定であれば、「If」文よりも次項の「Select Case」文の方が向いています。

　「If」文は入れ子にすることもできます。事例の4番目がその例で、まず選択箇所が図かどうかを判定し、図であればグループ化されているかどうかを判定します。

　ちなみに、図以外を選択して「グループ化されているかどうか」を調べたり、グループ化されていないのに「グループ化を解除」しようとするとエラーが発生します。「If」文の入れ子はマクロが読みにくくなるのが欠点ですが、この例のようにやむを得ない場合もあります。

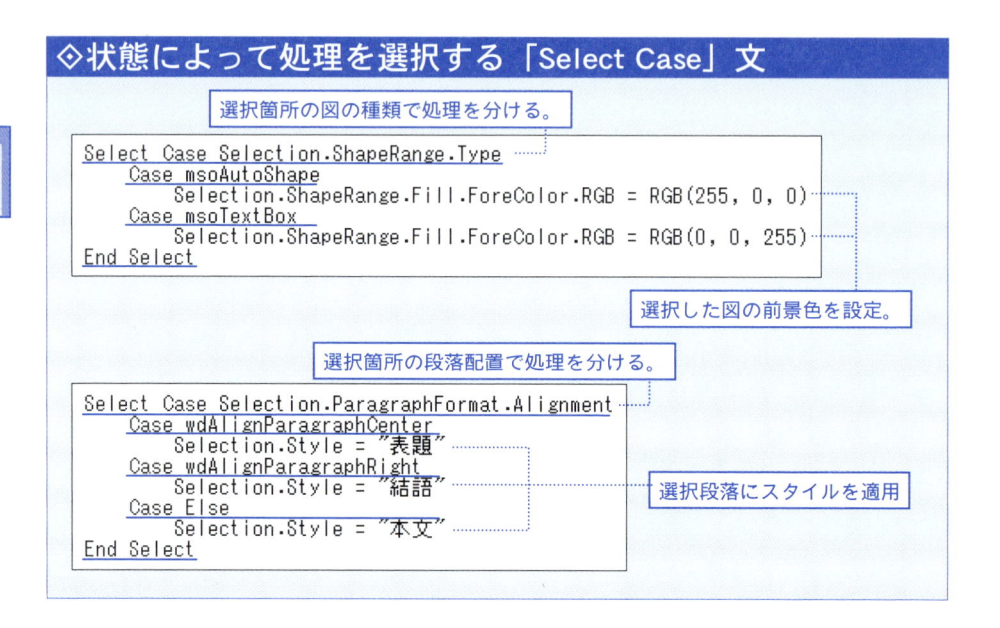

◇状態によって処理を選択する「Select Case」文

```
                         選択箇所の図の種類で処理を分ける。
Select Case Selection.ShapeRange.Type
    Case msoAutoShape
        Selection.ShapeRange.Fill.ForeColor.RGB = RGB(255, 0, 0)
    Case msoTextBox
        Selection.ShapeRange.Fill.ForeColor.RGB = RGB(0, 0, 255)
End Select
```

選択した図の前景色を設定。

                  選択箇所の段落配置で処理を分ける。
```
Select Case Selection.ParagraphFormat.Alignment
    Case wdAlignParagraphCenter
        Selection.Style = "表題"
    Case wdAlignParagraphRight
        Selection.Style = "結語"
    Case Else
        Selection.Style = "本文"
End Select
```

選択段落にスタイルを適用

ひと口解説　条件と処理を列挙して簡潔に整理

　「Select Case」文は、判定の対象を決め、対象の状態によって処理内容を分岐する構文です。状態のチェックは「Case」文で行います。先頭から順に処理されるので、どれかの「Case」文に当てはまればその処理が行われ、以降の「Case」文は無視されて「End Select」の次の行へ処理が移ります。

　たとえば事例の1番目は「Select Case Selection.ShapeRange.Type」、つまり「選択した図の種類」が判定の対象で、オートシェイプ（msoAutoShape）であれば前景色を「赤」、テキストボックス（msoTextBox）であれば前景色を「青」に設定します。どちらでもなければ何も起こりません。

　なお、この事例では選択箇所が図かどうかの確認は省略しているので、選択箇所が図でなければエラーになります。エラーを避けるには、前項の「If」文の例のように「If Selection.Type = wdSelectionShape Then」で選択箇所を判定し、「If」「End If」の中に入れ子にすれば解決できます。

　事例2番目は選択箇所の段落配置が判定の対象で、［中央揃え］であれば［表題］スタイル、［右揃え］であれば［結語］スタイルを適用し、「Case Else」、つまりどちらでもなければ［本文］スタイルを適用します。この場合、「どちらでもない」状態に当てはまるのは［左揃え］と［両端揃え］です。この「Case Else」は、当然ながら列挙の最後に置く必要があります。

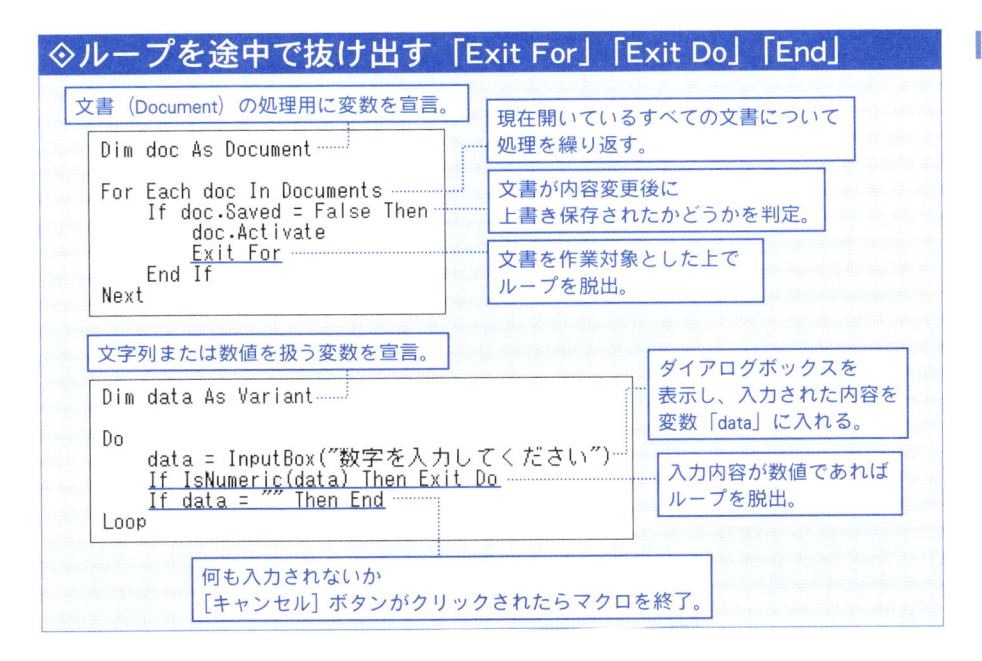

◇ループを途中で抜け出す「Exit For」「Exit Do」「End」

```
Dim doc As Document
For Each doc In Documents
    If doc.Saved = False Then
        doc.Activate
        Exit For
    End If
Next
```

- 文書（Document）の処理用に変数を宣言。
- 現在開いているすべての文書について処理を繰り返す。
- 文書が内容変更後に上書き保存されたかどうかを判定。
- 文書を作業対象とした上でループを脱出。

```
Dim data As Variant
Do
    data = InputBox("数字を入力してください")
    If IsNumeric(data) Then Exit Do
    If data = "" Then End
Loop
```

- 文字列または数値を扱う変数を宣言。
- ダイアログボックスを表示し、入力された内容を変数「data」に入れる。
- 入力内容が数値であればループを脱出。
- 何も入力されないか［キャンセル］ボタンがクリックされたらマクロを終了。

ひと口解説　ループの強制脱出には「If」文を使う

　すでにふれたように、「For」〜「Next」、「Do」〜「Loop」の構文を使うと、同じ処理を繰り返すことができます。「For」〜「Next」の場合には必要な処理を終えれば自動的にループから脱出し、次の処理へ移ります。また、「Do」〜「Loop」では「While」または「Until」を組み合わせることで脱出条件を設定できます。

　しかし、ときにはループから強制的に脱出したい場合があります。それには「If」文を使って脱出の条件を指示し、条件が成立したら「Exit For」あるいは「Exit Do」で脱出します。また、マクロ自体を強制終了する場合には「End」を使います。

　事例の１番目は開いている文書を調べ、前回の保存後に手を加え、まだ保存していない文書が見つかった時点でその文書を作業状態（Activate）とし、ループを脱出します。

　事例の２番目はダイアログボックスを表示し、数値が入力されれば脱出します。ちなみに、「InputBox( )」関数で入力した内容は文字列として扱われますが、その結果を以降の処理で数値として扱いたい場合などは、左辺の変数には文字列と数値のどちらも扱える「Variant」型を使います。

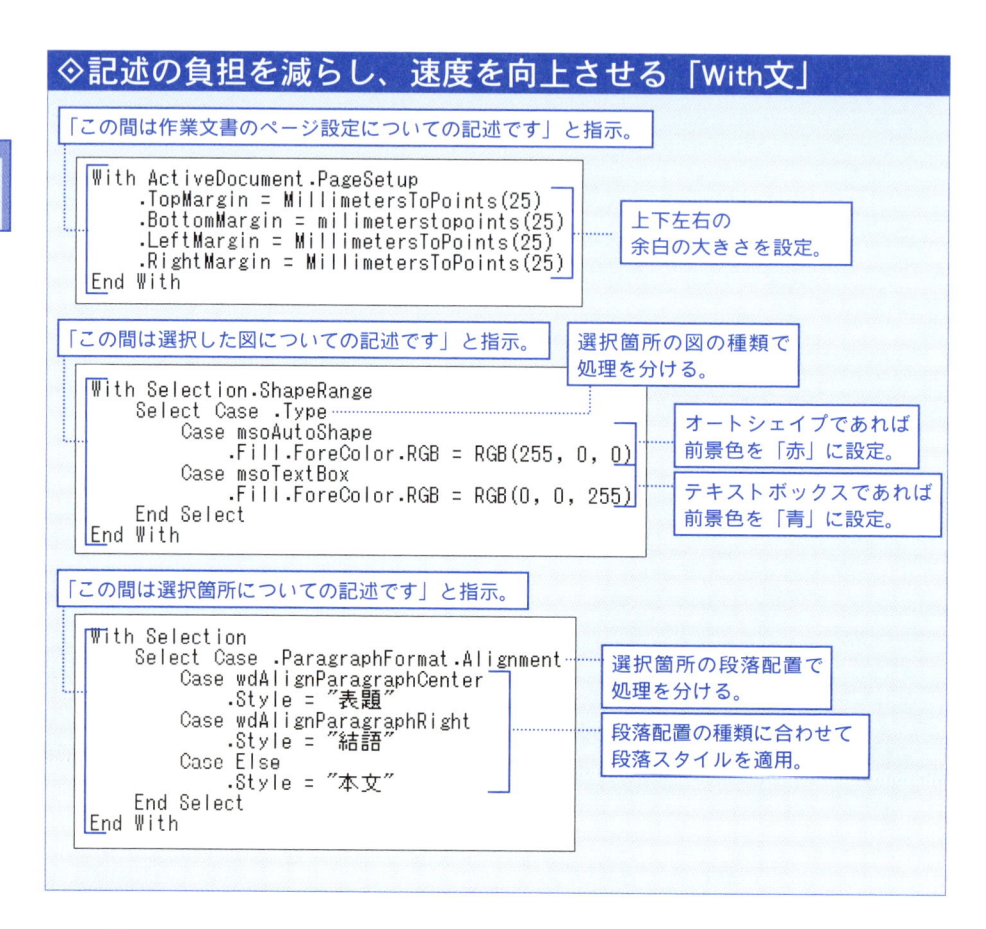

◇記述の負担を減らし、速度を向上させる「With文」

「この間は作業文書のページ設定についての記述です」と指示。

```
With ActiveDocument.PageSetup
    .TopMargin = MillimetersToPoints(25)
    .BottomMargin = milimeterstopoints(25)
    .LeftMargin = MillimetersToPoints(25)
    .RightMargin = MillimetersToPoints(25)
End With
```

上下左右の余白の大きさを設定。

「この間は選択した図についての記述です」と指示。

```
With Selection.ShapeRange
    Select Case .Type
        Case msoAutoShape
            .Fill.ForeColor.RGB = RGB(255, 0, 0)
        Case msoTextBox
            .Fill.ForeColor.RGB = RGB(0, 0, 255)
    End Select
End With
```

選択箇所の図の種類で処理を分ける。

オートシェイプであれば前景色を「赤」に設定。

テキストボックスであれば前景色を「青」に設定。

「この間は選択箇所についての記述です」と指示。

```
With Selection
    Select Case .ParagraphFormat.Alignment
        Case wdAlignParagraphCenter
            .Style = "表題"
        Case wdAlignParagraphRight
            .Style = "結語"
        Case Else
            .Style = "本文"
    End Select
End With
```

選択箇所の段落配置で処理を分ける。

段落配置の種類に合わせて段落スタイルを適用。

ひと口解説 同じオブジェクトについての記述を省略する

「With」文で上位のオブジェクトを特定すると、「End With」に至るまでの間は上位のオブジェクトの記述を省略することができます。たとえば事例1番目の「ActiveDocument.PageSetup」は「作業文書のページ設定」を表し、続く「.TopMargin」はページ設定の「上余白」を表します。

事例2番目と3番目は、42ページの事例を「With」文形式に書き換えたものです。「Select Case」～「End Select」間の記述はいずれも同じオブジェクトについての記述なので、このようにまとめることができます。

「With」文を使うと入力の手間が減るだけでなく、誤入力も避けやすくなります。また、マクロは「.」が多いほど処理が遅くなるので、「With」文を使うと「.」の箇所が減り、処理が速くなるという利点もあります。

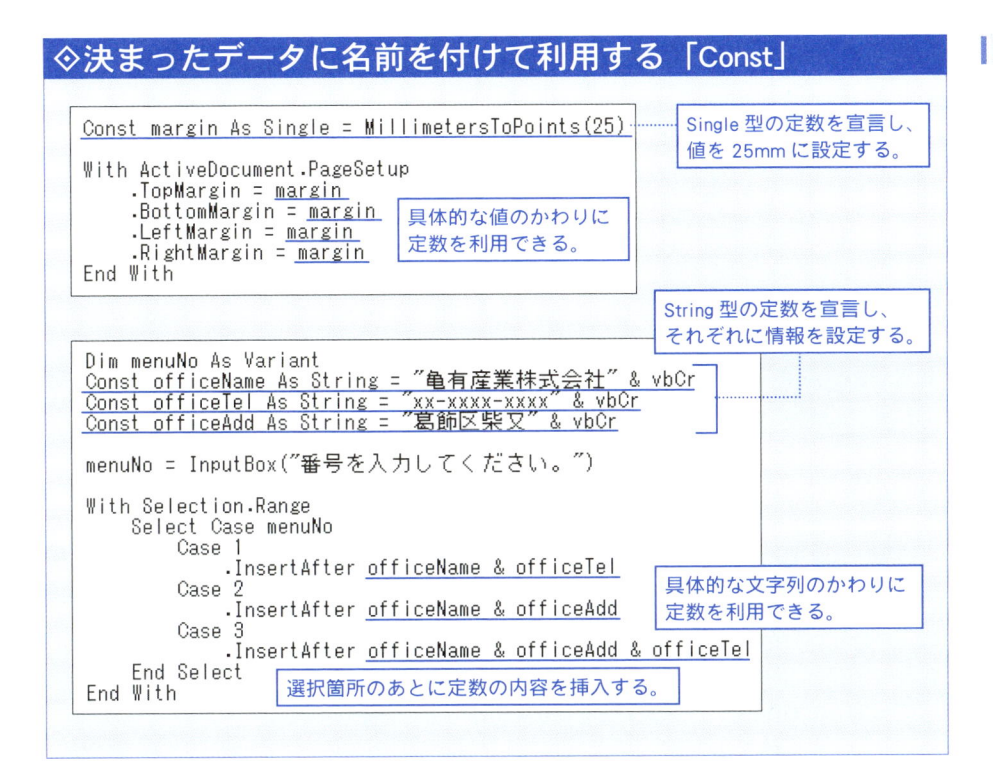

◇決まったデータに名前を付けて利用する「Const」

```
Const margin As Single = MillimetersToPoints(25)
With ActiveDocument.PageSetup
    .TopMargin = margin
    .BottomMargin = margin
    .LeftMargin = margin
    .RightMargin = margin
End With
```

- Single 型の定数を宣言し、値を 25mm に設定する。
- 具体的な値のかわりに定数を利用できる。

```
Dim menuNo As Variant
Const officeName As String = "亀有産業株式会社" & vbCr
Const officeTel As String = "xx-xxxx-xxxx" & vbCr
Const officeAdd As String = "葛飾区柴又" & vbCr

menuNo = InputBox("番号を入力してください。")

With Selection.Range
    Select Case menuNo
        Case 1
            .InsertAfter officeName & officeTel
        Case 2
            .InsertAfter officeName & officeAdd
        Case 3
            .InsertAfter officeName & officeAdd & officeTel
    End Select
End With
```

- String 型の定数を宣言し、それぞれに情報を設定する。
- 具体的な文字列のかわりに定数を利用できる。
- 選択箇所のあとに定数の内容を挿入する。

ひと口解説 定数を活用するとマクロのメンテナンスが楽になる

「定数」とは文字どおり「定まった値」のことです。30ページでふれたように、マクロにはあらかじめ「組み込み定数」が登録されていますが、独自に定数を定義することもできます。それには「Const」文を使い、上記のように「Const 定数 As データ型 = データ」という形で宣言します。データ型は、数値関連だけでなく「String」型、「Variant」型も使えます。

事例1番目は前ページの事例を書き換えたもので、余白設定に具体的な値を書くかわりに定数を使っています。事例2番目は会社情報を定数化することで、処理の記述を簡潔にしています。ちなみに、この事例の「vbCr」とはマクロで段落記号を表す記号です。このマクロを実行すると、選択箇所のあとに会社名や電話番号が段落記号で区切られて挿入されます。

定数を使うと、マクロの処理内容がわかりやすくなるだけでなく、手直しをする場合には定数に割り当てる値だけを書き換えればよいので、メンテナンスがとても楽になります。

簡単なマクロを作り、テストしてみよう

マクロは、実際に入力してみなければわからないことがたくさんあります。入力によってVB Editorの動作がわかり、入力ミスから得られる知識もあります。また、入力した結果をテストすることで「思わぬ事態」に出会うかも知れません。ここでは簡単なマクロの入力例と、テストの方法について解説します。

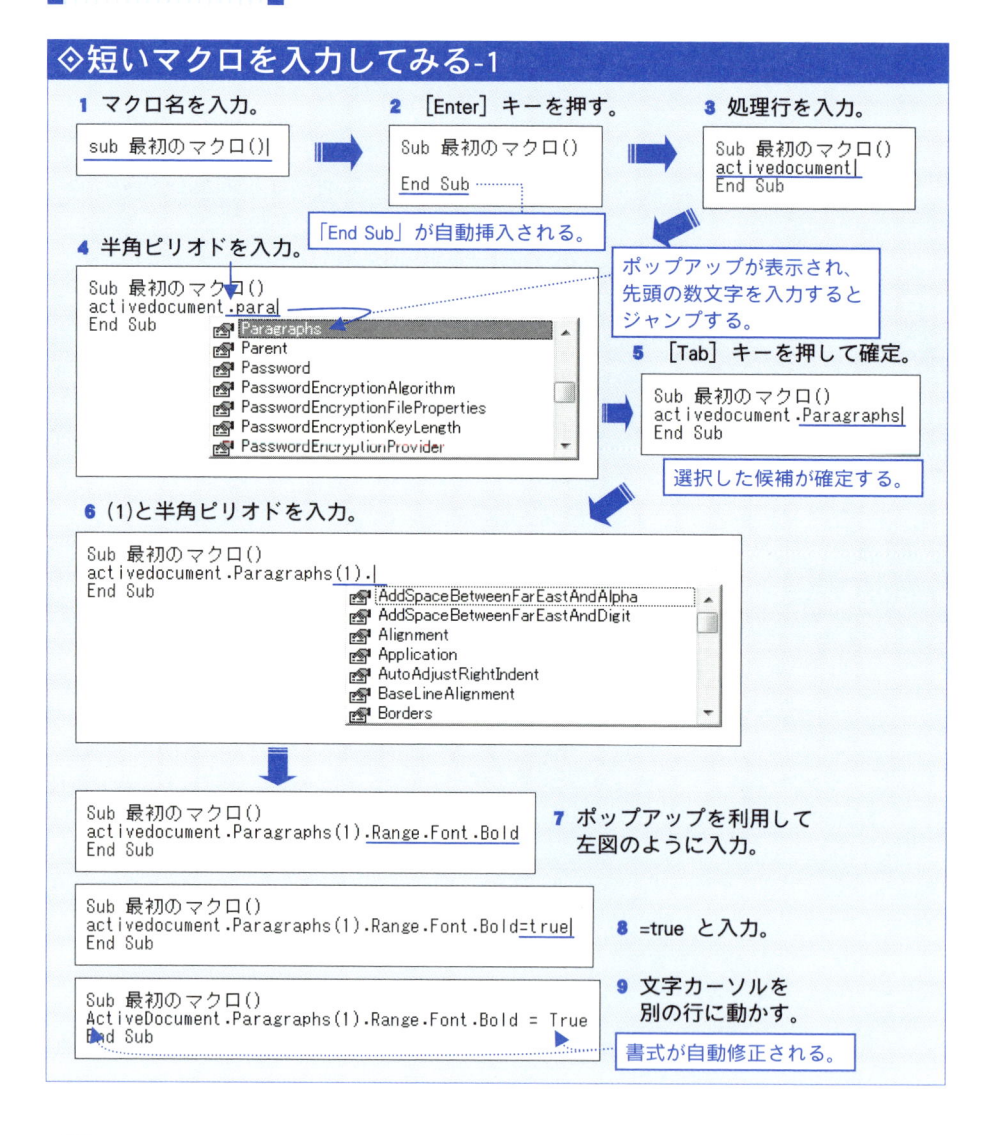

◇短いマクロを入力してみる-1

1 マクロ名を入力。

```
sub 最初のマクロ()|
```

2 [Enter] キーを押す。

```
Sub 最初のマクロ()

End Sub
```

「End Sub」が自動挿入される。

3 処理行を入力。

```
Sub 最初のマクロ()
activedocument|
End Sub
```

4 半角ピリオドを入力。

```
Sub 最初のマクロ()
activedocument.para|
End Sub
```

- Paragraphs
- Parent
- Password
- PasswordEncryptionAlgorithm
- PasswordEncryptionFileProperties
- PasswordEncryptionKeyLength
- PasswordEncryptionProvider

ポップアップが表示され、先頭の数文字を入力するとジャンプする。

5 [Tab] キーを押して確定。

```
Sub 最初のマクロ()
activedocument.Paragraphs|
End Sub
```

選択した候補が確定する。

6 (1)と半角ピリオドを入力。

```
Sub 最初のマクロ()
activedocument.Paragraphs(1).|
End Sub
```

- AddSpaceBetweenFarEastAndAlpha
- AddSpaceBetweenFarEastAndDigit
- Alignment
- Application
- AutoAdjustRightIndent
- BaseLineAlignment
- Borders

```
Sub 最初のマクロ()
activedocument.Paragraphs(1).Range.Font.Bold
End Sub
```

7 ポップアップを利用して左図のように入力。

```
Sub 最初のマクロ()
activedocument.Paragraphs(1).Range.Font.Bold=true|
End Sub
```

8 =true と入力。

```
Sub 最初のマクロ()
ActiveDocument.Paragraphs(1).Range.Font.Bold = True
End Sub
```

9 文字カーソルを別の行に動かす。

書式が自動修正される。

◇短いマクロを入力してみる-2

1 マクロ名を入力し、ポップアップを利用しながら処理行を入力。

```
Sub 二番目のマクロ()
Selection.Paragraphs(1).Range.sele
End Sub
```
- Select
- Sentences
- SetListLevel
- SetRange
- Shading
- ShapeRange
- ShowAll

> ポップアップで
> 先頭の数文字を入力し、
> 候補を選択して
> [Tab] キーで確定。

2 with selection と入力し、次の行を [Tab] キーで字下げ。

```
Sub 二番目のマクロ()
Selection.Paragraphs(1).Range.Select
With Selection
    |
End Sub
```

3 半角ピリオドを入力し、ポップアップを呼び出す。

```
Sub 二番目のマクロ()
Selection.Paragraphs(1).Range.Select
With Selection
    .fo
En
End Sub
```
- Font
- FootnoteOptions
- Footnotes
- FormattedText
- FormFields
- Frames
- GoTo

4 同様に処理行を入力。

```
Sub 二番目のマクロ()
Selection.Paragraphs(1).Range.Select
With Selection
    .Font.Bold = True
    .ParagraphFormat.Alignment=
End Sub
```
- wdAlignParagraphCenter
- wdAlignParagraphDistribute
- wdAlignParagraphJustify
- wdAlignParagraphJustifyHi
- wdAlignParagraphJustifyLow
- wdAlignParagraphJustifyMed
- wdAlignParagraphLeft

> With 文に続く行でも
> 半角ピリオドでポップ
> アップが呼び出される。

> 定数のポップアップ。

```
Sub 二番目のマクロ()
Selection.Paragraphs(1).Range.Select
With Selection
    .Font.Bold = True
    .ParagraphFormat.Alignment = wdAlignParagraphCenter
    .cu
En  Cut
    Delete
    DetectLanguage
    Document
    Editors
    End
    EndKey
```

```
Sub 二番目のマクロ()

Selection.Paragraphs(1).Range.Select

With Selection
    .Font.Bold = True
    .ParagraphFormat.Alignment = wdAlignParagraphCenter
    .Cut
    .Paste
End With

End Sub
```

5 適当に空行を設けて仕上げる。

> 最初から
> 空きを設けながら
> 入力してもよい。

2-4 簡単なマクロを作り、テストしてみよう

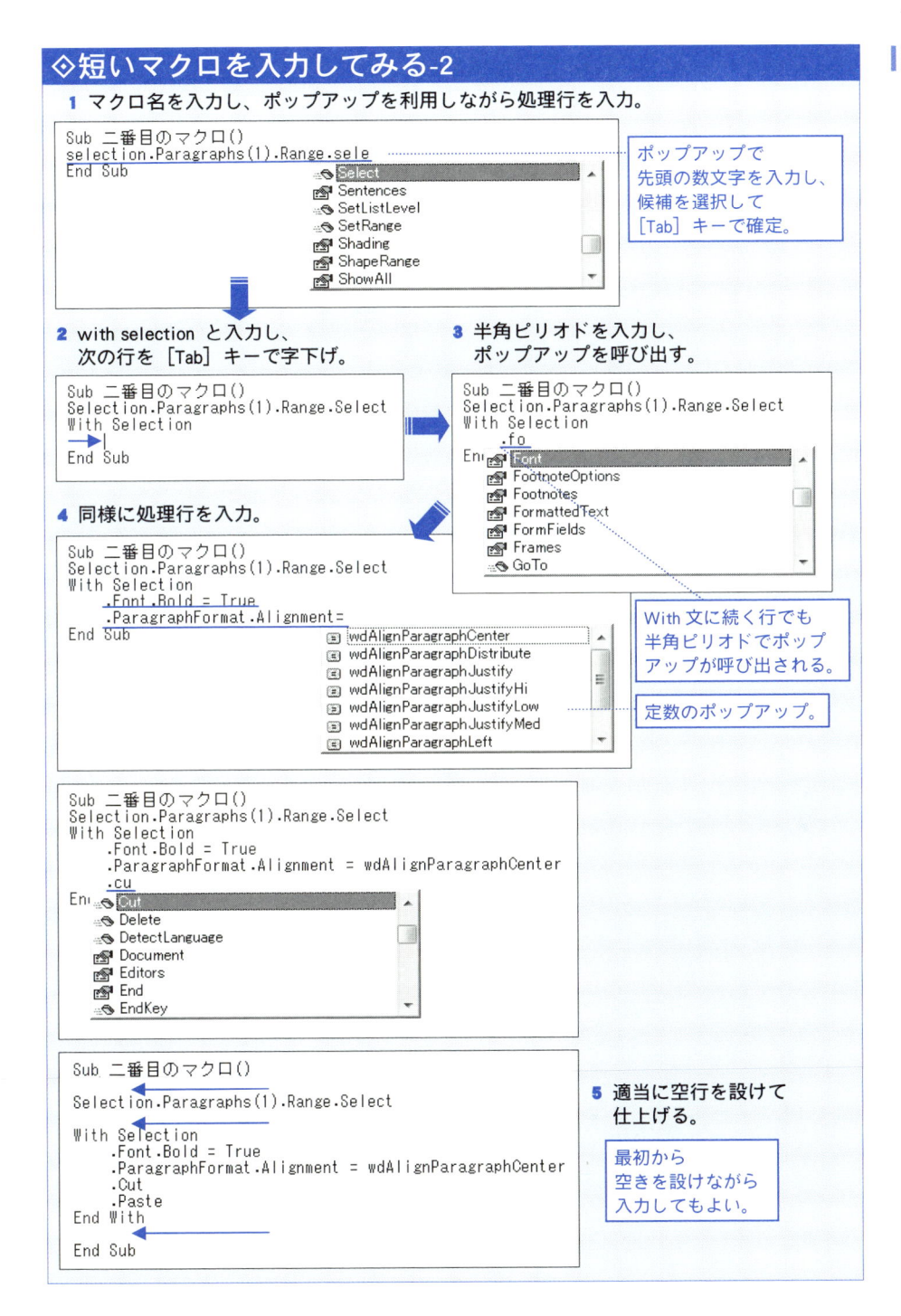

47

ひと口解説　ポップアップと書式の自動修正を利用する

　適切な上位のプロパティを入力し、続けて半角ピリオドを入力すると、そのプロパティで使える下位のプロパティやメソッドの一覧がポップアップで表示されます。また、値を必要とするプロパティおよびメソッドでは、半角の = を入力すると定数の一覧がポップアップで表示されます。

　ポップアップでは、［↓］［↑］キーを使って候補を選択します。また、先頭の数文字を入力すれば、該当する候補に逐次ジャンプします。候補を選択したら、［Tab］キーを押せば挿入されます。また、［Enter］キーを押すと候補が挿入され、さらに強制改行されます。

　ポップアップのすべての候補が適切とは限りませんが、少なくともポップアップに表示されないプロパティやメソッドは使えません。また、上位のプロパティの綴りを間違えていればポップアップは表示されないので、誤入力がすぐにわかるという利点もあります。

　定数は、表示されない場合もあります。たとえば 42 ページの「Select Case」文の事例に見られる「Case 定数」のように、= を使わずに定数を入力する場合には表示されません。

　また、「True」「False」を設定するプロパティまたはメソッドでは、= を入力するとポップアップが表示されるもの、表示されないものがあります。たとえば前ページの「.Bold = 」では何も表示されません。このような例については、実地で覚えるしかありません。

　なお、中には「True」「False」は表示されず、かわりに「msoCTrue」「msoFalse」「msoTriStateMixed」といった定数が表示される場合もあります。しかし、基本的には「True」「False」のいずれかを入力すればよく、これらの特殊な定数を使うことはありません。

　プロパティ名、メソッド名、定数、あるいは「Sub」や「With」などのキーワードはすべて小文字で入力すればよく、行の入力を終えて文字カーソルを別の行に移せば自動的に修正されます。修正されなければ誤入力とすぐにわかります。変数名も同様です。

　なお、定数の中には大文字・小文字が自動修正されないものもありますが、Visual Basic for Applications による実際の処理では大文字・小文字を区別しないので、気にしなくてもかまいません。

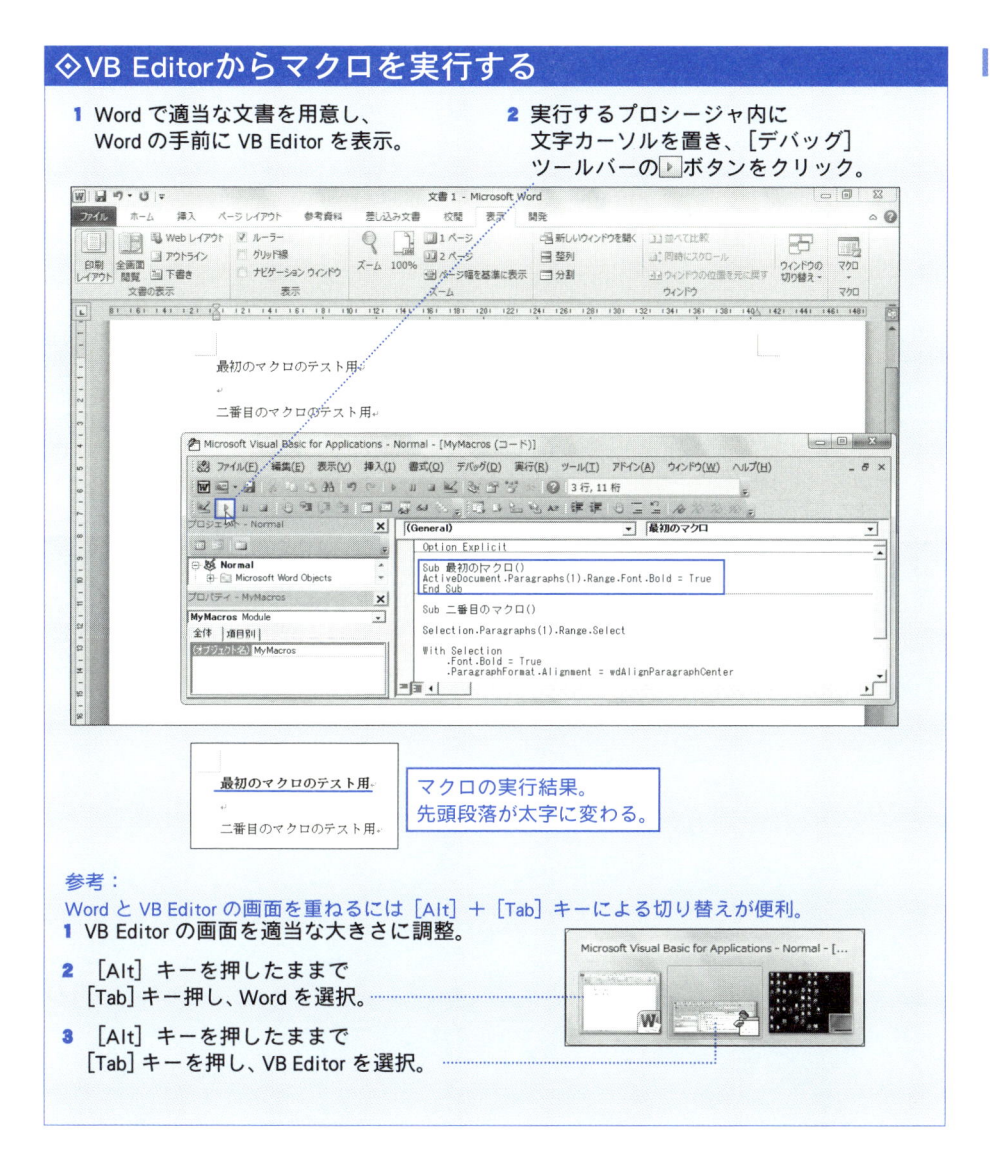

◇VB Editorからマクロを実行する

1 Wordで適当な文書を用意し、Wordの手前にVB Editorを表示。

2 実行するプロシージャ内に文字カーソルを置き、[デバッグ] ツールバーの▶ボタンをクリック。

マクロの実行結果。
先頭段落が太字に変わる。

参考：
WordとVB Editorの画面を重ねるには［Alt］＋［Tab］キーによる切り替えが便利。
1 VB Editorの画面を適当な大きさに調整。
2 ［Alt］キーを押したままで［Tab］キー押し、Wordを選択。
3 ［Alt］キーを押したままで［Tab］キーを押し、VB Editorを選択。

ひと口解説　マクロを最後まで一気に実行

　VB Editorでマクロを実行するには、「Sub」～「End Sub」の間に文字カーソルを置き、▶［Sub/ユーザーフォームの実行］ボタンをクリックします。上図は46ページのマクロの実行例で、Word内での文字カーソル位置にかかわらず、先頭段落を太字に変えます。

2-4 簡単なマクロを作り、テストしてみよう

49

◇VB Editorでマクロの動作を1行ずつ確かめる

1 Wordで適当な文書を用意し、処理したい段落に文字カーソルを置き、Wordの手前にVB Editorを表示。

2 実行するプロシージャ内に文字カーソルを置き、[デバッグ] ツールバーの ［ステップイン］ボタンをクリック。

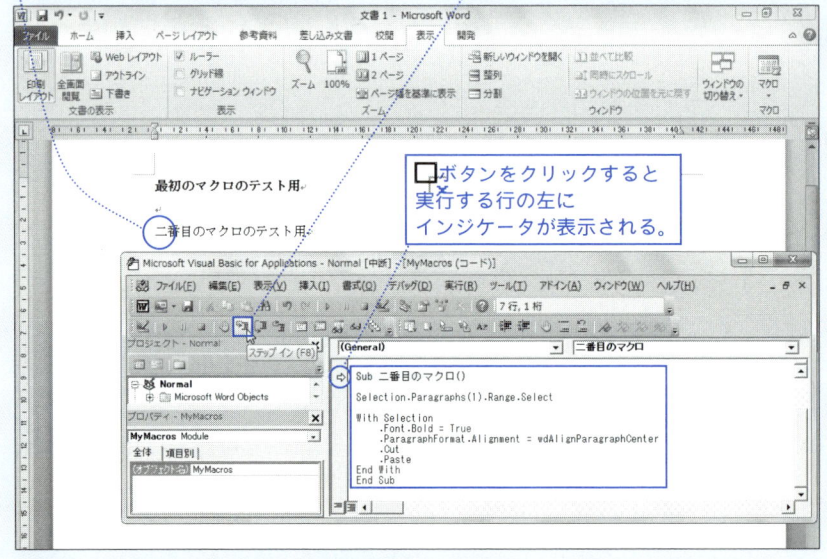

￭ボタンをクリックすると実行する行の左にインジケータが表示される。

3 ［ステップイン］ボタンを繰り返しクリック。

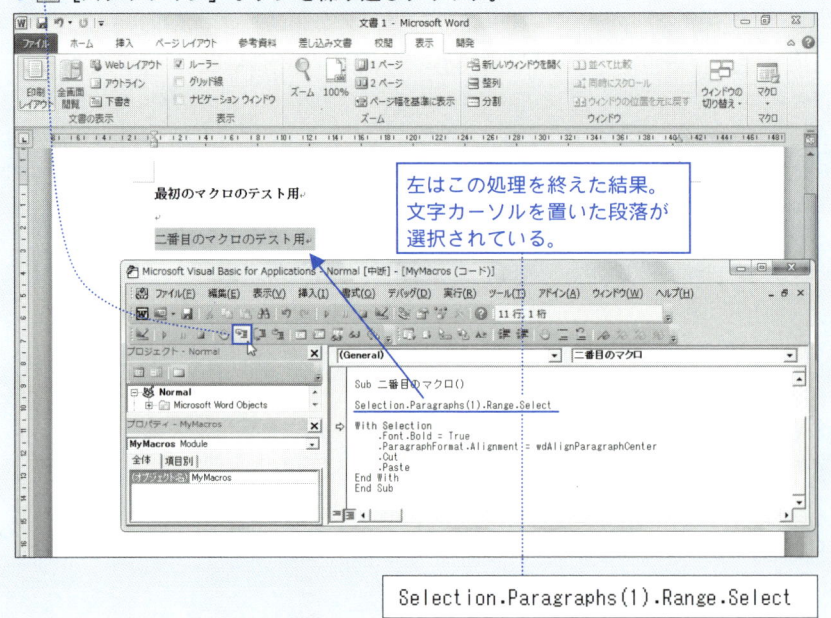

左はこの処理を終えた結果。文字カーソルを置いた段落が選択されている。

`Selection.Paragraphs(1).Range.Select`

4 ■ [ステップイン] ボタンを繰り返しクリック。

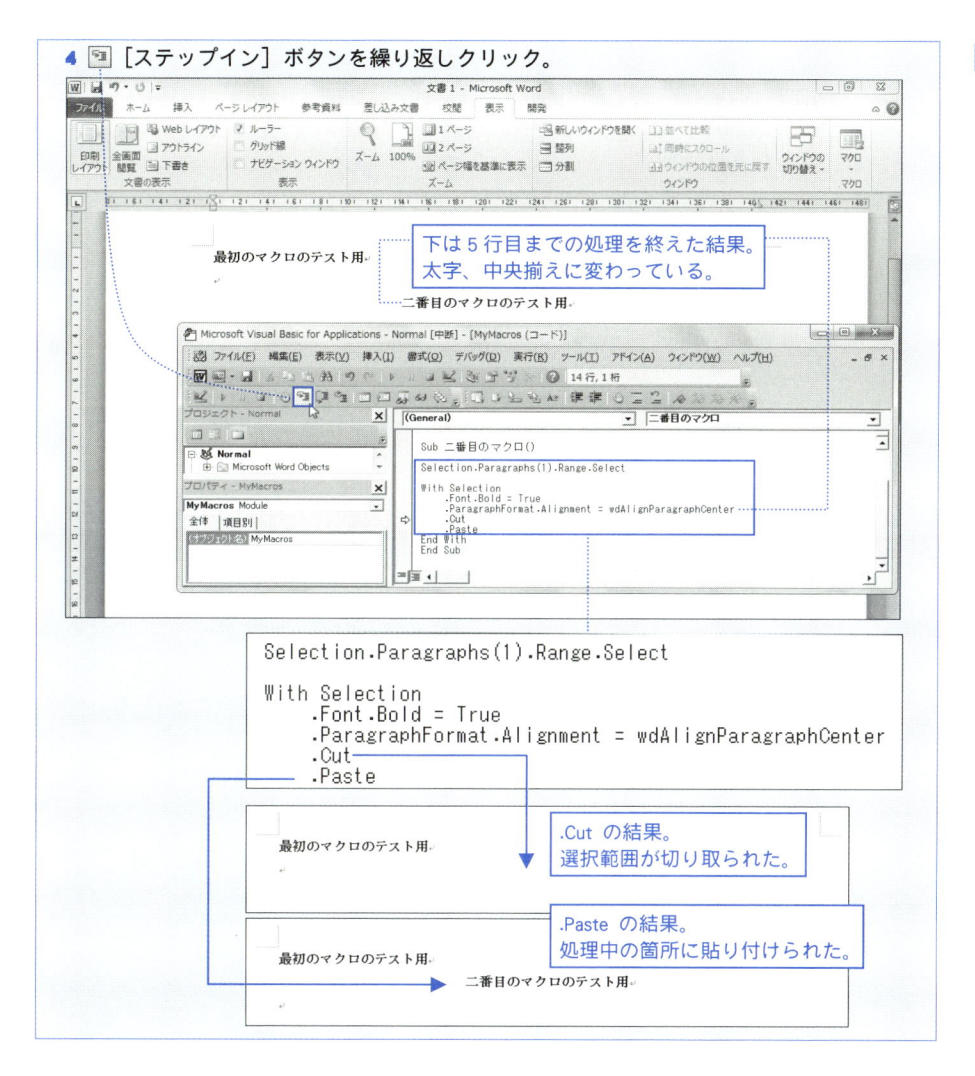

下は5行目までの処理を終えた結果。
太字、中央揃えに変わっている。

```
Sub 二番目のマクロ()
Selection.Paragraphs(1).Range.Select
With Selection
    .Font.Bold = True
    .ParagraphFormat.Alignment = wdAlignParagraphCenter
    .Cut
    .Paste
End With
End Sub
```

```
Selection.Paragraphs(1).Range.Select

With Selection
    .Font.Bold = True
    .ParagraphFormat.Alignment = wdAlignParagraphCenter
    .Cut
    .Paste
```

最初のマクロのテスト用

.Cut の結果。
選択範囲が切り取られた。

.Paste の結果。
処理中の箇所に貼り付けられた。

最初のマクロのテスト用
二番目のマクロのテスト用

ひと口解説　流れに従って1ステップずつ実行

「Sub」～「End Sub」の間に文字カーソルを置いて■ [ステップイン]ボタンをクリックすると、マクロの流れに従って1行ずつ実行されます。これから実行する行の左にはインジケータが表示されます。

右側の■ [ステップオーバー] ボタンは、「Sub」～「End Sub」内から別のプロシージャを呼び出すようなマクロで使います。■ [ステップアウト] ボタンは、残りの行を一挙に実行したい場合に使います。

2-4 簡単なマクロを作り、テストしてみよう

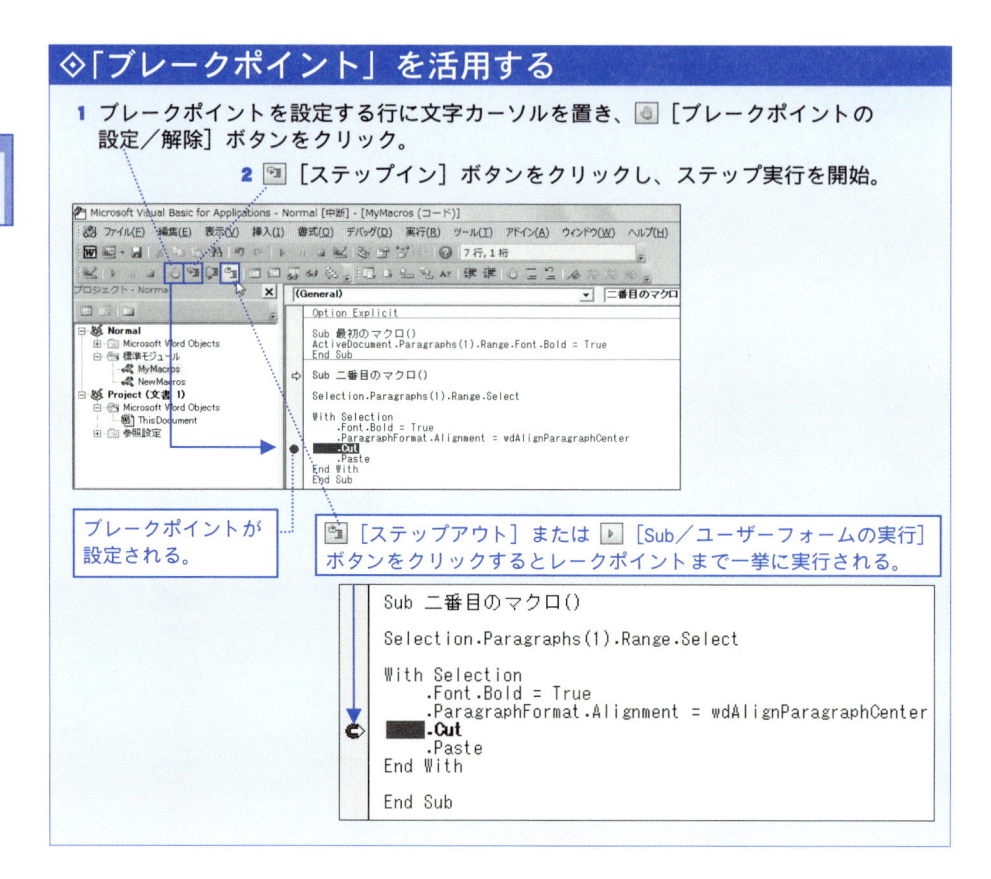

◇「ブレークポイント」を活用する

1 ブレークポイントを設定する行に文字カーソルを置き、[ブレークポイントの設定/解除]ボタンをクリック。

2 [ステップイン]ボタンをクリックし、ステップ実行を開始。

ブレークポイントが設定される。

[ステップアウト]または[Sub/ユーザーフォームの実行]ボタンをクリックするとブレークポイントまで一挙に実行される。

```
Sub 二番目のマクロ()

Selection.Paragraphs(1).Range.Select

With Selection
    .Font.Bold = True
    .ParagraphFormat.Alignment = wdAlignParagraphCenter
    .Cut
    .Paste
End With

End Sub
```

ひと口解説 問題箇所の前まで一挙に実行

　長いマクロやループを持つマクロの動作をテストする場合、「ここまでは問題がない」とわかっていることがよくあります。そんな場合には、とくにチェックしたい箇所にブレークポイントを付けておくと便利です。

　まず[ステップイン]ボタンでステップ実行に入り、[Sub/ユーザーフォームの実行]または[ステップアウト]ボタンをクリックすれば、ブレークポイントまで一挙に実行されるので、効率よくテストできるようになります。

　ブレークポイントを設定するには、該当箇所に文字カーソルを置いて[ブレークポイントの設定/解除]ボタンをクリックします。

　ブレークポイントは、ステップ実行の最中でも設定解除できます。また、何カ所でも設定できます。ただし、変数宣言の行には設定できません。

◇「ローカルウィンドウ」を活用する

［表示(V)］-［ローカルウィンドウ(S)］で
［ローカルウィンドウ］を呼び出す。

```
Sub 累乗計算()
    Dim i As Integer
    Dim n As Integer

    n = 1
    For i = 1 To 10
        n = n * 2
    Next

End Sub
```

ステップ実行開始時。

式	値	型
Normal.MyMacros.累乗計算		
⊞ MyMacros		MyMacros/MyMacros
i	0	Integer
n	0	Integer

```
Sub 累乗計算()
    Dim i As Integer
    Dim n As Integer

    n = 1
    For i = 1 To 10
        n = n * 2
    Next

End Sub
```

5度目のループ処理時の状態。

式	値	型
Normal.MyMacros.累乗計算		
⊞ MyMacros		MyMacros/MyMacros
i	5	Integer
n	16	Integer

Document型、Paragraph型変数の例。

式	値	型
Normal.NewMacros.Macro2		
⊞ NewMacros		NewMacros/NewMacros
⊞ doc		Document/Document
⊟ para		Paragraph/Paragraph
AddSpaceBetweenFarEastAndAlpha	-1	Long
AddSpaceBetweenFarEastAndDigit	-1	Long
Alignment	wdAlignParagraphJustify	WdParagraphAlignment
⊞ Application		Application/Application
AutoAdjustRightIndent	-1	Long
BaseLineAlignment	wdBaselineAlignAuto	WdBaselineAlignment
⊞ Borders		Borders/Borders
CharacterUnitFirstLineIndent	0	Single
CharacterUnitLeftIndent	0	Single
CharacterUnitRightIndent	0	Single
Creator	1297307460	Long
DisableLineHeightGrid	0	Long
⊞ DropCap		DropCap/DropCap
FarEastLineBreakControl	-1	Long
FirstLineIndent	0	Single

ひと口解説 変数の状態がすぐにわかる「ローカルウィンドウ」

「ローカルウィンドウ」を使うと、マクロ内で使っている変数の状態をすぐに確かめることができます。数値や文字列を扱う変数ではその内容が表示され、「Document」や「Paragraph」といったObject系の変数では、下位プロパティの状態を知ることができます。下位プロパティの種類や、設定されている定数を知る上でも役に立ちます。

2-4 簡単なマクロを作り、テストしてみよう

◇「ウォッチウィンドウ」を活用する

1 調べたい範囲を選択して右クリックし、[ウォッチ式の追加(A)...]をクリック。

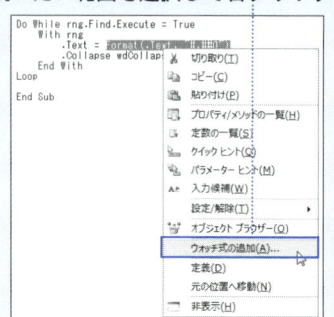

2 [式(E):]を確かめ、必要に応じて補足。

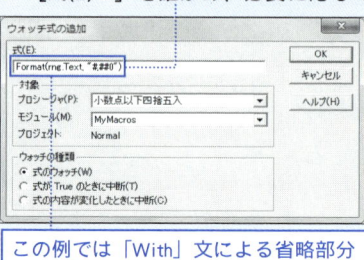

この例では「With」文による省略部分「rng」を加筆。

ステップ実行すると式の値の変化がわかる。

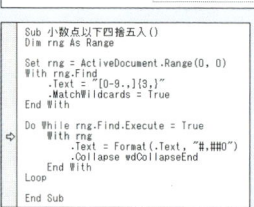

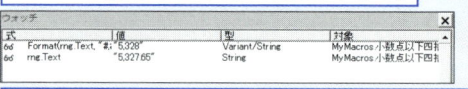

ウォッチ式を削除するには
ウォッチ式をクリックして[Delete]キーを押す。

ひと口解説 　任意の式の状態を調べられる「ウォッチウィンドウ」

　変数の中身を調べるなら前項の「ローカルウィンドウ」が便利ですが、特定の式やプロパティの中身を知るには「ウォッチウィンドウ」を使います。ウォッチ式は、式としてきちんと評価できる対象を登録します。

　たとえば上のマクロは数値を検索し、小数点以下を四捨五入するという処理を行います。「Format」関数が四捨五入のしかけで、「Format(処理する値、表示する書式)」のように指示すると、「処理する値」が「表示する書式」に従って加工されます。

　ウォッチ式は、調べる条件が揃った時点でその結果を表示するので、加工前であっても結果を知ることができます。

　ちなみに、上図の手順1では「Format(.Text, "#,##0")」という範囲を選択していますが、括弧内の「.Text」の前は「With」文によって省略されているので、その部分もきちんと補う必要があります。

　なお、継続的に調べる必要がなければ、ステップ実行中に範囲を選択し、[デバッグ]ツールバーの[クイックウォッチ]ボタンをクリックしても現在の値を調べることができます。

◇「イミディエイトウィンドウ」を活用する

1 [表示(V)]-[イミディエイトウィンドウ(I)]で[イミディエイトウィンドウ]を呼び出す。
2 [イミディエイトウィンドウ]内にコードを入力し、[Enter]キーで確定。

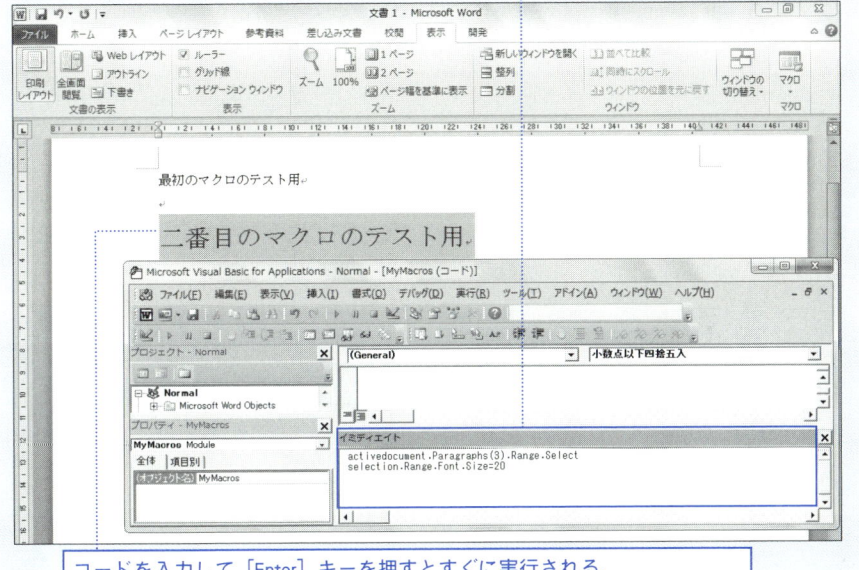

> コードを入力して[Enter]キーを押すとすぐに実行される。
> 上図は「作業文書の3つ目の段落を選択」「選択範囲を20ポイントに設定」という処理を行った結果。

ひと口解説 処理をすぐに実行する「イミディエイトウィンドウ」

　50ページで紹介した「ステップ実行」は、「Sub」〜「End Sub」、つまりプロシージャ内に書いたコードをテストする場合に使います。一方、[イミディエイトウィンドウ]では書いた結果がすぐに実行されます。

　ステップ実行では先頭から順に実行されますが、[イミディエイトウィンドウ]では特定のコードだけをテストできるのが利点です。

　たとえば、「この書き方でうまくいくかどうかわからない」「このコードを実行するとどういう結果になるか、先に確かめたい」といった場合に便利です。

　[イミディエイトウィンドウ]に書いたコードは、選択してコピーすればプロシージャ内に貼り付けることもできます。

◇よくありがちな記述ミス

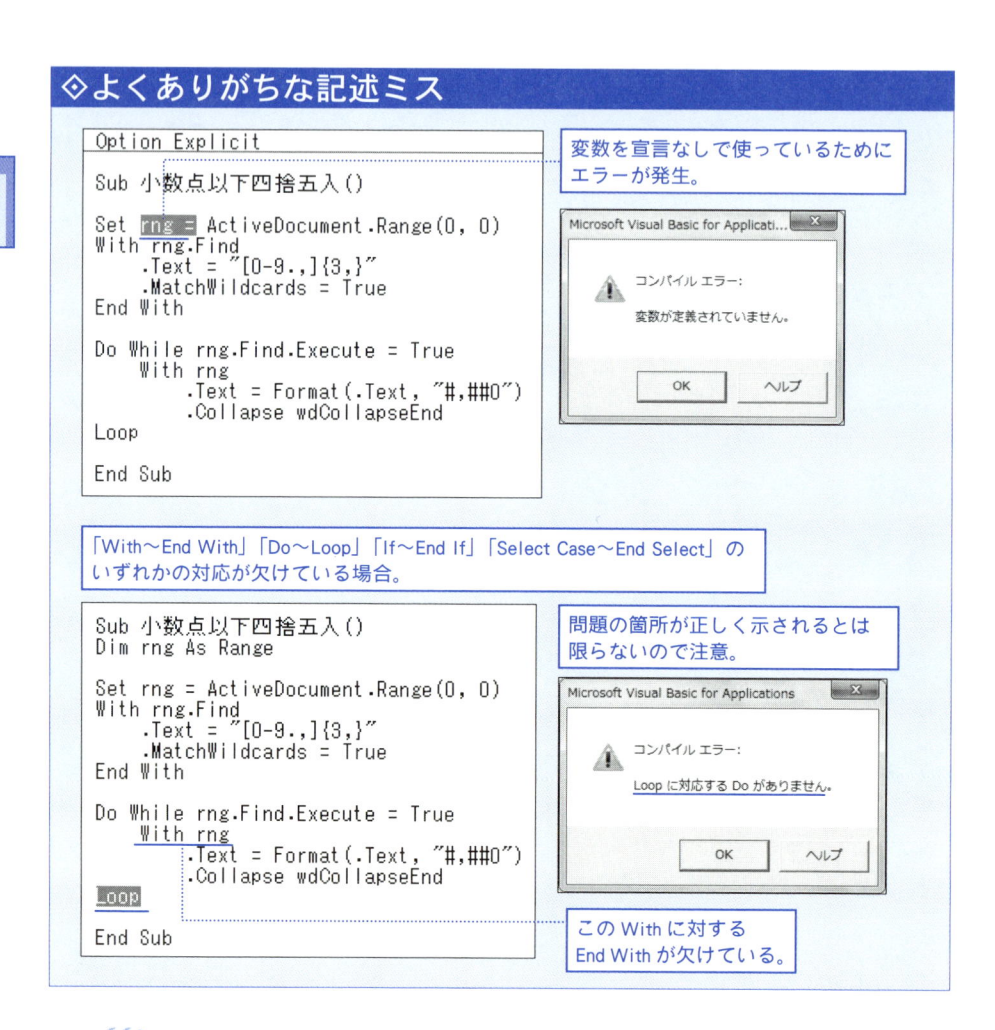

```
Option Explicit

Sub 小数点以下四捨五入()

Set rng = ActiveDocument.Range(0, 0)
With rng.Find
    .Text = "[0-9.,]{3,}"
    .MatchWildcards = True
End With

Do While rng.Find.Execute = True
    With rng
        .Text = Format(.Text, "#,##0")
        .Collapse wdCollapseEnd
Loop

End Sub
```

変数を宣言なしで使っているためにエラーが発生。

> Microsoft Visual Basic for Applicati...
> コンパイル エラー:
> 変数が定義されていません。
> [OK] [ヘルプ]

「With～End With」「Do～Loop」「If～End If」「Select Case～End Select」のいずれかの対応が欠けている場合。

```
Sub 小数点以下四捨五入()
Dim rng As Range

Set rng = ActiveDocument.Range(0, 0)
With rng.Find
    .Text = "[0-9.,]{3,}"
    .MatchWildcards = True
End With

Do While rng.Find.Execute = True
    With rng
        .Text = Format(.Text, "#,##0")
        .Collapse wdCollapseEnd
Loop

End Sub
```

問題の箇所が正しく示されるとは限らないので注意。

> Microsoft Visual Basic for Applications
> コンパイル エラー:
> Loop に対応する Do がありません。
> [OK] [ヘルプ]

この With に対する End With が欠けている。

ひと口解説 意外に多い変数の未宣言と対応文の不備

　19 ページ「最初にやっておきたいオプション設定」でふれたように、変数の宣言強制オプションをオンにしている場合、宣言なしで変数を使うとエラーが発生します。強制オプションをオフにすれば宣言なしでも使えますが、プログラムのミスを見つけにくくなるので避けた方が賢明です。

　また、「With～End With」など、対で使うべきキーワードの一方が不足しているとエラーになります。ただし、上図に示したように、実際に不足している箇所が指摘されるとは限りません。エラーが発生したら、対の構文をひととおりチェックしてみてください。

◇それでも起こるエラーへの対処

```
On Error GoTo ErrHandler
    （必要な処理を書く。）
Exit Sub
ErrHandler:
MsgBox "エラーが発生したため、処理を終了します。"
End Sub
```

- `On Error GoTo ErrHandler` …… この行を書くと、以降にエラーが発生したら処理が指定ラベルに移る。
- `Exit Sub` …… 不必要にエラー処理が行われないように、「Exit Sub」で終了。
- `ErrHandler:` …… エラー処理。

`On Error Resume Next` …… この行を書くと、以降に発生するエラーは無視され、処理が続行される。

`On Error GoTo 0` …… この行を書くと、エラーの回避処理は無効になる。

ひと口解説　エラー無視とエラー対策

　エラーを防ぐには、エラーが発生しそうな状況を想定し、先回りして対策を講ずることが大切です。たとえば図に対する処理を文字や段落に対して行えばエラーが発生します。このエラーを回避するには「選択箇所が図かどうか確かめる」というコードを書けばよいことになります。

　しかし、マクロが複雑になればなるほど、あらゆるエラーを想定することは困難になり、想定できたとしても、対策を講ずる手間は膨大です。とくに、自分だけで使うマクロであれば、そこまで作り込まなくてもよいかもしれません。そんな場合には、エラーが発生したらその旨を表示し、マクロを終了するという方法で済ませるのもよいでしょう。それが「On Error GoTo ラベル」で、エラーが発生すると、処理は「ラベル」で示された行に移ります。

　ただし、「ラベル」以降にエラー発生時の処理を書く場合には「ラベル」の前に「Exit Sub」と書いておくことが大切です。そうでないと、エラーが発生しなくてもラベル以降の処理が行われてしまいます。「Exit Sub」は、マクロを強制的に終了する指示です。

　また、マクロの作成中には、エラーが発生することを承知で、あえて処理を続行したい場合もあります。たとえば、「この問題については後回しにして、ひとまずこちらを解決したい」といった場合です。

あるいは、たとえば図に対して行うべき処理を文字や段落に対して行っても何も起こらないので、単純にエラーを無視するという解決策もあります。それが「On Error Resume Next」で、この行を書くと、以降にエラーが発生しても処理が続行されます。

一種の手抜きには違いありませんが、発生するエラーをきちんと理解し、大きな問題は生じないことがわかっていれば、これもまたひとつの解決策です。本書の事例では、あえてこの方法を使っているものもあります。

最後の「On Error GoTo 0」は、「On Error GoTo ラベル」あるいは「On Error Resume Next」によるエラー対策を無効にする記述です。

エラー対策は、エラーの発生とその理由がわかっている場合には意義がありますが、意図しないエラーについては見逃すおそれがあり、危険です。したがって、エラー対策は部分的に使い、それ以外は「On Error GoTo 0」で無効にすれば、マクロの動作をきちんとテストすることができます。

◇マクロが止まらない!?～急ブレーキのかけ方

1　[Ctrl] + [Break] キーを押す。

2　処理を選択。

ひとロ解説　無限ループは [Ctrl] + [Break] キーで脱出

たとえば「Do」～「Loop」はループ脱出の対策を講じないとループから脱出できなくなるおそれがあります。あるいは、処理数が膨大で、思わぬ時間がかかることもあります。最悪の場合、メモリに負担がかかりすぎて Word が強制終了したり、せっかく作ったモジュールが失われることもあります。したがって、「これは怪しい」と思ったら、すかさず強制終了することをおすすめします。

マクロ実行中に [Ctrl] + [Break] キーを押すと、上図のダイアログボックスが表示されます。「たんに遅いだけ」と判断できれば [継続(C)] でかまいませんが、そうでなければ [デバッグ(D)] ボタンをクリックし、ステップ実行で動作を確かめてみてください。

2-5 マクロの「ヘルプ」を活用しよう

マクロの一番の情報源は VB Editor のヘルプです。記録マクロによるコードの意味がわからなくても、使われているプロパティやメソッドはすぐに調べることができます。マクロのサンプルもたくさん載っています。ヘルプの説明は難解ですが、繰り返し読んでいるうちに、少しずつ理解できるようになります。

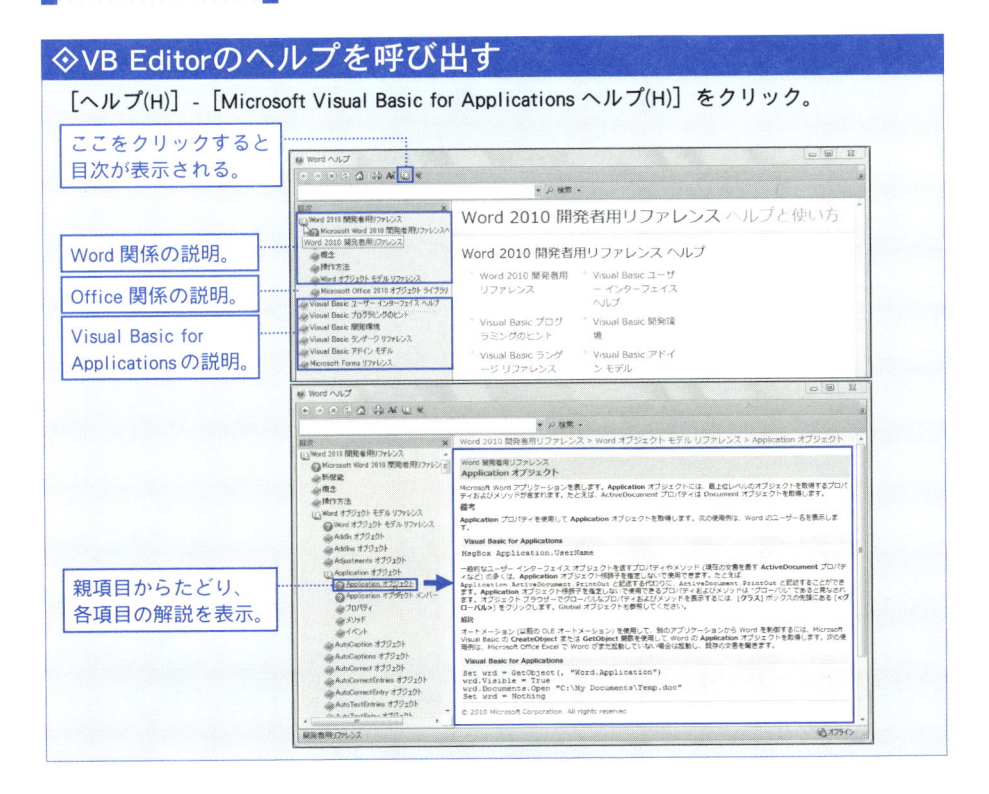

◇VB Editorのヘルプを呼び出す

［ヘルプ(H)］-［Microsoft Visual Basic for Applications ヘルプ(H)］をクリック。

- ここをクリックすると目次が表示される。
- Word 関係の説明。
- Office 関係の説明。
- Visual Basic for Applicationsの説明。
- 親項目からたどり、各項目の解説を表示。

ひと口解説 ヘルプでマクロの全体像を学習する

　VB Editor のヘルプには、マクロ関係の情報が体系的に収められています。ぜひじっくり読んでみることをおすすめします。ヘルプ画面は［F1］キーでも呼び出せます。この場合、ホーム画面が表示されるとは限りませんが、🏠［ホーム］をクリックすれば表示できます。また、📖［目次の表示］ボタンをクリックすると、左側の目次欄が開閉します。

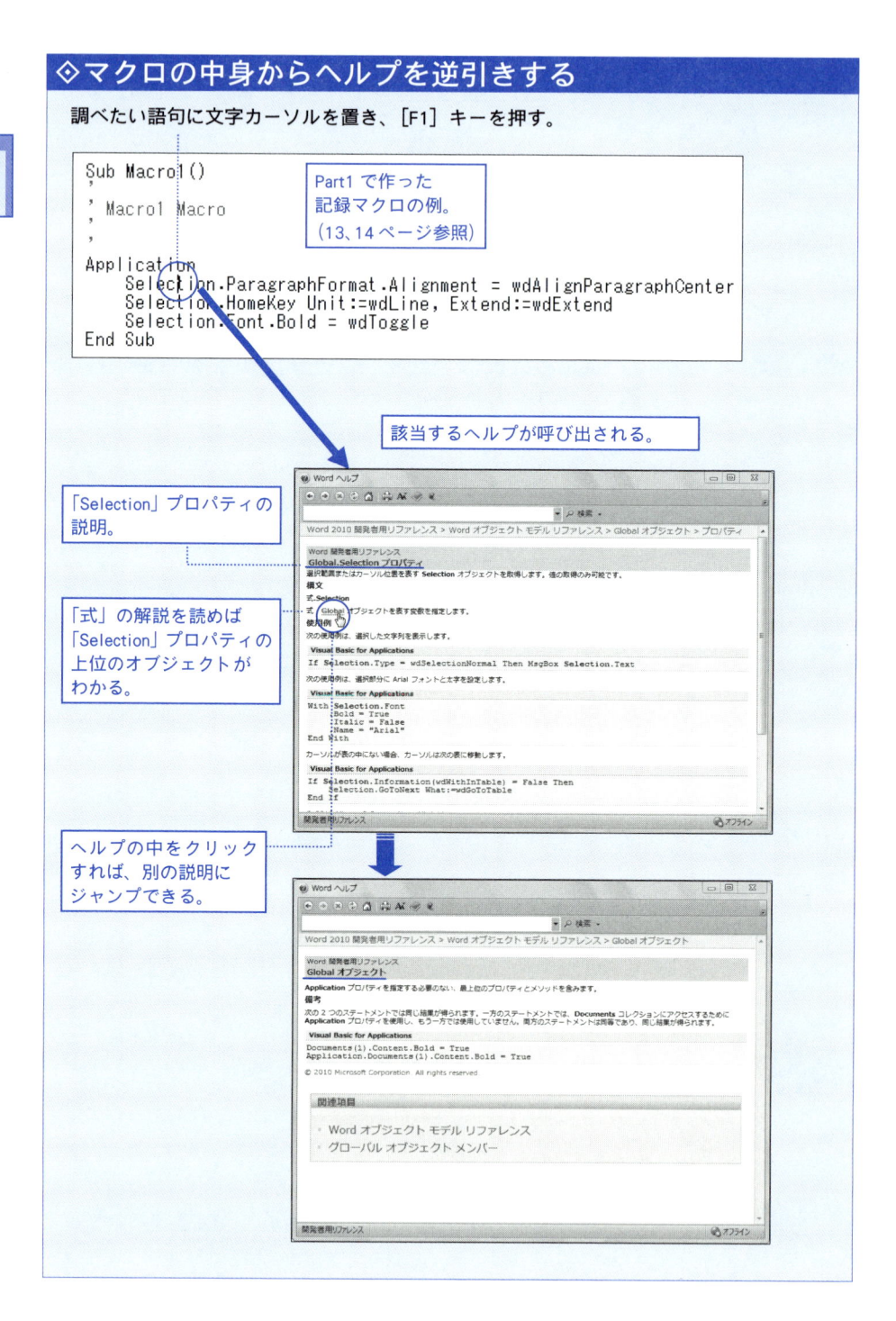

◇マクロの中身からヘルプを逆引きする

調べたい語句に文字カーソルを置き、[F1] キーを押す。

```
Sub Macro1()
'
' Macro1 Macro
'
Application
    Selection.ParagraphFormat.Alignment = wdAlignParagraphCenter
    Selection.HomeKey Unit:=wdLine, Extend:=wdExtend
    Selection.Font.Bold = wdToggle
End Sub
```

Part1 で作った記録マクロの例。
（13、14 ページ参照）

該当するヘルプが呼び出される。

「Selection」プロパティの説明。

「式」の解説を読めば「Selection」プロパティの上位のオブジェクトがわかる。

ヘルプの中をクリックすれば、別の説明にジャンプできる。

ひとロ解説 コードに文字カーソルを置いて [F1] キーを押す

　調べたい語句がわかっていれば、ヘルプの検索ボックスに直接入力してヘルプを呼び出すことができますが、すでにコードを入力済みの場合には、コード内の語句上に文字カーソルを置いて [F1] キーを押す方法が便利です。該当するヘルプがあれば、その解説画面が呼び出されます。プロパティやメソッドは、この方法で簡単に調べることができます。

　たとえば、「記録マクロで作られたコードの意味がわからない」、あるいは「このプロパティの上位オブジェクト、下位のプロパティは？」といった情報を得たい場合に役立ちます。Word でマクロを作る場合、おそらくは一番お世話になる機能でしょう。

　なお、すべての語句がこの方法で調べられるわけではありません。とくに組み込み定数は、次項でふれるようにプロパティやメソッドのヘルプからたどる必要があります。

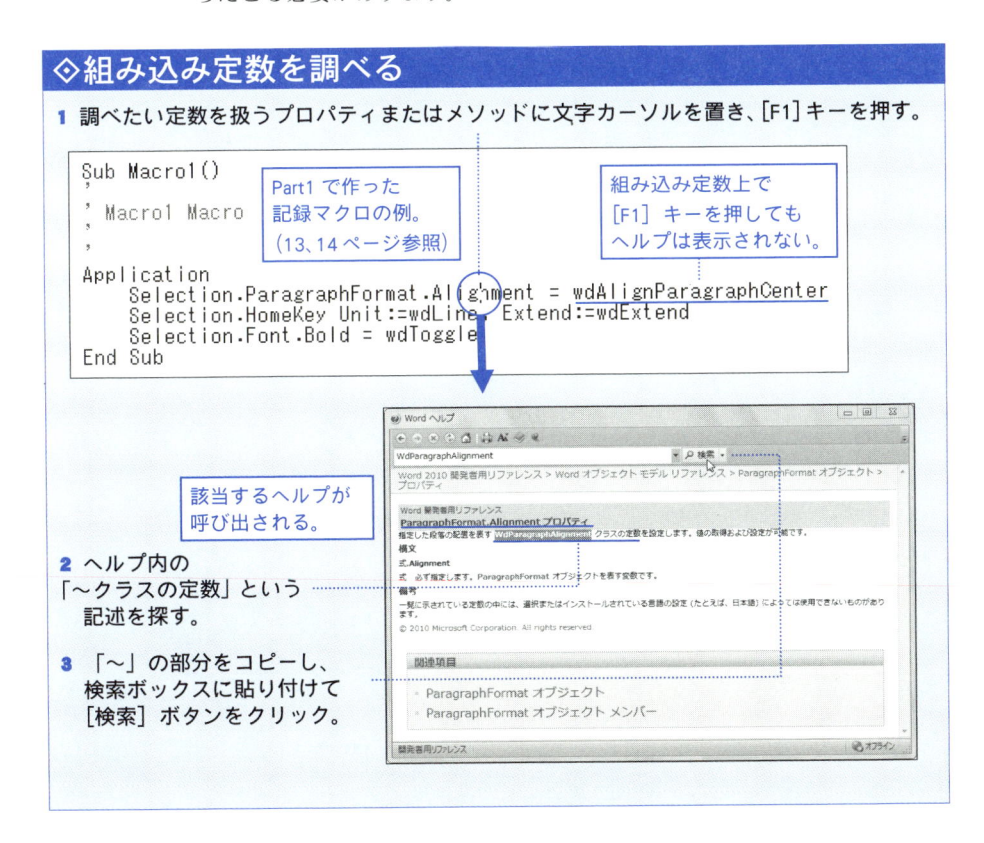

◇組み込み定数を調べる

1 調べたい定数を扱うプロパティまたはメソッドに文字カーソルを置き、[F1] キーを押す。

```
Sub Macro1()
' Macro1 Macro
'
Application
    Selection.ParagraphFormat.Alignment = wdAlignParagraphCenter
    Selection.HomeKey Unit:=wdLine, Extend:=wdExtend
    Selection.Font.Bold = wdToggle
End Sub
```

- Part1 で作った記録マクロの例。(13、14ページ参照)
- 組み込み定数上で [F1] キーを押してもヘルプは表示されない。
- 該当するヘルプが呼び出される。

2 ヘルプ内の「～クラスの定数」という記述を探す。

3 「～」の部分をコピーし、検索ボックスに貼り付けて [検索] ボタンをクリック。

2-5 マクロの「ヘルプ」を活用しよう

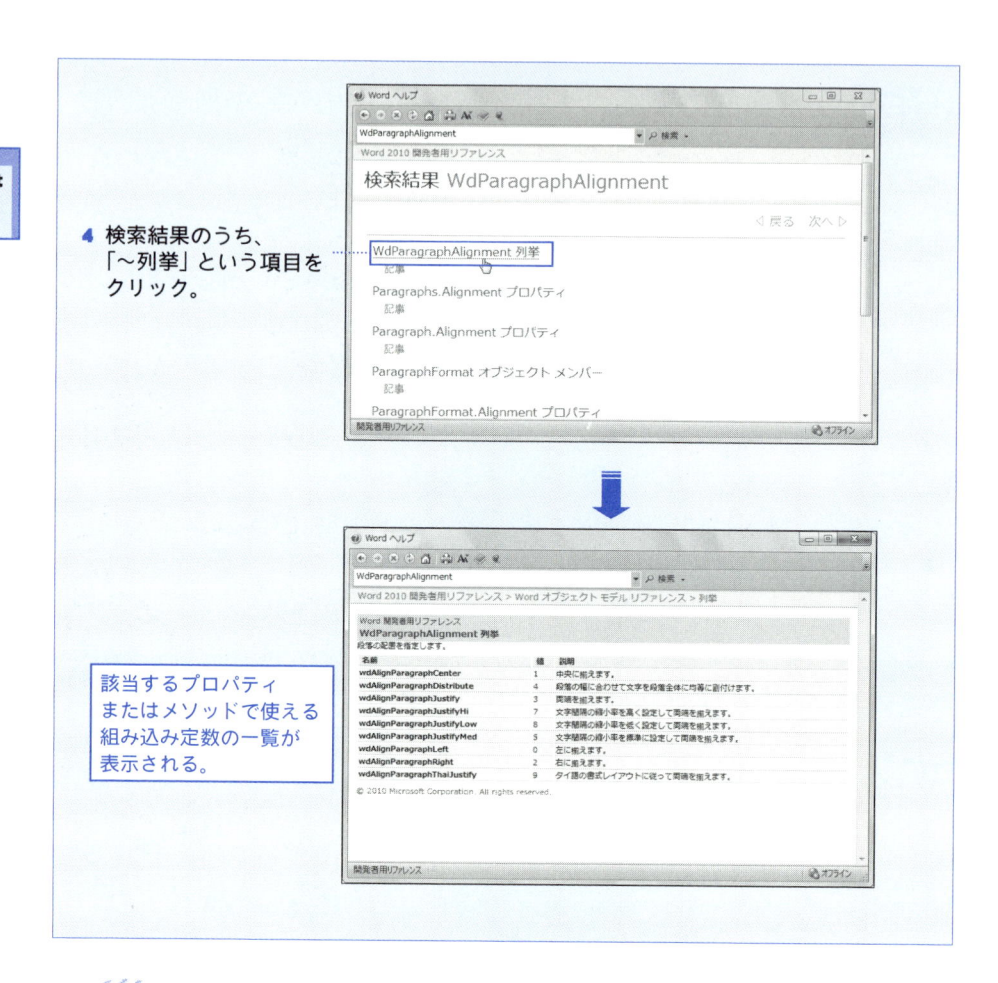

4 検索結果のうち、
「～列挙」という項目を
クリック。

該当するプロパティ
またはメソッドで使える
組み込み定数の一覧が
表示される。

ひと口解説　組み込み定数のヘルプはプロパティ、メソッドから

　たとえば Part1 の記録マクロで作ったコードには、前ページで見られるようにいろいろな組み込み定数が使われています。これらの意味を調べる場合、具体的な組み込み定数の名前ではヘルプは検索できず、組み込み定数の区分名を知る必要があります。それが、前ページの手順 2 でふれた「～クラスの定数」で、たとえば段落配置のプロパティ「Alignment」で使える組み込み定数の区分名は「WdParagraphAlignment」です。

　前ページの手順 3 では、ヘルプに表示された区分名の文字範囲を選択して［Ctrl］+［C］キーでコピーし、検索ボックス内で［Ctrl］+［V］キーを押せば貼り付けることができます。

Part 3

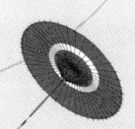

マクロ用のテンプレートを作って活用しよう

作ったマクロをいろいろな文書で利用するには、マクロを「テンプレート」に保存し、テンプレートを Word に「アドイン」するのが標準的な使い方です。

この Part3 では、テンプレートを作ってアドインする方法、テンプレートに保存したマクロにショートカットキーやボタンを割り当てる方法について解説します。

3-1 マクロ用のテンプレートを用意する

テンプレートの作り方はとても簡単です。新しい文書を開き、「テンプレート」として保存するだけです。あとはテンプレートに［標準］モジュールを作ってマクロを書き、Wordにアドインすればマクロを利用できるようになります。アドインにあたってはセキュリティの設定に気を付ける必要があります。

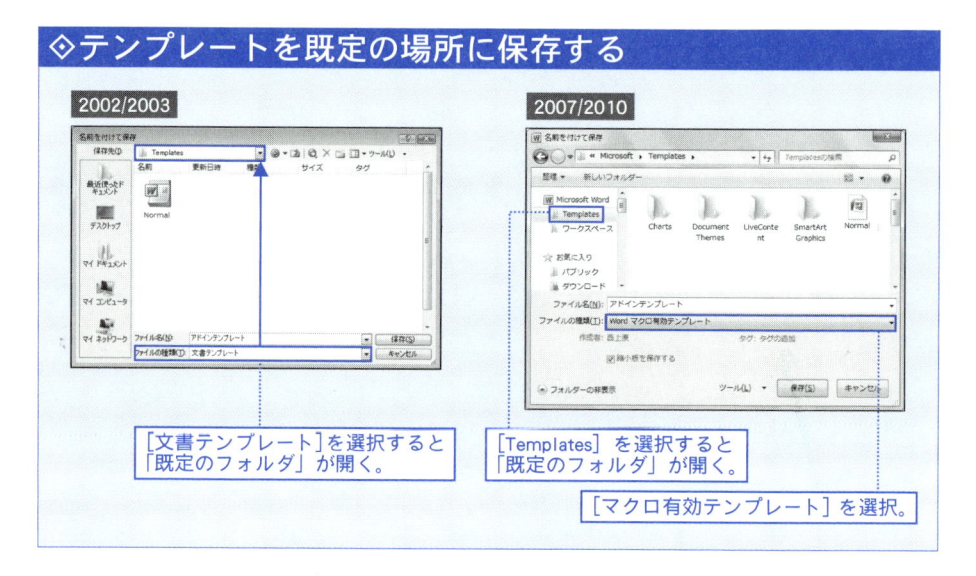

◇テンプレートを既定の場所に保存する

2002/2003

2007/2010

［文書テンプレート］を選択すると「既定のフォルダ」が開く。

［Templates］を選択すると「既定のフォルダ」が開く。

［マクロ有効テンプレート］を選択。

ひと口解説　テンプレートの保存先に注意

　テンプレートを作るには、新しい文書を開き、［ファイル(F)］-［名前を付けて保存(A)...］でテンプレート形式を選択して保存します。

　アドインするテンプレートは、Word2002/2003では「既定のフォルダ」に置くとセキュリティ上の扱いが簡単です。［ファイル(F)］-［名前を付けて保存(A)...］による保存時にファイルの種類として［文書テンプレート］を選択すれば、自動的に「既定のフォルダ」が開きます。

　Word2007/2010では、アドインテンプレートはどのフォルダに保存してもかまいませんが、［名前を付けて保存］ダイアログボックスの左側で［Templates］をクリックすれば「既定のフォルダ」が開きます。

「既定のフォルダ」は次のとおりです。

Windows XP	C:¥Documents and Settings¥(ユーザー名)¥Application Data¥Microsoft¥Templates
Windows Vista	C:¥Users¥(ユーザー名)¥AppData¥Roaming¥Microsoft¥Templates

　また、あとであらためてふれますが、テンプレートを「STARTUP」フォルダに置くと、Word 起動時に自動的にアドインされます。常に使う場合にはこの方法が便利です。

Windows XP	C:¥Documents and Settings¥(ユーザー名)¥Application Data¥Microsoft¥Word¥STARTUP
Windows Vista	C:¥Users¥(ユーザー名)¥AppData¥Roaming¥Microsoft¥Word¥STARTUP

―――――――――――――――――――――――――― Column

テンプレート間で［標準］モジュールをコピーする

　［標準］モジュールはテンプレート間でコピーすることもできます。すでに「Normal」テンプレート上で作ったマクロがあれば、モジュールごと専用のテンプレートにコピーしておくと安心です。それにはコピー先のテンプレートを Word で開き、VB Editor で［標準］モジュールをドラッグします。

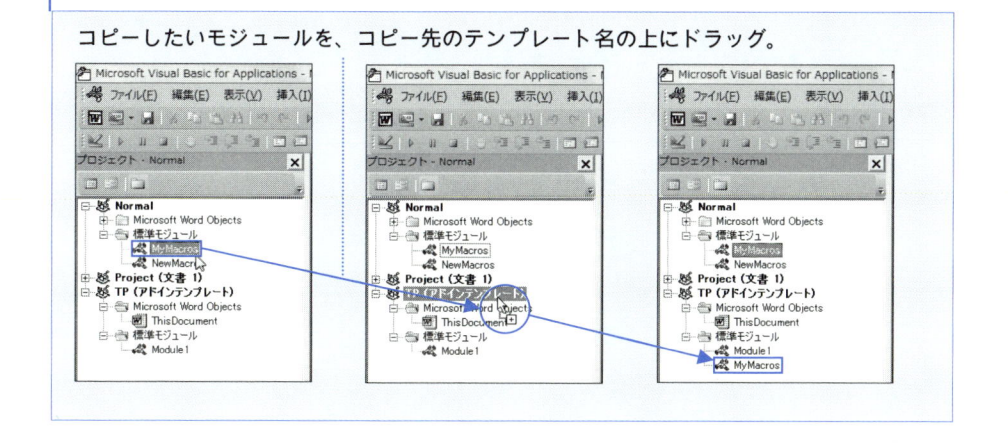

コピーしたいモジュールを、コピー先のテンプレート名の上にドラッグ。

◇Wordのセキュリティ設定を確かめる（2002/2003）

1 ［ツール(T)］-［マクロ(M)］-［セキュリティ(S)...］をクリック。

2 どちらかを選択。

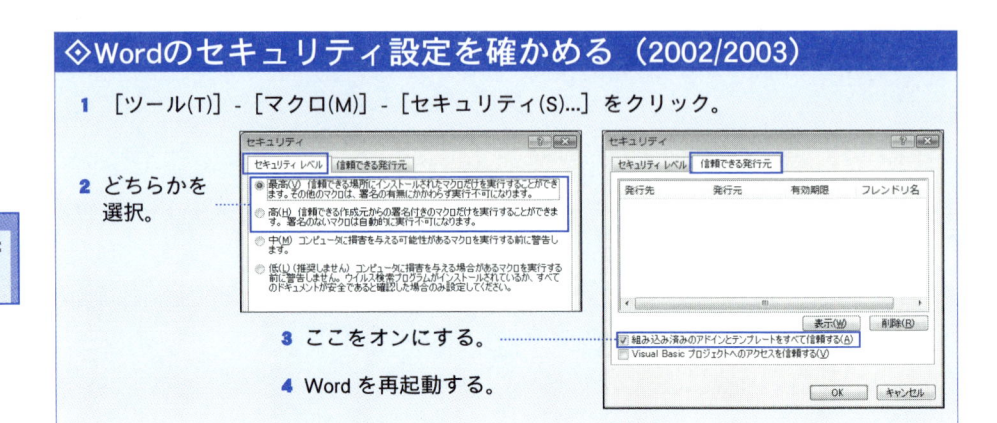

3 ここをオンにする。

4 Word を再起動する。

◇Wordのセキュリティ設定を確かめる（2007/2010）

1 ［Word のオプション］ダイアログボックスを呼び出す。

2 このボタンをクリック。

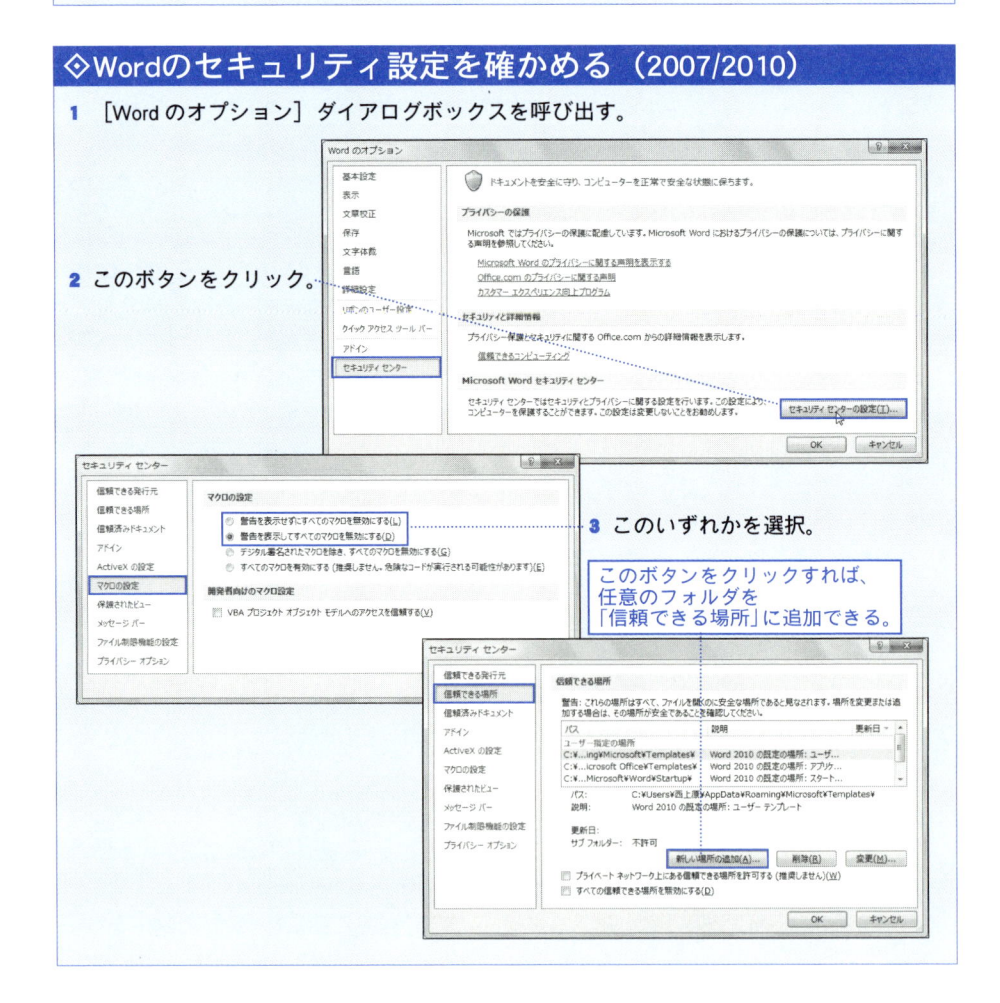

3 このいずれかを選択。

このボタンをクリックすれば、任意のフォルダを「信頼できる場所」に追加できる。

3-1 マクロ用のテンプレートを用意する

ひと口解説

マクロを安全に使えるようにする

　マクロの中には悪意を持って Word やパソコンを攻撃するものがあります。そのようなマクロの実行を防ぎ、自分で作ったマクロなどを実行できるようにする一番簡単な方法は、セキュリティレベルをなるべく高く設定し、テンプレートを「既定のフォルダ」に置くことです。

　Word2002/2003 では、セキュリティレベルを「高(H)」または「最高(V)」に設定し、[組み込み済みのアドインとテンプレートをすべて信頼する(A)]をオンにします。これで Word を再起動すれば、「既定のフォルダ」のテンプレートのマクロだけを利用できるようになります。

　Word2007/2010 ではセキュリティレベルを［警告を表示せずにすべてのマクロを無効にする(L)］または［警告を表示してすべてのマクロを無効にする(D)］に設定し、Word を再起動します。これで、「既定のフォルダ」のテンプレートのマクロを利用できるようになります。

　また、前ページの図に示したように Word2007\2010 では任意のフォルダを「信頼できる場所」として追加登録できるので、アドインテンプレートを「既定のフォルダ」以外の場所に保存してもかまいません。

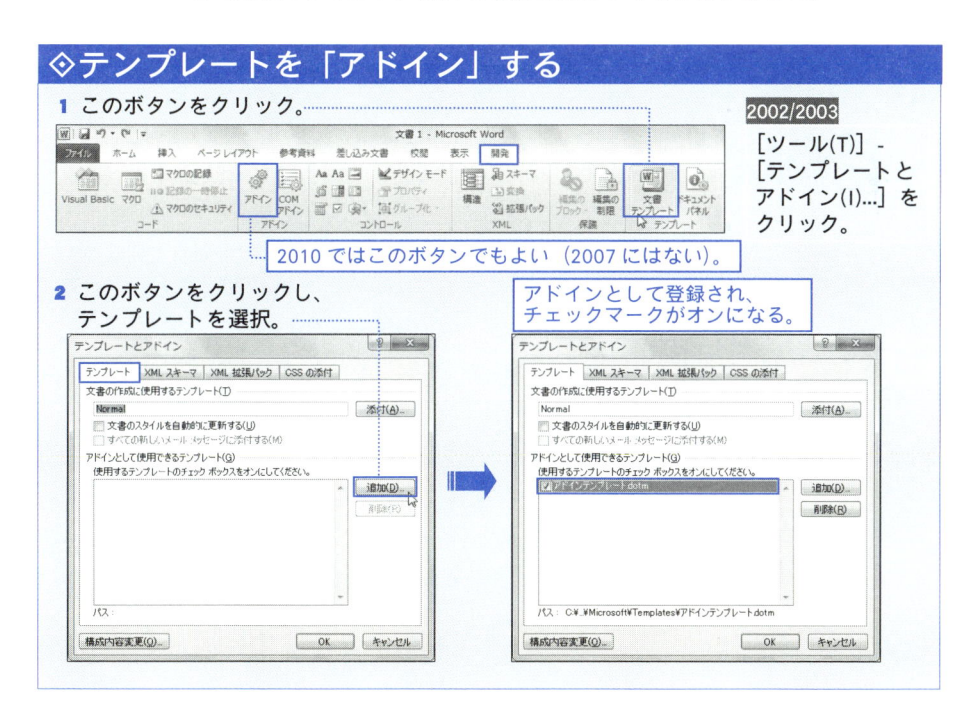

◇テンプレートを「アドイン」する

1 このボタンをクリック。

2010 ではこのボタンでもよい（2007 にはない）。

[2002/2003]
［ツール(T)］-
［テンプレートと
アドイン(I)...］を
クリック。

2 このボタンをクリックし、テンプレートを選択。

アドインとして登録され、チェックマークがオンになる。

67

ひとロ解説 アドインテンプレートの扱い方

前ページの手順でテンプレートを登録すると［アドインとして使用できるテンプレート］の一覧に表示され、チェックマークがオンになります。この状態でダイアログボックスを閉じれば、テンプレートに保存されているマクロを使えるようになります。

ただし、Word を再起動するとチェックマークは自動的にオフになるので、マクロを使うにはあらためてオンにする必要があります。

この方法によるアドインの登録を解除するには、［テンプレートとアドイン］ダイアログボックスでテンプレートを選択し、［削除(R)］ボタンをクリックします。テンプレートが削除されるわけではありません。

一方、テンプレートを 65 ページでふれた「STARTUP」フォルダに置いた場合には自動的にアドインとして登録され、Word を起動するとチェックマークがオンになります。したがって、恒常的に使うマクロは「STARTUP」フォルダに置くテンプレートに保存すれば、起動のたびにオンにする手間が省けます。

この方法によるアドインの登録を解除するには、テンプレートを「STARTUP」以外の場所に移動します。

いずれにしてもアドインテンプレートのオン・オフについてそのつどダイアログボックスを呼び出すのは面倒です。そこで、登録済みのアドインテンプレートを簡単にオン・オフできるマクロを Part4 で紹介しました。このマクロにショートカットキーを割り当てれば、ダイアログボックスを開くことなくオン・オフを切り替えることができます。

- マクロについては 187 ページ「アドインテンプレートをオン・オフする」をご参照ください。
- マクロにショートカットキーを割り当てる方法については 70 ページ「マクロにショートカットキーを割り当てる」をご参照ください。

なお、アドインテンプレートにマクロを追加したり、作成済みのマクロを修正するには、テンプレートを Word で直接開く必要があります。アドインだけの状態でも VB Editor の［プロジェクトエクスプローラ］に名前が表示されますが、モジュールを開くことはできません。

また、次節で扱うマクロへのショートカットキーやボタンの割り当ても、登録先のテンプレートを開いておく必要があります。

3-2 アドインテンプレートのマクロを使う

マクロを保存したテンプレートをアドインすれば、Wordで開いているすべての文書でマクロを利用できるようになります。マクロは一覧から呼び出すだけでなく、ショートカットキーを割り当てたり、ボタン化することもできます。よく使うマクロは、その用途に見合った実行方法を工夫してみてください。

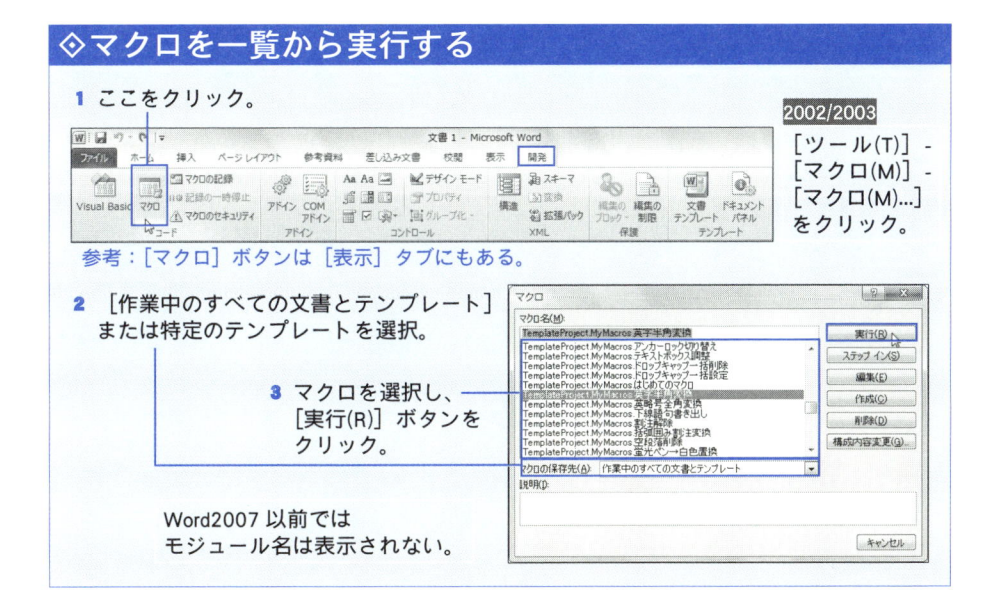

◇マクロを一覧から実行する

1 ここをクリック。

参考：[マクロ] ボタンは [表示] タブにもある。

2002/2003
[ツール(T)] −
[マクロ(M)] −
[マクロ(M)...]
をクリック。

2 [作業中のすべての文書とテンプレート] または特定のテンプレートを選択。

3 マクロを選択し、[実行(R)] ボタンをクリック。

Word2007 以前ではモジュール名は表示されない。

ひと口解説 [マクロ] ダイアログボックスの使い方

[マクロ] ダイアログボックスでは、現在開いている文書、テンプレート、アドインテンプレートのマクロを実行できます。[ステップイン(S)] 〜 [削除(D)] の4つは、「Normal」テンプレートのマクロには使えますが、それ以外ではテンプレートを Word で直接開いておく必要があります。

[作成(C)] は、[マクロ名(M)：] 欄にマクロ名を入力してからクリックすると、その名前のプロシージャが作成されます。

[構成内容変更(G)...] をクリックすると、ファイル間でモジュールをコピーできますが、モジュールのコピーは 65 ページのコラム「テンプレート間で [標準] モジュールをコピーする」で紹介した方法が簡単です。

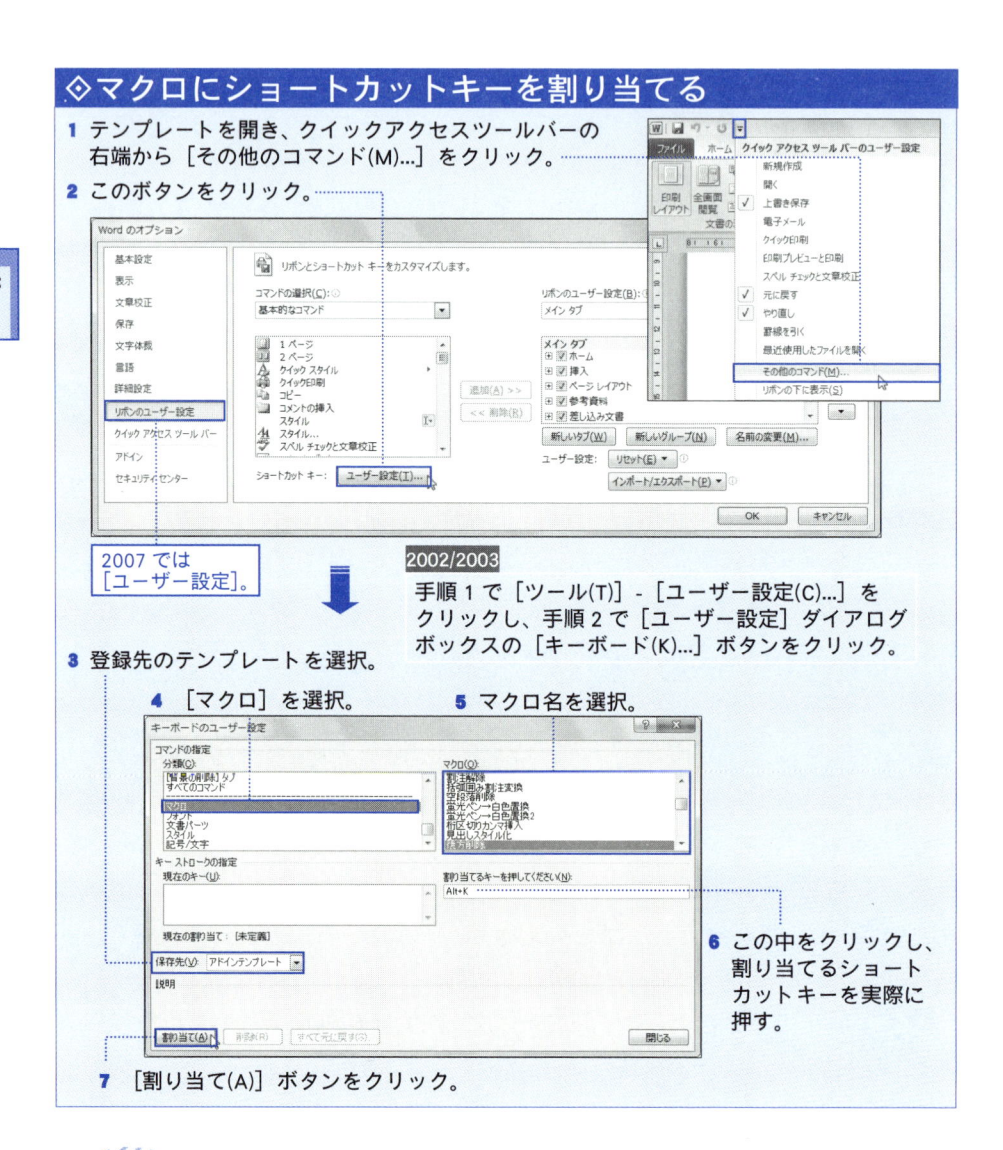

◇マクロにショートカットキーを割り当てる

1 テンプレートを開き、クイックアクセスツールバーの右端から［その他のコマンド(M)...］をクリック。
2 このボタンをクリック。

2007では［ユーザー設定］。

2002/2003
手順1で［ツール(T)］-［ユーザー設定(C)...］をクリックし、手順2で［ユーザー設定］ダイアログボックスの［キーボード(K)...］ボタンをクリック。

3 登録先のテンプレートを選択。
4 ［マクロ］を選択。
5 マクロ名を選択。
6 この中をクリックし、割り当てるショートカットキーを実際に押す。
7 ［割り当て(A)］ボタンをクリック。

ひと口解説 マクロのショートカットキーはテンプレートに登録

マクロにショートカットキーを割り当てるには、そのマクロを保存したテンプレートを開いた上で上記のように操作します。ショートカットキーは別のテンプレートに登録することもできますが、該当するマクロが使えない状態では意味がありません。したがって、マクロの保存先と同じテンプレートに登録するのが基本です。

◇マクロにボタンを割り当てる（2002/2003）

3-2 アドインテンプレートのマクロを使う

1 テンプレートを開き、[ツール(T)] - [ユーザー設定(C)...] をクリック。
2 このボタンをクリックし、ツールバーを作る。

3 マクロをツールバー上にドラッグ。

ツールバー上のボタンを右クリックすればボタン名などを変更できる。

上図のプロジェクト名「TP」については73ページのコラム「テンプレートのプロジェクト名を短くする」参照。

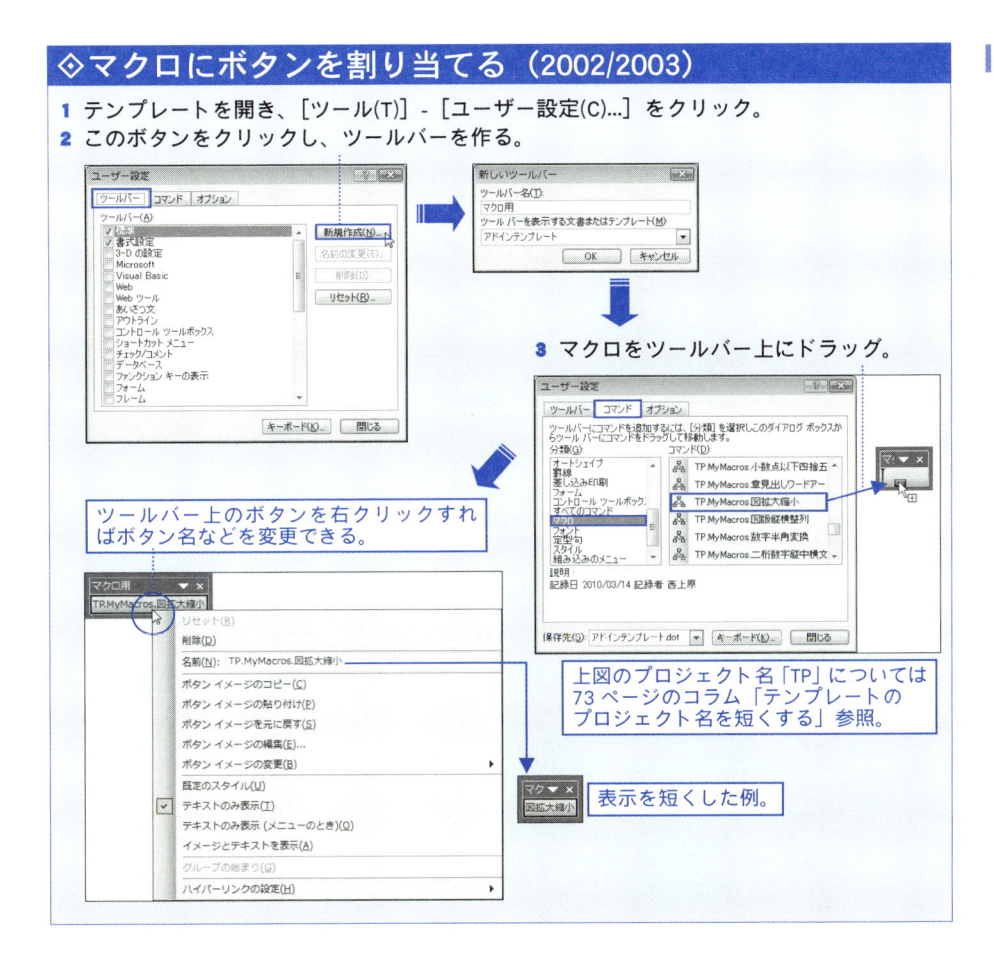

表示を短くした例。

ひと口解説 ボタン化には専用のツールバーがおすすめ

　Word2002/2003では、マクロのボタン化は簡単です。既存のツールバーに組み込むこともできますが、使い勝手やメンテナンスを考えると、専用のツールバーをテンプレートに登録し、そのツールバーに組み込むことをおすすめします。

　ツールバーに組み込んだボタンを右クリックすれば、ボタンの表示名を変えたり、ボタンイメージを独自に作ることもできます。ちなみに、右クリックによるショートカットメニューの［既定のスタイル(U)］を選択すると、メニューバーではボタンイメージとマクロ名、ツールバーではボタンイメージだけが表示されるようになります。

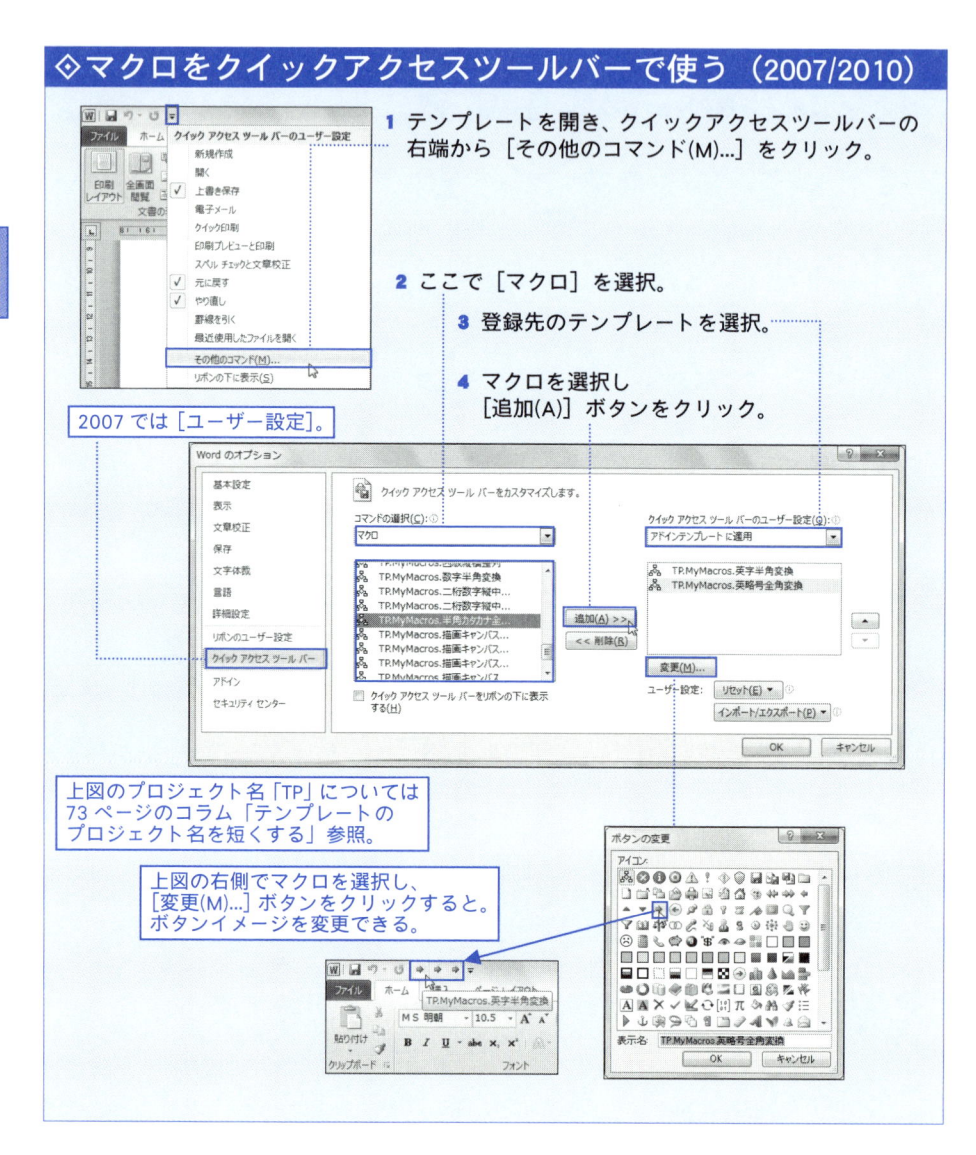

◇マクロをクイックアクセスツールバーで使う（2007/2010）

1 テンプレートを開き、クイックアクセスツールバーの右端から［その他のコマンド(M)...］をクリック。

2 ここで［マクロ］を選択。

3 登録先のテンプレートを選択。

4 マクロを選択し［追加(A)］ボタンをクリック。

2007 では［ユーザー設定］。

上図のプロジェクト名「TP」については 73 ページのコラム「テンプレートのプロジェクト名を短くする」参照。

上図の右側でマクロを選択し、［変更(M)...］ボタンをクリックすると。ボタンイメージを変更できる。

ひと口解説　クイックアクセスツールバーでの使用は最小限に

以前の Word と異なり、Word2007/2010 ではツールバーはひとつだけで、独自に作ることはできません。また、ボタンイメージを作ることもできず、既製のものから選択するようになっているので、適切なボタンイメージがなくても、適当に割り当てるしかありません。

Part 3　マクロ用のテンプレートを作って活用しよう

しかも、イメージの数は限られている上、どこかで見たようなイメージもたくさん見られます。したがって、たとえば同種の用途に使うマクロには同じボタンイメージを割り当てるといった工夫も必要です。幸い、マウスポインタをボタン上に置けばポップアップでマクロ名が表示されるので、これで区別を付けることができます。

いずれにしても、ボタンの数が多くなるほどわかりにくくなるので、よほど頻度の高いマクロに絞るか、あるいはマクロの動作テスト用に一時的に組み込むといった使い方に限定する方がよさそうです。

なお、クイックアクセスツールバーの設定はテンプレートに登録されるので、マクロの保存先と同じテンプレートに登録することが大切です。

Column

テンプレートのプロジェクト名を短くする

テンプレートのプロジェクト名は自動的に「Template Project」となります。マクロを使うだけならこの名前のままでかまいませんが、あとでふれるように、マクロにボタンを割り当てる場合、名前が長いと一覧でマクロ名がわからず不便です。そこで、短い名前に変えておくことをおすすめします。

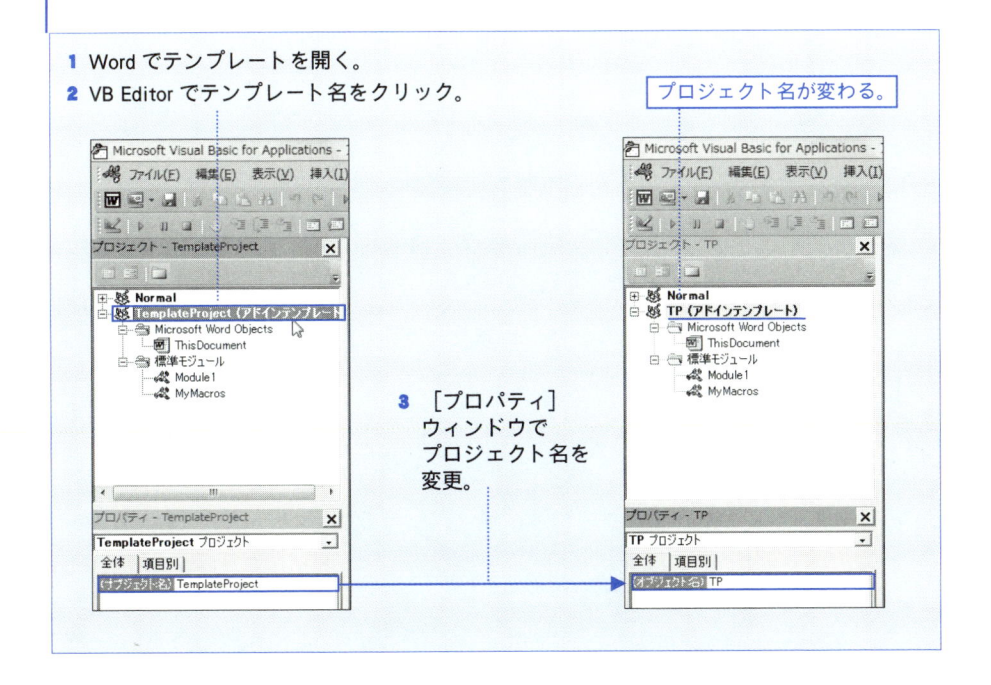

1 Word でテンプレートを開く。
2 VB Editor でテンプレート名をクリック。

プロジェクト名が変わる。

3 [プロパティ]ウィンドウでプロジェクト名を変更。

◇Wordにタブとボタンを登録する（2010）

1. マクロを保存したテンプレートを Word で開き、クイックアクセスツールバーの右端から［その他のコマンド(M)...］をクリック。
2. ［リボンのユーザー設定］をクリック。
3. ［メインタブ］を選択し、［新しいタブ(W)］ボタンをクリック。 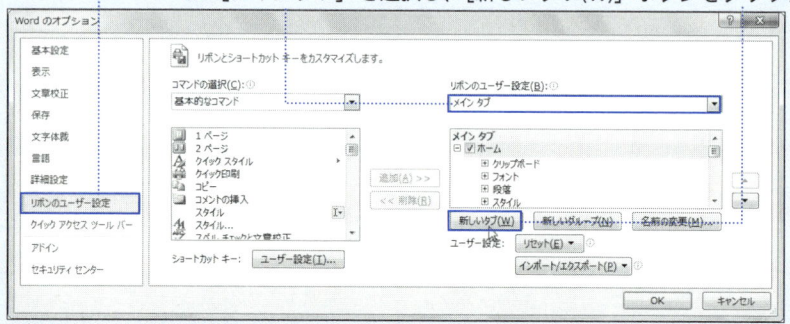
4. ［名前の変更(M)...］ボタンをクリック。 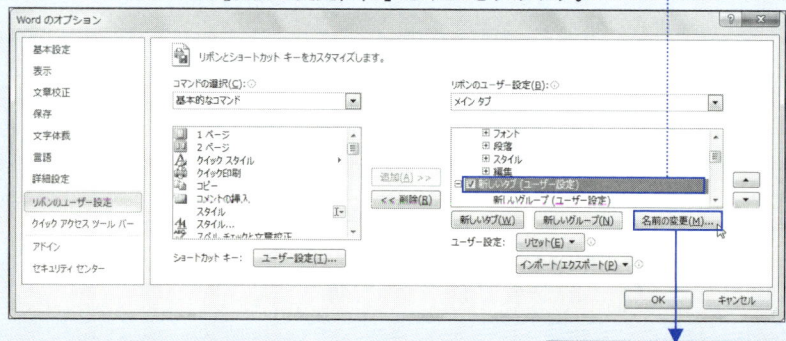
5. タブ名を入力。 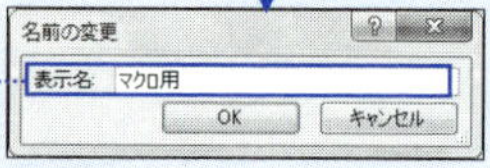
6. ［新しいグループ（ユーザー設定)］を選択し［名前の変更(M)...］ボタンをクリック。 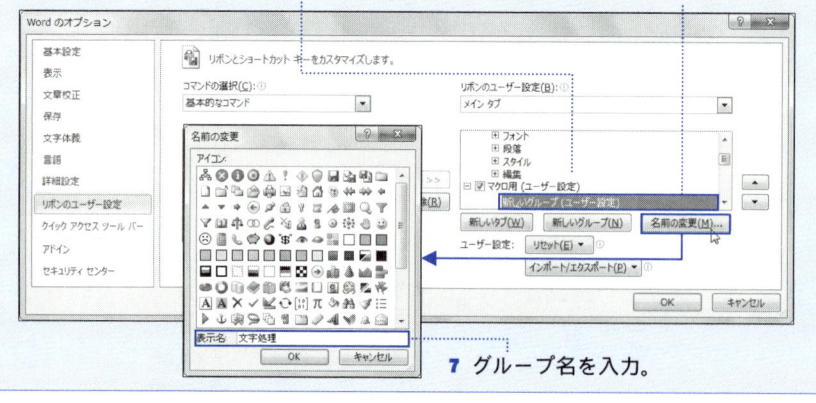
7. グループ名を入力。

8 マクロを選択し、[追加(A)] ボタンをクリック。

9 [名前の変更(M)...] ボタンをクリックし、ボタンの表示名を決める。

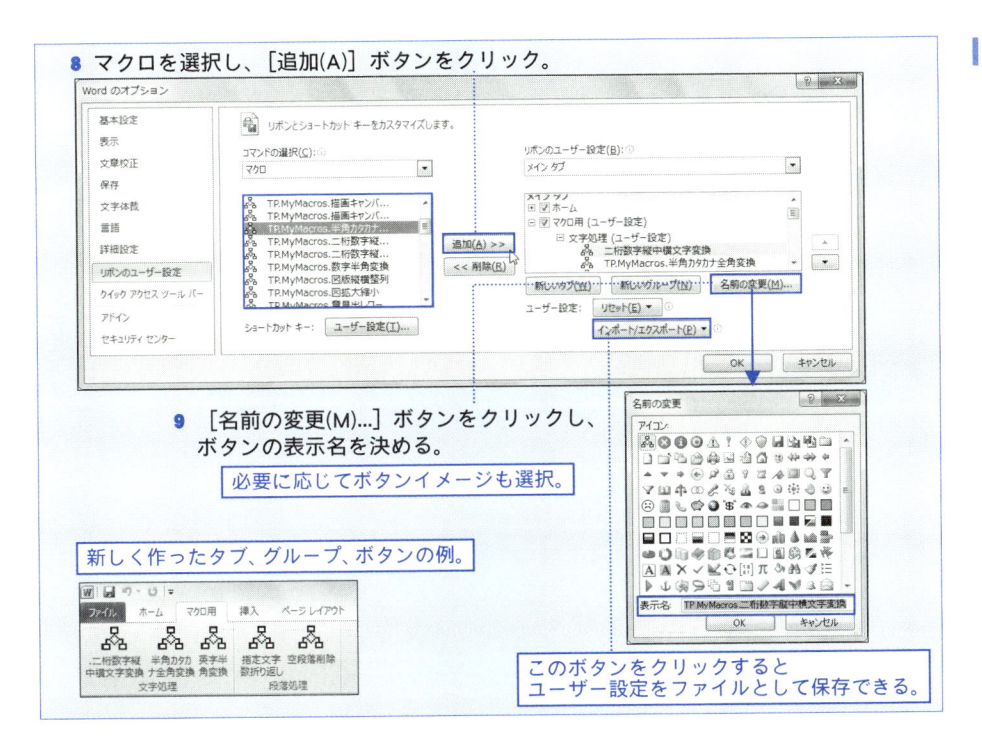

必要に応じてボタンイメージも選択。

新しく作ったタブ、グループ、ボタンの例。

このボタンをクリックするとユーザー設定をファイルとして保存できる。

ひと口解説 タブとボタンの登録先はテンプレートではない

上記の手順に示したように、Word2010 ではリボンに新しいタブとグループを作り、グループ内でマクロをボタン化することができます。ただし、この方法によるタブ設定は、テンプレートではなく Word 全体に共通の設定として保存されます。そのため、マクロを保存したテンプレートをアドインしなくてもボタンが表示されますが、その状態でボタンをクリックしてもマクロは実行されません。

ちなみに、この方法によるタブ設定は、「Word.officeUI」という名前で「C:¥Users¥（ユーザー名）¥AppData¥Local¥Microsoft¥Office」フォルダに保存されます。したがって、このファイルを移動してから Word を再起動すれば表示されなくなります。

また、上図の［Word のオプション］ダイアログボックスの［インポート/エクスポート(P)］ボタンを使うと、クイックアクセスツールバーとリボンの設定をファイルとして保存したり、取り込むことができます。現在の設定を別のパソコンの Word で利用する場合に便利です。

3-2 アドインテンプレートのマクロを使う

3-3 独自のタブとボタンを作る(2007/2010)

前項 74 ページでふれたように、Word2010 ではリボンのタブを簡単に作成できます。しかし、テンプレートとは別に登録されるので不便です。そこで、少々手間はかかりますが、テンプレート自身にタブを作り、マクロをボタン化する方法を紹介します。Word2007 も同じ方法で処理できます。

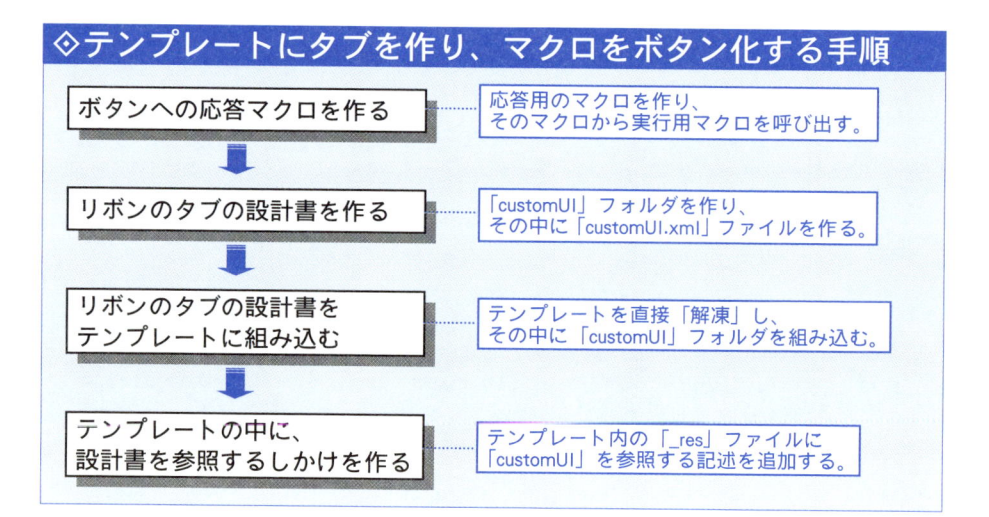

◇テンプレートにタブを作り、マクロをボタン化する手順

ボタンへの応答マクロを作る	応答用のマクロを作り、そのマクロから実行用マクロを呼び出す。
リボンのタブの設計書を作る	「customUI」フォルダを作り、その中に「customUI.xml」ファイルを作る。
リボンのタブの設計書をテンプレートに組み込む	テンプレートを直接「解凍」し、その中に「customUI」フォルダを組み込む。
テンプレートの中に、設計書を参照するしかけを作る	テンプレート内の「_res」ファイルに「customUI」を参照する記述を追加する。

ひと口解説 テンプレートにタブを登録するしくみ

　Word2007/2010 でテンプレートにタブを登録し、その中にグループやボタンを組み込むしかけは少し複雑です。

　まず、Word2003 以前の文書やテンプレートは単独のファイルですが、Word2007/2010 の文書やテンプレートは全体がひとつのパッケージになっており、その中に文書内容や図が収められています。テンプレートにタブを登録するには、このパッケージ内にタブの設計書を追加し、設計書をパッケージ内の管理ファイルに登録します。

　独自のタブからマクロを実行するには、タブの設計書に「このようなボタンを作り、クリックされたらこのマクロを呼び出す」という指示を書き、テンプレートの［標準］モジュールには応答用のマクロを作ります。

　以下、順を追って各作業の詳細を解説します。

◇ボタンに応答するマクロを作る

```
Sub マクロA_Click(ByVal control As IRibbonControl)
callマクロA
End Sub

Sub マクロA()
End Sub
```

ひと口解説　ボタンへの応答用と実行処理用のマクロを区別する

　テンプレートに独自のタブを登録し、その中のボタンでマクロを実行するには、タブの設計書内にマクロの名前を書く必要があります。したがって、ボタン化するマクロは先に作っておいた方が作業がわかりやすくなります。マクロ自体が未完成でも、マクロのプロシージャだけは作っておくことをおすすめします。

　ボタンから呼び出すマクロは、通常の「Sub マクロ名()」形式ではなく、「Sub マクロ名(ByVal control As IRibbonControl)」のように ( ) 内を補う必要があります。これがボタンに対する応答のしかけです。

　マクロで実際に行う処理はこの応答用マクロ内に書いてもよいのですが、この書式で書いたマクロは、前節で解説した［マクロ］ダイアログボックスやユーザー設定の一覧には表示されません。したがって、たとえば「タブのボタンだけでなくショートカットキーも割り当てたい」といった場合には困ります。

　そこで、必要な処理を行うマクロは「Sub マクロ名()」形式で作り、そのマクロを呼び出す命令を応答用マクロ内に書くという方法をおすすめします。

　たとえば「マクロ A」という名前のマクロをボタンから実行するには、別途「Sub マクロ A_Click(ByVal control As IRibbonControl)」といった名前の応答用マクロを作り、その中に「call マクロ A」のように書きます。

　実行用マクロと応答用マクロの名前は、呼び出すマクロとの関係がわかるようにすれば混乱せずに済みます。

◇「customUI」フォルダと「customUI.xml」ファイルを作る

1 適当な場所に作業用のフォルダを作る。

2 作業用のフォルダ内に「customUI」という名前のサブフォルダを作る。

3 Windowsの「メモ帳」などを使い、タブの設計書を作る。

「customUI.xml」の設計仕様の基本形。

```
<?xml version="1.0" encoding="UTF-8"?>
<customUI xmlns="http://schemas.microsoft.com/office/2006/01/customui">
    <ribbon>
        <tabs>
            <tab id="customTab1" label="タブ名">
                <group id="customGroup1" label="グループ名">
                    <button id="ID名" label="表示名"
                        size="normal"
                        onAction="モジュール名.マクロ名" />
                </group>
            </tab>
        </tabs>
    </ribbon>
</customUI>
```

4 作った設計書を「customUI.xml」という名前で「customUI」フォルダ内に「UTF-8」形式のテキストファイルとして保存する。

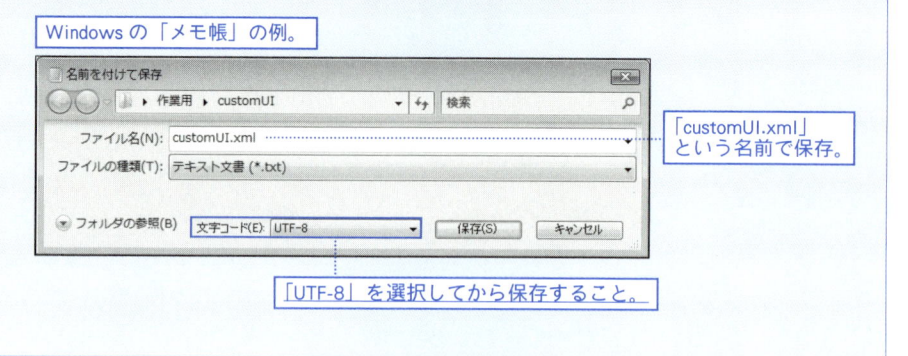

Windowsの「メモ帳」の例。

「customUI.xml」という名前で保存。

「UTF-8」を選択してから保存すること。

ひと口解説

タブの設計書は「xml」形式で作る

タブの設計書は「customUI.xml」という名前で作ります。「xml」は「XML仕様のファイル」という意味で、「XML」はテキスト内の各要素に「タグ名」を付けて各要素の意味と関係を表せるようにした標準的な規格です。

「customUI.xml」を作るにあたっては拡張子が表示されるようにWindowsのオプションを変える必要があります。それには[コントロール]パネルの[フォルダオプション]を開き、[表示]タブの下方にある[登録されている拡張子は表示しない]をオフにします。

設計書の1行目はXMLの基本仕様を宣言する記述で「encoding=" "」はパソコン内部での文字の処理方法を表します。

```
<?xml version="1.0" encoding="UTF-8"?>
```

XMLファイルの中身自体はテキストファイルですが、保存時には、ここで指定した処理方法に合わせて保存する必要があります。Windowsの「メモ帳」を使えば、「UTF-8」形式を選択できます。

「<customUI～>」以下は入れ子になっており、各タグブロックの末尾は同名の「</～>」で閉じる規則になっています。ただし、「<button～>」のブロックには入れ子がないので、「～ />」で閉じてかまいません。

親の「<customUI～>」の記述は「customUI.xml」ファイルに書くことになっている約束ごとです。

```
<customUI xmlns="http://schemas.microsoft.com/office/2006/01/customui">
```

タブを表す「<tab～>」とグループを表す「<group～>」にはIDとラベルを明記します。IDは各タブ、各グループの区別用で、ラベルは実際に表示する語句です。ひとつの設計書内で同じIDは使えません。同じIDを使っていると、Wordのリボンに独自のタブを表示することはできません。

ボタンを表す「<button～>」ではIDとラベルに加えてサイズとクリック時の動作を指示します。サイズを表す「size=」には「"normal"」と「"large"」のいずれかを設定します。

「onAction="モジュール名.マクロ名"」が、ボタンからマクロを呼び出すしかけで、77ページでふれた応答用マクロ名をモジュール名とともに記載します。たとえば「Mymacros.マクロA_Click」という具合です。

複数のタブ、グループ、ボタンを配置するには、「<tab～>」「<group～>」「<button～>」の各ブロックを並列します。たとえば、次の設計書は2つのグループを配置し、各グループに2つのボタンを配置する例です。結果については84ページの図をご参照ください。

```xml
<?xml version="1.0" encoding="UTF-8"?>
<customUI xmlns="http://schemas.microsoft.com/office/2006/01/customui">
  <ribbon>
    <tabs>
      <tab id="customTab1" label="マクロ用">
        <group id="customGroup1" label="文字処理">
          <button id="btn半角カタカナ全角変換"
              label="半角カタカナ全角変換"
              size="normal"
              onAction="MyMacros.半角カタカナ全角変換_Click" />
          <button id="btn英字半角変換"
              label="英字半角変換"
              size="normal"
              onAction="MyMacros.英字半角変換_Click" />
        </group>
        <group id="customGroup2" label="段落処理">
          <button id="btn指定文字数折り返し"
              label="指定文字数折り返し"
              size="normal"
              onAction="MyMacros.指定文字数折り返し_Click" />
          <button id="btn空段落削除"
              label="空段落削除"
              size="normal"
              onAction="MyMacros.空段落削除_Click" />
        </group>
      </tab>
    </tabs>
  </ribbon>
</customUI>
```

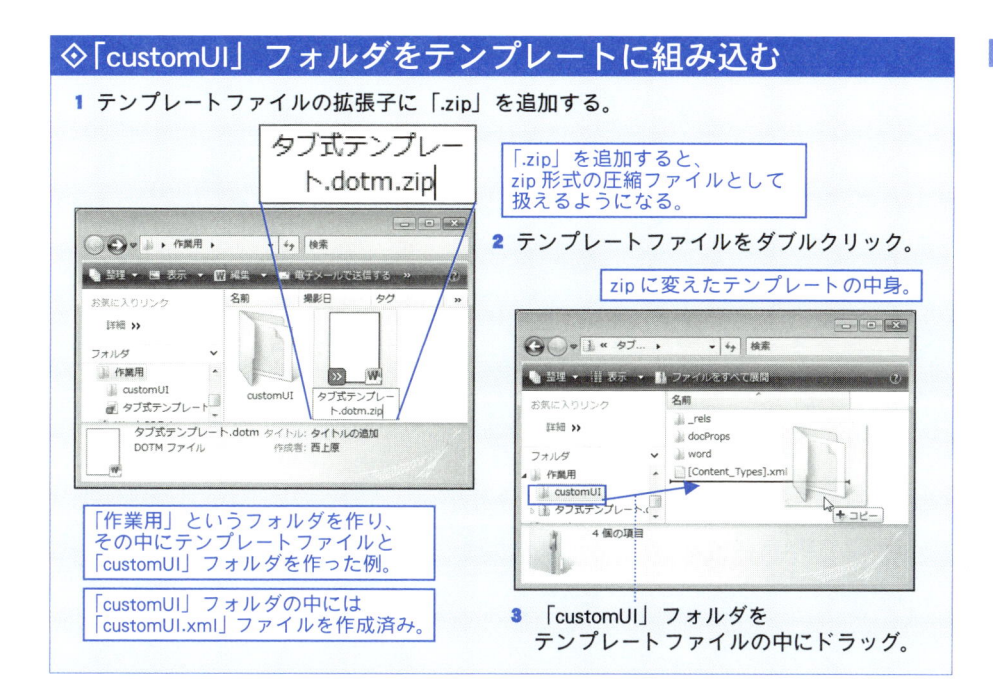

◇「customUI」フォルダをテンプレートに組み込む

1 テンプレートファイルの拡張子に「.zip」を追加する。

> タブ式テンプレート.dotm.zip

「.zip」を追加すると、zip 形式の圧縮ファイルとして扱えるようになる。

2 テンプレートファイルをダブルクリック。

zip に変えたテンプレートの中身。

「作業用」というフォルダを作り、その中にテンプレートファイルと「customUI」フォルダを作った例。

「customUI」フォルダの中には「customUI.xml」ファイルを作成済み。

3 「customUI」フォルダをテンプレートファイルの中にドラッグ。

ひとくち解説　Word 文書とテンプレートの実体は ZIP

　Word2003 以前と 2007 以降では文書ファイル、テンプレートファイルの仕様がまったく異なっており、2007 以降では全体がひとつのパッケージになっています。その実体は一般的な圧縮ファイル形式「ZIP」で、上図のようにファイル名に拡張子「.zip」を加えると、中身を開くことができます。

　テンプレートに独自のタブを追加するには、前項で作った設計書「customUI.xml」ファイルを「customUI」フォルダごとパッケージの中にコピーし、さらに次項でふれる「関係付け」を行います。。

　上図の例では「作業用」のフォルダを作り、その中にテンプレートと「customUI」フォルダを置いていますが、それぞれ別の場所に置いて作業してもかまいません。

　タブに組み込んだボタンからマクロを実行できるかどうかテストすることを考えると、テンプレートは既定のフォルダに置くか、あるいは作業用のフォルダを「信頼できる場所」として登録する方法も便利です。

◇「customUI」ファイルを参照するしかけを作る

1 テンプレートパッケージ（前項の図参照）内の「_rels」フォルダを開く。

2 「.rels」ファイルを
デスクトップなどに
ドラッグコピーする。

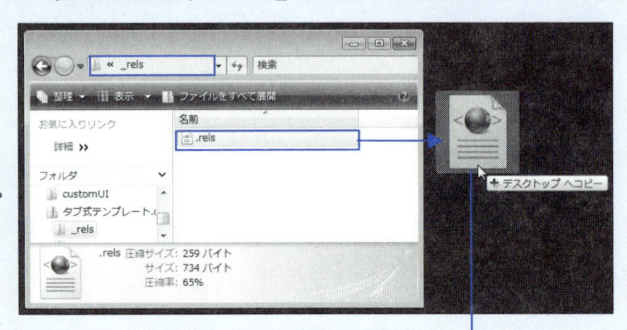

3 コピーした「.rels」ファイルを Windows の「メモ帳」で開く。

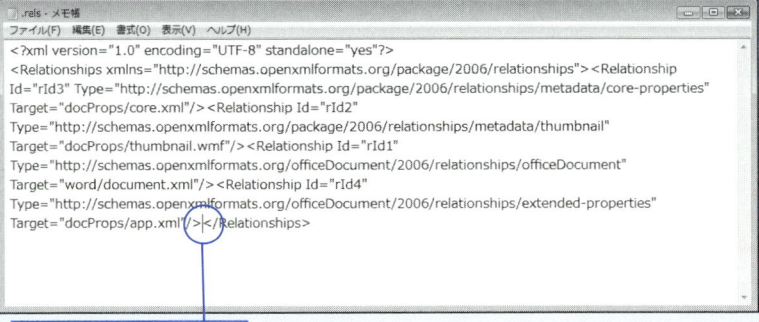

```
<?xml version="1.0" encoding="UTF-8" standalone="yes"?>
<Relationships xmlns="http://schemas.openxmlformats.org/package/2006/relationships"><Relationship Id="rId3" Type="http://schemas.openxmlformats.org/package/2006/relationships/metadata/core-properties" Target="docProps/core.xml"/><Relationship Id="rId2" Type="http://schemas.openxmlformats.org/package/2006/relationships/metadata/thumbnail" Target="docProps/thumbnail.wmf"/><Relationship Id="rId1" Type="http://schemas.openxmlformats.org/officeDocument/2006/relationships/officeDocument" Target="word/document.xml"/><Relationship Id="rId4" Type="http://schemas.openxmlformats.org/officeDocument/2006/relationships/extended-properties" Target="docProps/app.xml"/></Relationships>
```

ここに記述を追加する。

4 「customUI.xml」についての記述を追加する。

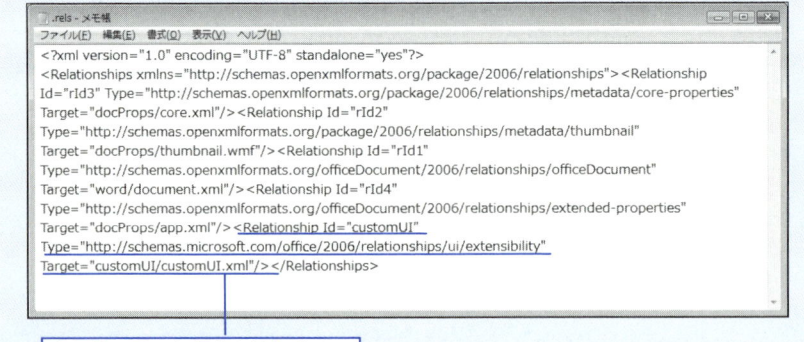

```
<?xml version="1.0" encoding="UTF-8" standalone="yes"?>
<Relationships xmlns="http://schemas.openxmlformats.org/package/2006/relationships"><Relationship Id="rId3" Type="http://schemas.openxmlformats.org/package/2006/relationships/metadata/core-properties" Target="docProps/core.xml"/><Relationship Id="rId2" Type="http://schemas.openxmlformats.org/package/2006/relationships/metadata/thumbnail" Target="docProps/thumbnail.wmf"/><Relationship Id="rId1" Type="http://schemas.openxmlformats.org/officeDocument/2006/relationships/officeDocument" Target="word/document.xml"/><Relationship Id="rId4" Type="http://schemas.openxmlformats.org/officeDocument/2006/relationships/extended-properties" Target="docProps/app.xml"/><Relationship Id="customUI" Type="http://schemas.microsoft.com/office/2006/relationships/ui/extensibility" Target="customUI/customUI.xml"/></Relationships>
```

色下線で示した部分を追加する。

5 修正した「.rels」ファイルを上書き保存する。

❻ 修正した「.rels」ファイルをテンプレートパッケージの「_rels」フォルダ内にドラッグして置換する。

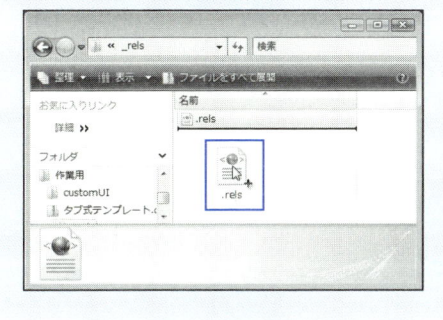

❼ テンプレートパッケージの「.zip」を削除し普通のテンプレートファイルに戻す。

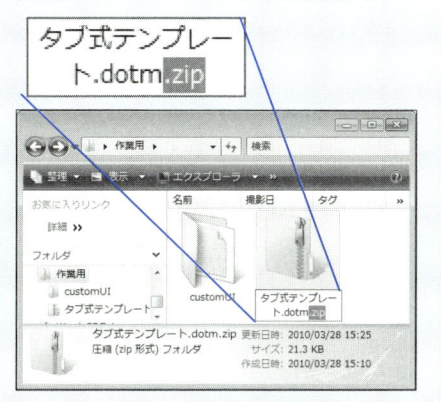

ひと口解説　「customUI.xml」をパッケージ内で関係付ける

タブの設計書「customUI.xml」を作っても、パッケージ内にコピーしただけではテンプレートの一部として認識されません。この認識を行うのが、パッケージ内の関係付け（relationship）を司る「.rels」ファイルです。

このファイルもまた「XML」形式になっており、いろいろなrelationshipが定義されています。この中に、「customUI.xml」についての記述を付け加えます。

```
<Relationship Id="customUI"
Type="http://schemas.microsoft.com/office/2006/relationships/ui/extensibility"
Target="customUI/customUI.xml"/>
```

以上で、独自のタブを持ったテンプレートのでき上がりです。ただし、これらの仕様はかなりデリケートで、たとえば半角スペースひとつ不足したり、余計な場所に入っているだけでも、タブは表示されず、マクロは実行されません。したがって、最初はごく簡単なサンプルを作って試すことをおすすめします。

「本書の説明どおりにやったつもりなのにうまくいかない」という場合でも、正しく書けているかどうかこまかくチェックしてみてください。

次ページは、80ページに示した「customUI.xml」による例です。

80 ページの「customUI.xml」によるテンプレートを開いた例。

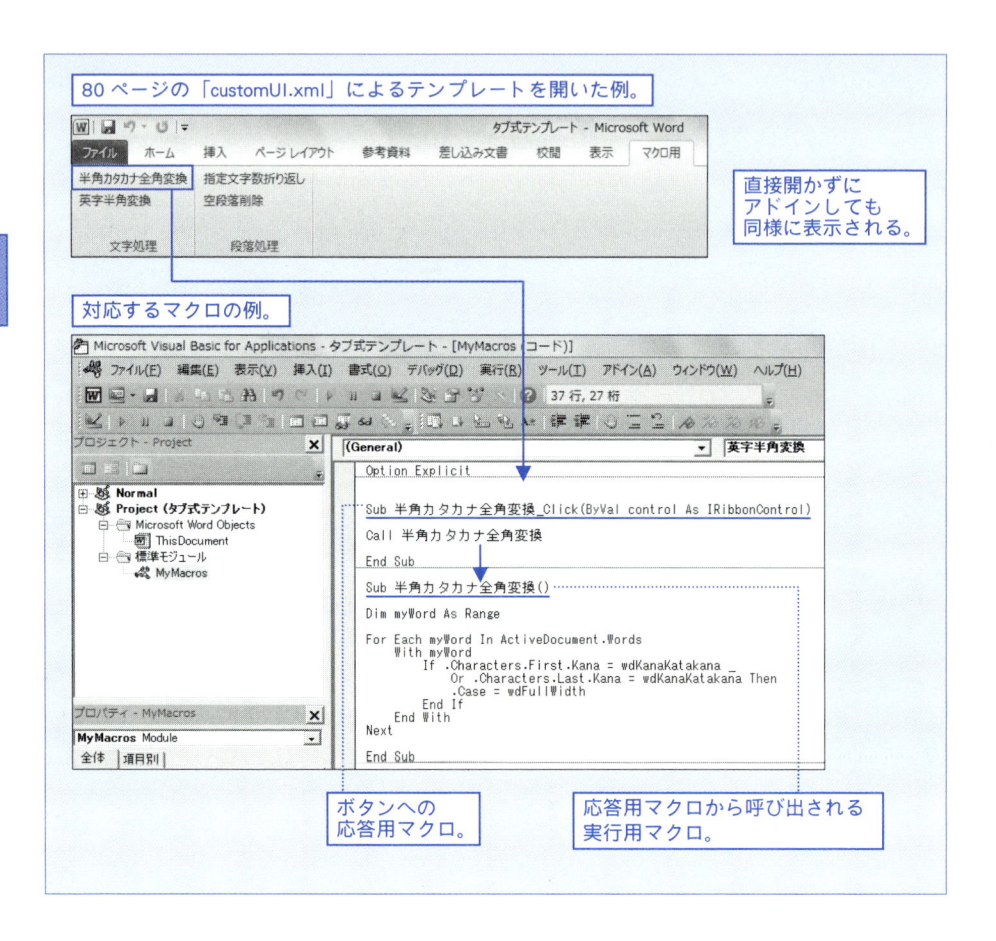

直接開かずに
アドインしても
同様に表示される。

対応するマクロの例。

ボタンへの
応答用マクロ。

応答用マクロから呼び出される
実行用マクロ。

　「customUI.xml」を使うと、本書に示した以外にもいろいろなアレンジが可能です。たとえば Word の既存のボタンを独自のタブで利用したり、既存のタブを隠して独自のタブだけを表示し、専用のアプリケーションのように見せることもできます。

　しかし、「customUI.xml」を思いどおりに構成するには手間がかかり、規則どおりに誤りなく記述するのはなかなか大変です。

　タブの作り方についての情報は、Word ではとくに不足しているのであえて紹介しましたが、Word2010 では 74 ページで紹介した方法が登場し、今後のバージョンでは Word2003 以前のツールバー並みに簡単な方法が提供される可能性もあるように思います。

　「customUI.xml」で独自のタブを作るかどうかは、そのような見通しも考慮に入れてご判断ください。

Part 4

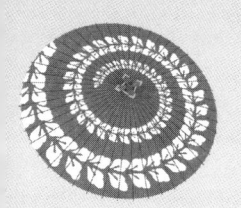

簡単マクロ事例集

マクロを覚える一番の近道は、ともかくたくさん入力し、テストしてみることです。場数を踏むほど、マクロ作りの地力がついていきます。とはいうものの、判じ物のようなマクロを延々と入力するのは大変です。その上、やっと入力してもうまく動かず、手直しに四苦八苦……それでは挫折するのも無理はありません。

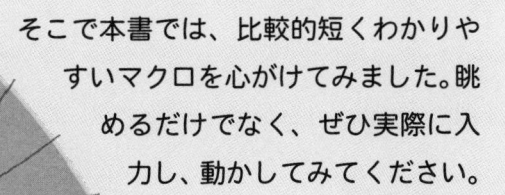

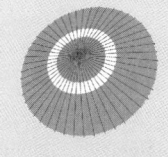

そこで本書では、比較的短くわかりやすいマクロを心がけてみました。眺めるだけでなく、ぜひ実際に入力し、動かしてみてください。

文字処理

1 カーソル位置から行末まで削除する

アプリケーションの中には「テキストエディタ」と呼ばれる種類があります。「後方削除」はテキストエディタが常識的に備えている機能のひとつで、慣れるととても重宝します。ぜひショートカットキーを割り当てて活用してみてください。

◇「後方削除」マクロの実行例

盛夏の候、ますますご清栄のこととお慶び申し上げます。
さて、早速ですが、弊社ではこのたび一般家庭向けの室内洗浄機を開発いたしました。つきましてはぜひ内覧会にご出席賜りたく、お願い申し上げます。

マクロを実行すると文字カーソル位置から行末までが削除される。

盛夏の候、
さて、早速ですが、弊社ではこのたび一般家庭向けの室内洗浄機を開発いたしました。つきましてはぜひ内覧会にご出席賜りたく、お願い申し上げます。

- 複数行でも、マクロを続けて実行すれば数回で段落末まで削除できます。
- 行末で実行すると、次の行が削除されます。
- 段落末で実行すると段落記号が削除されます。
- Word では［Shift］＋［End］キーで行末まで選択できます。ただし段落の末尾の行では段落記号も選択されるので、そのまま［Delete］キーを押すと次の段落とつながってしまいます。

◇「後方削除」マクロを書く

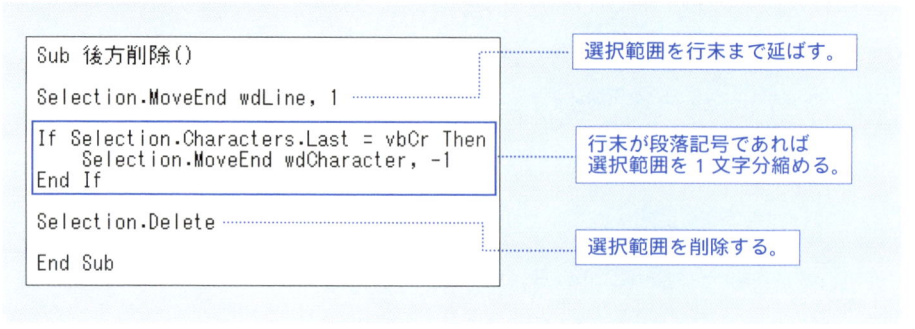

```
Sub 後方削除()
Selection.MoveEnd wdLine, 1
If Selection.Characters.Last = vbCr Then
    Selection.MoveEnd wdCharacter, -1
End If
Selection.Delete
End Sub
```

- 選択範囲を行末まで延ばす。
- 行末が段落記号であれば選択範囲を1文字分縮める。
- 選択範囲を削除する。

ひと口解説 文字範囲を変えるには Move メソッドを使う

　マクロで行う処理の多くは「何を」「どうする」です。この例で使っている「Selection」は「現在選択している対象」を表します。何も選択していなければ文字カーソル位置を表します。そこでまず、このマクロでは「Selection」が示す範囲を行末まで延ばす必要があります。

　ところで、14 ページで紹介した記録マクロの例では「Selection.HomeKey Unit:=wdLine, Extend:= wdExtend」を使って文字カーソル位置から行頭まで選択しています。これは実際に行った［Shift］＋［Home］キーを押すという操作をそのままシミュレーションしたものです。わかりやすいのですが、あまり融通は利きません。

　そこでぜひ覚えておきたいのが「MoveEnd」で、選択範囲の末尾の位置をいろいろな基準で変えることができます。たとえば「wdLine, 1」を付けると選択範囲は行末まで拡張します。文字カーソルが行末にある場合には次行の末尾まで拡張します。文字カーソルが段落末にある場合には、末尾の段落記号だけが選択されます。

　ただし、段落の最終行の途中で後方削除を行う場合、いきなり段落記号まで削除されては困ります。そこで、段落記号が含まれている場合には選択範囲からはずすようにします。それが「If～Then」から「End If」までの 3 行で。条件の「Selection.Characters.Last」は「選択範囲の末尾の文字」、「vbCr」はマクロ内で段落記号を表す特殊文字です。

　次の「Selection.MoveEnd wdCharacter, -1」の「wdCharacter」は文字単位、「-1」は選択範囲を前方へ戻すことを表します。選択範囲が決まったら「Delete」で削除します。

　ここで、文字カーソルがすでに段落末尾にある場合、最初の「MoveEnd」で段落記号が選択され、次の「MoveEnd」で選択が解除されるので、何も選択されていない状態になります。この状態で「.Delete」を実行すると、実際に［Delete］キーを押した場合と同様に、段落記号が削除されます。

　ちなみに、「MoveEnd」の仲間には「Move」「MoveDown」「MoveUntil」「MoveEndUntil」などいろいろな種類があります。時間があったらこれらについてもヘルプで調べてみてください。たとえば「MoveEndUntil vbCr」を使うと文字カーソル位置から段落記号の手前まで一挙に選択できます。

```
Selection.MoveEndUntil vbCr
```

2 文字処理
蛍光ペンの色を「白色」に置換する

Wordの蛍光ペンは、表示オプションをオフにすれば隠すこともできますが、マーキング自体を隠すことはできません。そこで、マーキングの色を「白」に置換するマクロを作ってみました。もちろん、ほかの色に置換するのも簡単です。

◇「蛍光ペン→白色置換」マクロの実行例

> 盛夏の候、ますますご清栄のこととお慶び申し上げます。
> 　さて、早速ですが、弊社ではこのたび一般家庭向けの室内洗浄機「まるごときれい君」を開発いたしました。つきましてはぜひ内覧会にご出席賜りたく、お願い申し上げます。
> 　「まるごときれい君」は、室内のどんな場所にも使える多機能クリーナーです。ミクロの塵もきれいに取り去り、掃除後の雑菌の繁殖を抑えます。従来の常識を越える方式を採用した、近未来型コンセプトに基づく画期的商品です。

⬇

> 盛夏の候、ますますご清栄のこととお慶び申し上げます。
> 　さて、早速ですが、弊社ではこのたび一般家庭向けの室内洗浄機「まるごときれい君」を開発いたしました。つきましてはぜひ内覧会にご出席賜りたく、お願い申し上げます。
> 　「まるごときれい君」は、室内のどんな場所にも使える多機能クリーナーです。ミクロの塵もきれいに取り去り、掃除後の雑菌の繁殖を抑えます。従来の常識を越える方式を採用した、近未来型コンセプトに基づく画期的商品です。

マクロを実行するとマーキングの色が「白」になり、見えなくなる。

◇「蛍光ペン→ピンク置換」マクロの実行例

⬇

> 盛夏の候、ますますご清栄のこととお慶び申し上げます。
> 　さて、早速ですが、弊社ではこのたび一般家庭向けの室内洗浄機「まるごときれい君」を開発いたしました。つきましてはぜひ内覧会にご出席賜りたく、お願い申し上げます。
> 　「まるごときれい君」は、室内のどんな場所にも使える多機能クリーナーです。ミクロの塵もきれいに取り去り、掃除後の雑菌の繁殖を抑えます。従来の常識を越える方式を採用した、近未来型コンセプトに基づく画期的商品です。

マクロを実行するとマーキングの色が「ピンク」になる。

◇「蛍光ペン→白色置換」マクロを書く

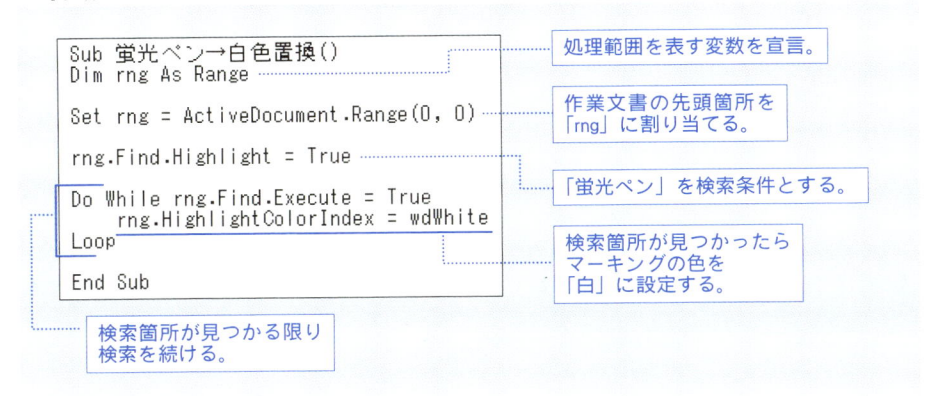

```
Sub 蛍光ペン→白色置換()
Dim rng As Range

Set rng = ActiveDocument.Range(0, 0)

rng.Find.Highlight = True

Do While rng.Find.Execute = True
    rng.HighlightColorIndex = wdWhite
Loop

End Sub
```

- 処理範囲を表す変数を宣言する。
- 作業文書の先頭箇所を「rng」に割り当てる。
- 「蛍光ペン」を検索条件とする。
- 検索箇所が見つかったらマーキングの色を「白」に設定する。
- 検索箇所が見つかる限り検索を続ける。

ひと口解説　蛍光ペンを検索する

　蛍光ペンの色は置換でも処理できますが、「白」にするにはマクロを使うしかありません。このマクロは「該当箇所を検索し、見つかったらマーキングを白にする」という処理を繰り返します。書き方がわかりにくいのが難点ですが、全体の流れを「定型」として覚えることをおすすめします。

　まず、処理範囲（Range）を表す変数「rng」を宣言し、「rng」の範囲を「Set rng = ActiveDocument.Range(0, 0)」で作業文書の先頭に「セット」します。下図に示すように「Set rng = ActiveDocument.Content」として本文全体を割り当てる方法もあります。

　次に、「rng.Find」に検索条件を設定します。ここでは「蛍光ペン」の箇所を探すので「.Highlight = True」とします。「rng.Find.Text = "新製品"」など、文字を検索条件に設定することもできます。

　「Do While」～「Loop」は、条件が成立する限り同じ処理を繰り返す定型文です。ここでは「検索（rng.Find）を実行（Execute）し、その結果が見つかる（=True）」ことが条件です。

　なお、この事例は単純な置換で処理することもできます。右図の4行目のように蛍光ペンの色を指定してから置換すれば、検索箇所の蛍光ペンがその色に変わります。

```
Sub 蛍光ペン→白色置換2()
Dim rng As Range

Set rng = ActiveDocument.Content

Options.DefaultHighlightColorIndex = wdWhite

With rng.Find
    .Highlight = True
    .Replacement.Highlight = True
    .Execute Replace:=wdReplaceAll
End With

End Sub
```

文字処理

3 下線の語句だけ別文書に書き出す

「文書中の重要語句だけを書き出して用語一覧を作りたい」といった場合に役立つマクロです。ここでは「下線の箇所」を対象にしますが、太字や蛍光ペンにアレンジするのも簡単です。ついでに、抽出結果の重複語句を削除するマクロも紹介します。

◇「下線語句書き出し」マクロの実行例

> 盛夏の候、ますますご清栄のこととお慶び申し上げます。
> さて、早速ですが、弊社ではこのたび一般家庭向けの室内洗浄機「まるごときれい君」を開発いたしました。つきましてはぜひ内覧会にご出席賜りたく、お願い申し上げます。
> 「まるごときれい君」は、室内のどんな場所にも使える多機能クリーナーです。ミクロの塵もきれいに取り去り、掃除後の雑菌の繁殖を抑えます。従来の常識を越える方式を採用した、近未来型コンセプトに基づく画期的商品です。「まるごときれい君」の詳細につきましては、添付の資料をご参照ください。

マクロを実行すると下線の語句が別文書に書き出される。

```
まるごときれい君
まるごときれい君
多機能クリーナー
近未来型コンセプト
まるごときれい君
```

◇「重複語句削除」マクロの実行例

マクロを実行すると重複が解消される。

```
まるごときれい君              まるごときれい君
まるごときれい君      →      近未来型コンセプト
多機能クリーナー              多機能クリーナー
近未来型コンセプト
まるごときれい君
```

◇「下線語句書き出し」マクロを書く

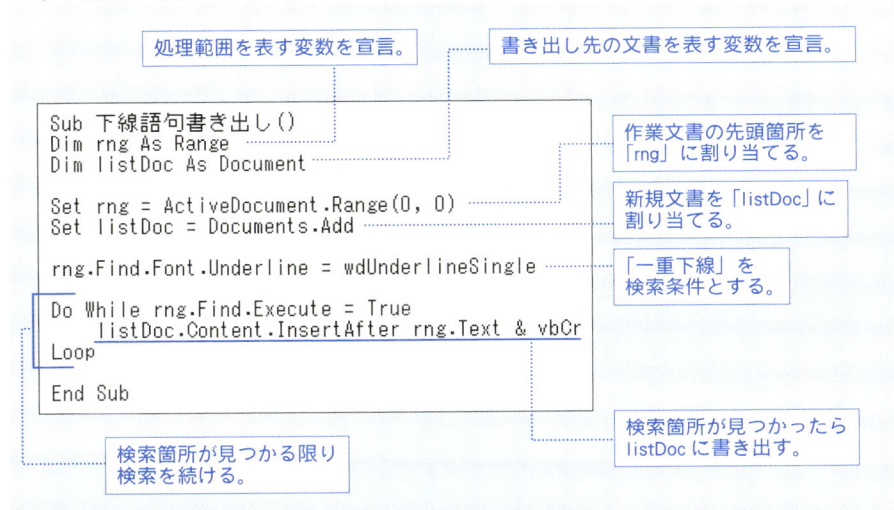

```
Sub 下線語句書き出し()
Dim rng As Range
Dim listDoc As Document

Set rng = ActiveDocument.Range(0, 0)
Set listDoc = Documents.Add

rng.Find.Font.Underline = wdUnderlineSingle

Do While rng.Find.Execute = True
    listDoc.Content.InsertAfter rng.Text & vbCr
Loop

End Sub
```

- 処理範囲を表す変数を宣言。
- 書き出し先の文書を表す変数を宣言。
- 作業文書の先頭箇所を「rng」に割り当てる。
- 新規文書を「listDoc」に割り当てる。
- 「一重下線」を検索条件とする。
- 検索箇所が見つかったら listDoc に書き出す。
- 検索箇所が見つかる限り検索を続ける。

ひと口解説　別文書に語句を書き出す

　このマクロは作業文書中の一重下線の箇所を検索し、見つかったらその語句を別の文書に書き出します。まず、準備作業として検索処理に使う変数「rng」と、書き出し先の文書を表す変数「listDoc」を宣言します。

　「Set listDoc = Documents.Add」は慣用的な書き方で、「Documents.Add」で文書を追加し、その文書を「listDoc」に割り当てます。

　次に「rng.Find」に検索条件を設定します。ここでは「一重下線」の箇所を探すので「.Font.Underline = wdUnderlineSingle」とします。右辺の線種の名前はヘルプの「Underline」からたどることができます。

　「Do While」～「Loop」は、条件が成立する限り同じ処理を繰り返す定型文です。ここでは検索（rng.Find）を実行（Execute）し、その結果が見つかる（=True）ことが条件です。

　見つかったら「listDoc.Content.InsertAfter」、つまり新規文書の中身（listDoc.Content）の末尾に「rng.Text & vbCr」を挿入します。「rng.Text」が検索箇所の文字で、「vbCr」はマクロ内で段落記号を表す特殊文字です。

　ちなみに、文書には本文だけでなくいろいろな要素があるので、たんに「listDoc.InsertAfter」とするとエラーになります。また、「vbCr」を省略すると段落で区切られずに書き出されてしまいます。

◇「重複語句削除」マクロを書く

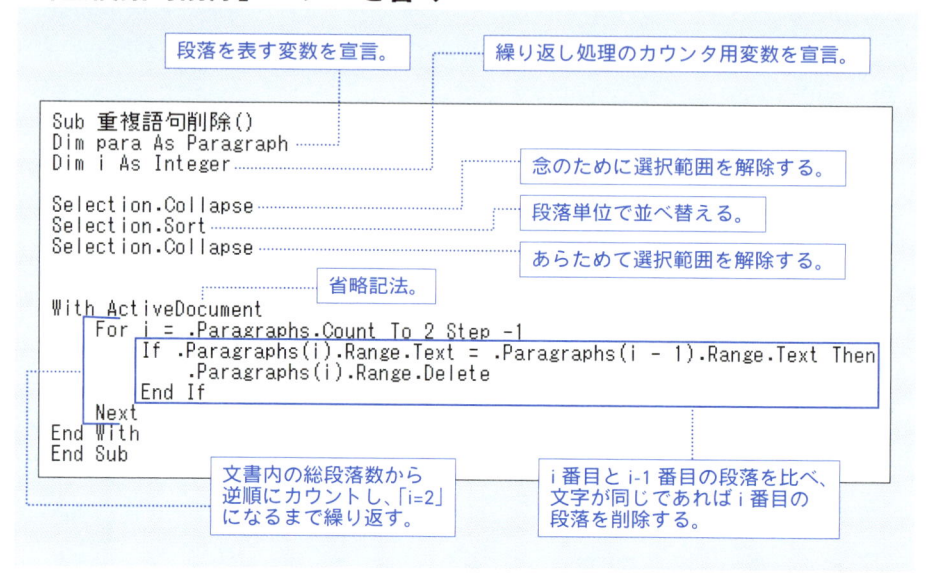

```
Sub 重複語句削除()
Dim para As Paragraph        ── 段落を表す変数を宣言。
Dim i As Integer             ── 繰り返し処理のカウンタ用変数を宣言。

Selection.Collapse           ── 念のために選択範囲を解除する。
Selection.Sort               ── 段落単位で並べ替える。
Selection.Collapse           ── あらためて選択範囲を解除する。

With ActiveDocument          ── 省略記法。
    For i = .Paragraphs.Count To 2 Step -1
        If .Paragraphs(i).Range.Text = .Paragraphs(i - 1).Range.Text Then
            .Paragraphs(i).Range.Delete
        End If
    Next
End With
End Sub
```

- 文書内の総段落数から逆順にカウントし、「i=2」になるまで繰り返す。
- i 番目と i-1 番目の段落を比べ、文字が同じであれば i 番目の段落を削除する。

ひと口解説　段落を並べ替えて重複をチェックする

　このマクロでは、まず段落単位で並べ替え、次に前後の段落内容を比較するという方法をとっています。並べ替えに使う「Selection.Sort」は文字範囲が選択されていると正しく働かないので「Selection.Collapse」で範囲選択を解除します。また、並べ替え後は文書全体が選択状態になるので、あらためて解除します。

　次に、前後の段落内容を比較し、内容が同じであれば後段落を削除するという操作を繰り返します。繰り返しには「For i = x To y」～「Next」のループを使います。たとえば「If .Paragraphs(i).Range.Text = .Paragraphs(i - 1).Range.Text」は「i 番目の段落の文字と i-1 番目の段落の文字が同じであれば……」という意味です。

　ループの条件は「For i = .Paragraphs.Count To 2 Step -1」のように設定します。「.Paragraphs.Count」は総段落数なので、ループ開始直後の「.Paragraphs(i)」は末尾の段落を表します。以下、i が「2」になるまで文末から文頭に向かって逆順で処理します。「Step -1」が逆順の設定です。

　文頭→文末でもよさそうなものですが、うまくいきません。その理由は「宿題」にしておきましょう。興味があったら試してください。

Column 3 — Selection と Range

マクロを作り始めた頃にとまどうのが、この「Selection」と「Range」の使い分けです。たとえば本書の最初に紹介した記録マクロでは通常、処理対象の特定には「Selection」が使われます（14 ページ）。「Selection」は、マクロを記録するさいに選択した段落範囲や文字範囲を示しています。

```
Selection.ParagraphFormat.Alignment = wdAlignParagraphCenter
```

一方、本節の「下線語句書き出し」マクロや、前節の「蛍光ペン→白色置換」マクロでは、「Range」を表す変数「rng」を使って処理対象を特定しています。

```
rng.HighlightColorIndex = wdWhite
listDoc.Content.InsertAfter rng.Text & vbCr
```

「Range」を使うと対象をいちいち選択せずに処理できるので、多くの場合は「Range」を使った方が高速です。ただし、「Selection」では処理対象を目で確かめられますが、「Range」ではわからないので、うまく書いたつもりのマクロが思いがけない結果になることもあります。

そこで、マクロのテスト中はあえて対象を「選択」する処理を加え、動作を確かめるといった方法をとるとよいでしょう。たとえば前ページの「重複語句削除」マクロのような例では、次の 1 行を加え、「ステップ実行」（50 ページ）で確かめれば、動作がよくわかります。

```
With ActiveDocument
   For i = .Paragraphs.Count To 2 Step -1
     .Paragraphs(i).Range.Select
     If .Paragraphs(i).Range.Text =.Paragraphs(i-1).Range.Text Then
       .Paragraphs(i).Range.Delete
     End If
   Next
End With
```

うまく動作することがわかったら、行を削除してかまいません。

ちなみに、記録マクロで検索・置換処理を行うと「Selection.Find」が使われます。検索置換に限っては「Selection.Find」の方が速いのですが、[検索と置換] ダイアログボックスと連動しており、あいまい検索やワイルドカード検索などの検索オプションをきちんと設定する必要があります。

一方、本書で使っている「Range.Find」は [検索と置換] ダイアログボックスとは無関係で、必要なオプションだけを設定すればよく、扱いは簡単です。

文字処理
4 半角のカタカナを全角に変換する

カタカナだけ、英数字だけの半角←→全角変換は、手順を工夫すれば Word の通常の機能でも可能ですが、ここではマクロで処理する方法を紹介します。方法はいろいろ考えられますが、ここでは「短くわかりやすい」方法をとってみました。

◇「半角カタカナ全角変換」マクロの実行例

第1条　(OEM ﾗｲｾﾝｽの設定)甲は、表記の製品(以下「本製品」という)の
　　　　OEM ﾗｲｾﾝｽを乙に対して設定する。
第2条　(OEM ﾗｲｾﾝｽの権限内容)第1条の OEM ﾗｲｾﾝｽの設定により、乙
　　　　は本製品のｺﾋﾟｰならびに配布の権利を有する。
第3条　(守秘義務と禁止事項)乙は、甲による事前許可を得ることなく
　　　　本製品のｿｰｽｺｰﾄﾞを社外に開示してはならない。

⇩ マクロを実行すると
カタカナだけが全角になる。

第1条　(OEM ライセンスの設定)甲は、表記の製品(以下「本製品」という)の OEM ライセンスを乙に対して設定する。
第2条　(OEM ライセンスの権限内容)第1条の OEM ライセンスの設定により、乙は本製品のコピーならびに配布の権利を有する。
第3条　(守秘義務と禁止事項)乙は、甲による事前許可を得ることなく本製品のソースコードを社外に開示してはならない。

( ) や英数字は半角のまま。

◇「半角カタカナ全角変換」マクロを書く

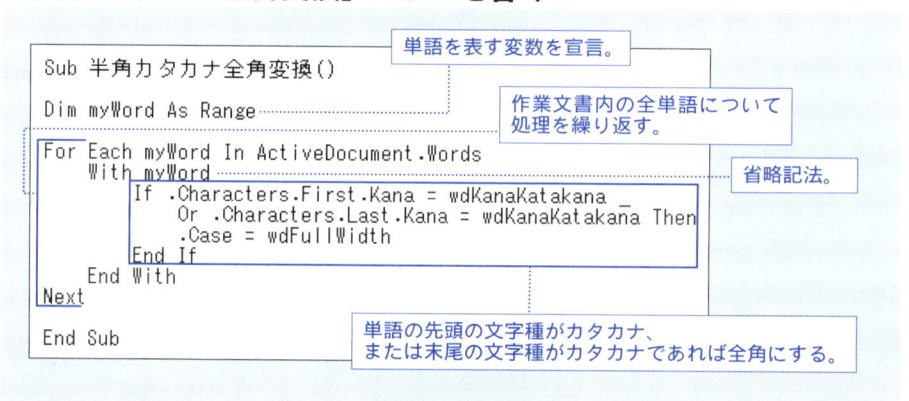

```
Sub 半角カタカナ全角変換()
Dim myWord As Range                          ← 単語を表す変数を宣言。

For Each myWord In ActiveDocument.Words      ← 作業文書内の全単語について
    With myWord                                  処理を繰り返す。
        If .Characters.First.Kana = wdKanaKatakana _   ← 省略記法。
            Or .Characters.Last.Kana = wdKanaKatakana Then
            .Case = wdFullWidth
        End If
    End With
Next

End Sub
```

単語の先頭の文字種がカタカナ、または末尾の文字種がカタカナであれば全角にする。

ひと口解説

文字種を変換する

　文字種を変換するには「.Case」プロパティを使います。「.Case」の右辺には「wdHalfWidth（半角）」のほか、「wdFullWidth（全角）」「wdHiragana（ひらがな）」「wdKatakana（カタカナ）」などが使えます。

　このマクロは 91 ページの例のように「.Find」を使った方が高速ですが、処理が少し複雑になります。そこでここでは文頭から単語単位でしらみつぶしに処理するという方法をとりました。動作は遅いのですが、ご覧のとおりマクロの内容は簡単です。対象箇所の文字種は、幸い「.Kana」という便利なプロパティが用意されているので、簡単に判定できます。

　Word が解釈する「単語」は、本文中で［Ctrl］＋［→］キーを押してみればわかります。単語の先頭または末尾の文字種で判断しているのは、「カタカナ＋漢字」「漢字＋カタカナ」という単語もあるためです。

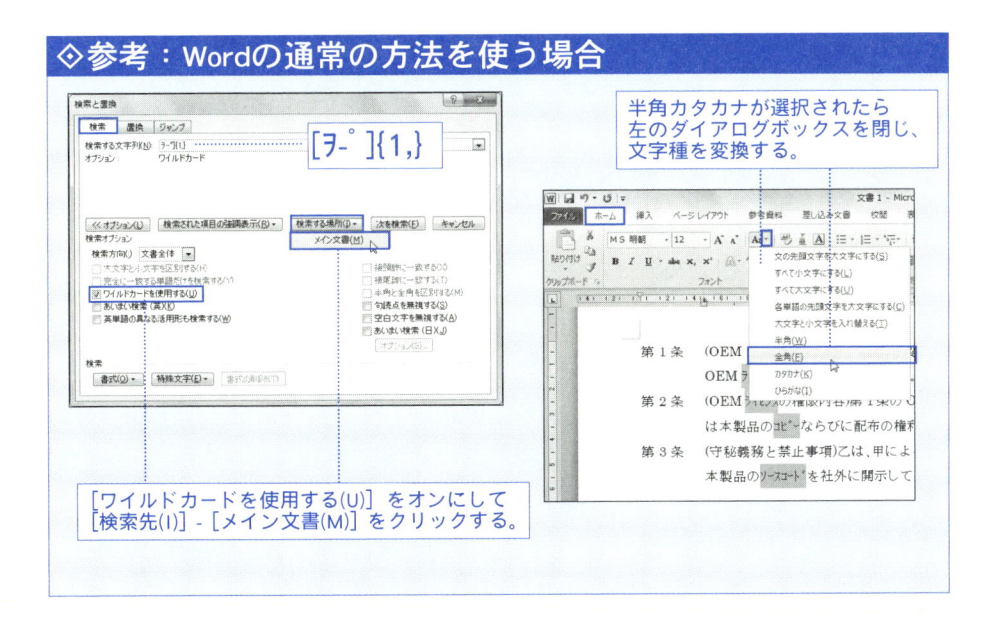

◇参考：Wordの通常の方法を使う場合

[ヲﾟ]{1,}

[ワイルドカードを使用する(U)] をオンにして
[検索先(I)] - [メイン文書(M)] をクリックする。

半角カタカナが選択されたら
左のダイアログボックスを閉じ、
文字種を変換する。

- Word2002/2003 では［見つかったすべての項目を強調表示する(T)：］をオンにして、［すべて検索(F)］ボタンをクリックします。文字種は［書式(O)］-［文字種の変換(E)...］で変換します。

- ［ワイルドカードを使用する(U)］をオンにした状態では、[ヲﾟ]{1,} は「半角カタカナの文字並び」を表します。すべて半角です。「ﾟ」は「パ」などと入力して「ハ」の部分を削除する方法が簡単です。

文字処理

5 英字、数字を半角に変換する

前ページで紹介した検索と文字種変換の合わせ技を使えば、英字だけを半角に変えることもできますが、頻繁に行うならマクロを作った方が便利です。ここでは英字だけ、または数字だけを検索して半角に変えるマクロを紹介します。

◇「英字半角変換」マクロの実行例

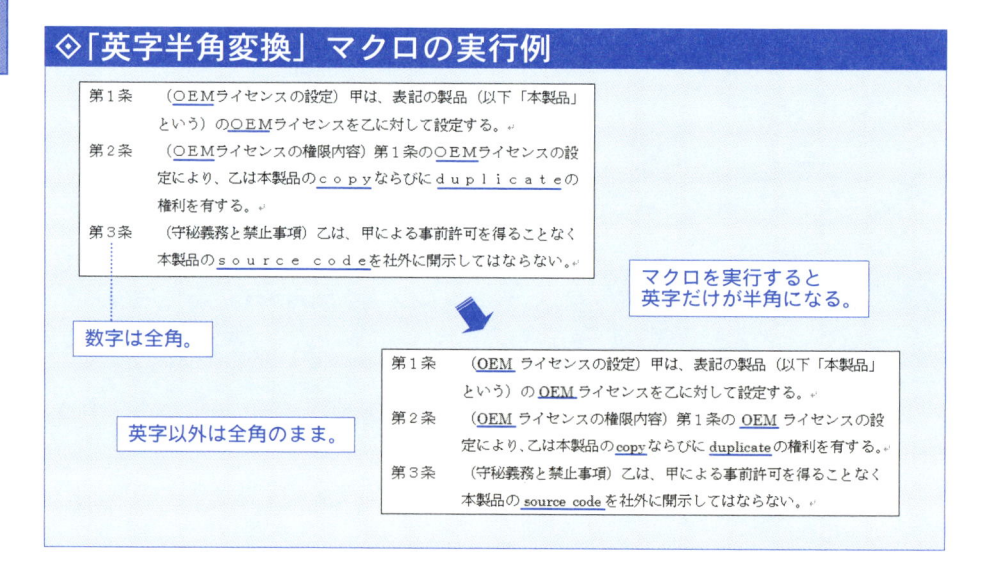

第１条　（ＯＥＭライセンスの設定）甲は、表記の製品（以下「本製品」という）のＯＥＭライセンスを乙に対して設定する。
第２条　（ＯＥＭライセンスの権限内容）第１条のＯＥＭライセンスの設定により、乙は本製品のｃｏｐｙならびにｄｕｐｌｉｃａｔｅの権利を有する。
第３条　（守秘義務と禁止事項）乙は、甲による事前許可を得ることなく本製品のｓｏｕｒｃｅ　ｃｏｄｅを社外に開示してはならない。

> 数字は全角。
> 英字以外は全角のまま。
> マクロを実行すると英字だけが半角になる。

第１条　（OEM ライセンスの設定）甲は、表記の製品（以下「本製品」という）のOEM ライセンスを乙に対して設定する。
第２条　（OEM ライセンスの権限内容）第１条のOEM ライセンスの設定により、乙は本製品のcopy ならびにduplicate の権利を有する。
第３条　（守秘義務と禁止事項）乙は、甲による事前許可を得ることなく本製品のsource code を社外に開示してはならない。

◇「英字半角変換」マクロを書く

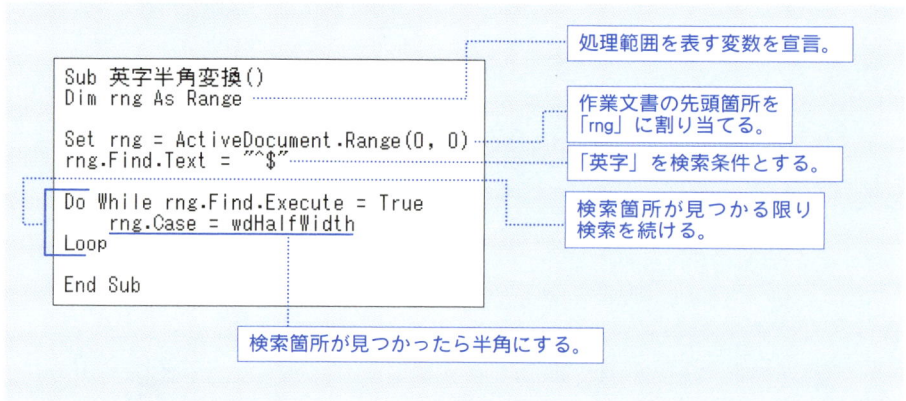

```
Sub 英字半角変換()
Dim rng As Range

Set rng = ActiveDocument.Range(0, 0)
rng.Find.Text = "^$"

Do While rng.Find.Execute = True
    rng.Case = wdHalfWidth
Loop

End Sub
```

- 処理範囲を表す変数を宣言。
- 作業文書の先頭箇所を「rng」に割り当てる。
- 「英字」を検索条件とする。
- 検索箇所が見つかる限り検索を続ける。
- 検索箇所が見つかったら半角にする。

◇「数字半角変換」マクロを書く

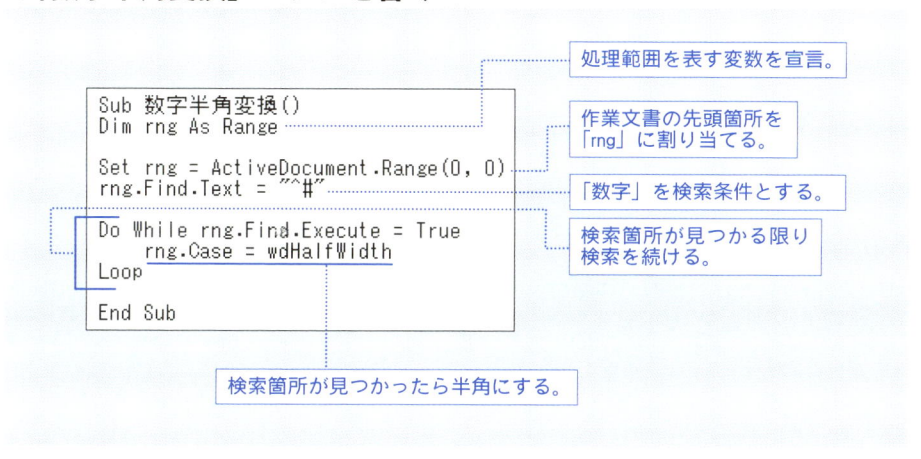

```
Sub 数字半角変換()
Dim rng As Range

Set rng = ActiveDocument.Range(0, 0)
rng.Find.Text = "^#"

Do While rng.Find.Execute = True
    rng.Case = wdHalfWidth
Loop

End Sub
```

- 処理範囲を表す変数を宣言。
- 作業文書の先頭箇所を「rng」に割り当てる。
- 「数字」を検索条件とする。
- 検索箇所が見つかる限り検索を続ける。
- 検索箇所が見つかったら半角にする。

ひと口解説 英字、数字を処理するには特殊文字が便利

　前節で紹介した「カタカナ」の文字並びは必ず「単語」として扱われるので、前節では「For Each myWord In ActiveDocument.Words」のように単語単位で処理することができました。しかし、英字の場合はそうはいかず、英数字が並ぶ箇所も単語として扱われてしまいます。また、前節の「Kana」のような文字種判定の便利な道具はありません。

　しかし、幸いにWordの検索機能では英字、数字を表す特殊文字が使えます。そこで、89ページの蛍光ペンの例でも紹介した検索の定型処理を利用してみました。

　まず、範囲を表す変数「rng」を宣言し、「Set rng =～」で文頭の位置を「rng」に割り当てます。「Set rng = ActiveDocument.Content」のように本文全体を割り当てる方法もあります。次に検索条件を設定し、「Do」と「Loop」で「検索→変換」の処理を繰り返します。

　本書でしばしば登場する「Find」は検索・置換を処理するプロパティです。「rng.Find」という書き方はわかりにくいと思いますが、これはWordのマクロの「仕様」として丸呑みしてください。

　検索条件の特殊文字 ^$ は任意の英字、^# は任意の数字を表します。全角・半角は区別されませんが、英字または数字をすべて半角にするのが目的であれば、ことさら「全角の英字」「全角の数字」を検索する必要はなく、単純に「英字」「数字」を検索するだけでかまいません。

6 英大文字の略号だけを全角に変換する

文字処理

縦書きでは、普通の欧文は横向き、和文中での略号は縦向きにする形式が一般的です。Wordの縦書きでは、半角の英数字は横向き、全角文字は縦向きになります。そこで、略号として使われている英大文字だけ全角に変えるマクロを紹介します。

◇「英略号全角変換」マクロの実行例

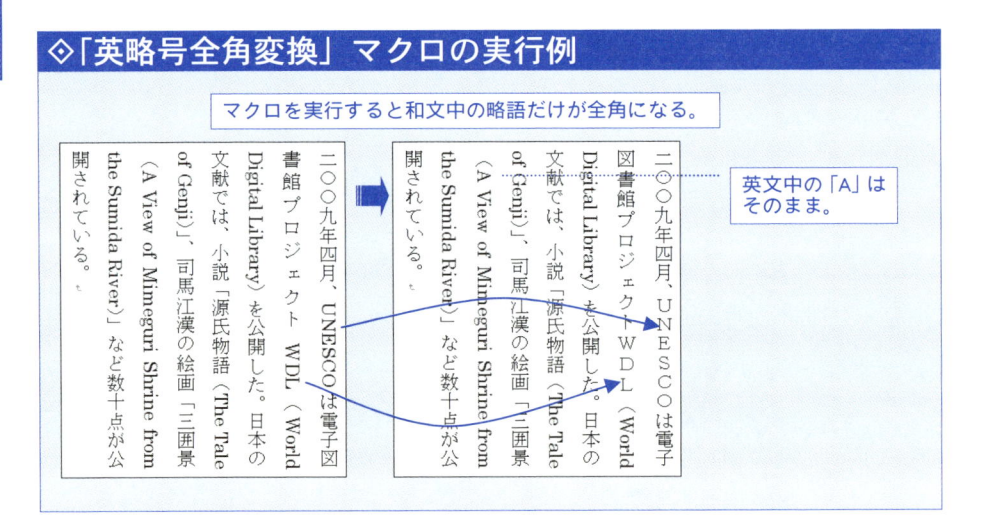

マクロを実行すると和文中の略語だけが全角になる。

二〇〇九年四月、UNESCOは電子図書館プロジェクトWDL（World Digital Library）を公開した。日本の文献では、小説「源氏物語（The Tale of Genji）」、司馬江漢の絵画「三囲景（A View of Mimeguri Shrine from the Sumida River）」など数十点が公開されている。

→

二〇〇九年四月、ＵＮＥＳＣＯは電子図書館プロジェクトＷＤＬ（World Digital Library）を公開した。日本の文献では、小説「源氏物語（The Tale of Genji）」、司馬江漢の絵画「三囲景（A View of Mimeguri Shrine from the Sumida River）」など数十点が公開されている。

英文中の「A」はそのまま。

◇「英略号全角変換」マクロを書く

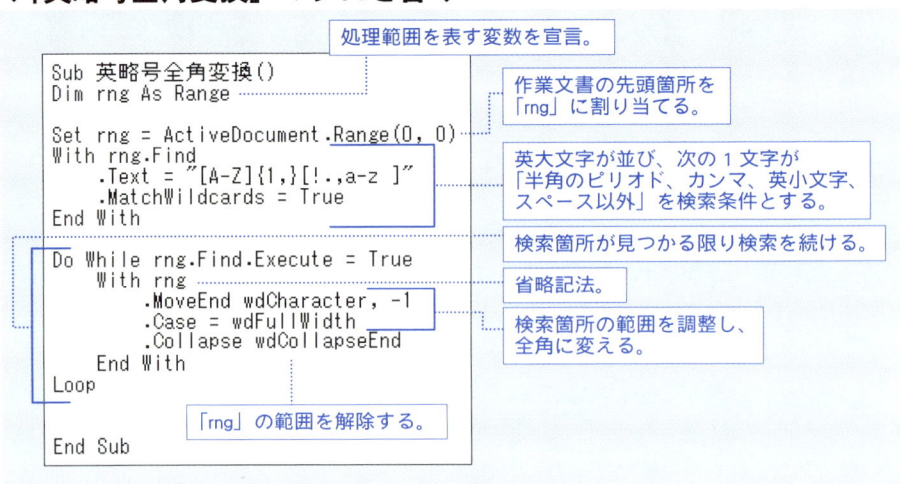

```
Sub 英略号全角変換()
Dim rng As Range

Set rng = ActiveDocument.Range(0, 0)
With rng.Find
    .Text = "[A-Z]{1,}[!.,a-z ]"
    .MatchWildcards = True
End With

Do While rng.Find.Execute = True
    With rng
        .MoveEnd wdCharacter, -1
        .Case = wdFullWidth
        .Collapse wdCollapseEnd
    End With
Loop

End Sub
```

- 処理範囲を表す変数を宣言。
- 作業文書の先頭箇所を「rng」に割り当てる。
- 英大文字が並び、次の1文字が「半角のピリオド、カンマ、英小文字、スペース以外」を検索条件とする。
- 検索箇所が見つかる限り検索を続ける。
- 省略記法。
- 検索箇所の範囲を調整し、全角に変える。
- 「rng」の範囲を解除する。

ひと口解説 　和文中の英大文字略語を処理する

　このマクロの処理対象は「半角の英大文字」です。ただし、この条件で単純に検索すると、英単語の先頭文字や不定冠詞「A」、英文中の略語なども検索されてしまいます。

　そこで、「英大文字に英小文字が続く箇所」は英単語の一部、「英大文字にピリオド、カンマ、スペースのいずれかが続く箇所」は英文の一部とみなし、検索から除外するようにしてみました。それには、「ワイルドカード」検索の機能を使って次のような検索条件を設定します。

```
With rng.Find
    .Text = "[A-Z]{1,}[!.,a-z ]"         すべて半角。
    .MatchWildcards = True               ここには半角のスペースを入力。
End With                                 ワイルドカードを有効にする。
```

　[A-Z]{1,} は、「英大文字が1文字以上続くパターン」を表します。

　[!.,a-z] の！は否定を表します。したがって、「半角のピリオド、カンマ、英小文字、スペース以外」を表します。

　この条件で検索すると「英大文字並び＋1文字」が検索されます。そこで、「.MoveEnd wdCharacter, -1」で検索箇所末尾の1文字を処理対象からはずした上で全角に変えます。

　ここで大切なのは、「rng」の中身です。検索された時点では、当然ながら検索条件どおりの「半角英大文字並び＋1文字」の箇所が割り当てられます。しかし、全角に変えると検索条件に合わなくなり、「rng」の範囲に対してそのまま検索を続行すると、「該当箇所なし」となってループが終了してしまいます。

　そこで、このような場合には「rng」の範囲を解除してから次のループに進める必要があります。「rng.Collapse」がそのための記述です。これは、あらかじめドラッグで選択した文字範囲に対して、[←][→] キーで選択を解除する操作に似ています。「rng.Collapse」とすると範囲の先頭に向かって解除され、「rng.Collapse wdCollapseEnd」とすると後方に向かって解除されます。

　なお、どんな文書も同じ条件で処理できるとは限りません。本書の例はあくまで参考として、文書なりの条件をきちんと考えることが大切です。

文字処理

7 アラビア数字を漢数字に変換する

横書きの文書を縦書きに変える場合、数字の扱いは悩みの種です。とくに、漢数字への置換は大変です。そこで、とっておきの「職人技」を紹介しましょう。それは、マクロの中でWordの「式フィールド（=）」を利用するという方法です。

◇「アラビア数字漢数字変換」マクロの実行例

富山県は総面積約 4248 平方キロメートル。南には霊峰立山 3015 メートルを擁し、延長 85 キロメートル、流域面積 667 平方キロメートルを誇る黒部川をはじめ、岐阜県川上岳から流れる神通川など、豊かな水源に恵まれている。

マクロを実行するとアラビア数字が漢数字に変わる。

富山県は総面積約四阡弐百四拾八平方キロメートル。南には霊峰立山参阡拾伍メートルを擁し、延長八拾伍キロメートル、流域面積六百六拾七平方キロメートルを誇る黒部川をはじめ、岐阜県川上岳から流れる神通川など、豊かな水源に恵まれている。

富山県は総面積約四千二百四十八平方キロメートル。南には霊峰立山三千十五メートルを擁し、延長八十五キロメートル、流域面積六百六十七平方キロメートルを誇る黒部川をはじめ、岐阜県川上岳から流れる神通川など、豊かな水源に恵まれている。

富山県は総面積約四二四八平方キロメートル。南には霊峰立山三〇一五メートルを擁し、延長八五キロメートル、流域面積六六七平方キロメートルを誇る黒部川をはじめ、岐阜県川上岳から流れる神通川など、豊かな水源に恵まれている。

◇「アラビア数字漢数字変換」マクロを書く

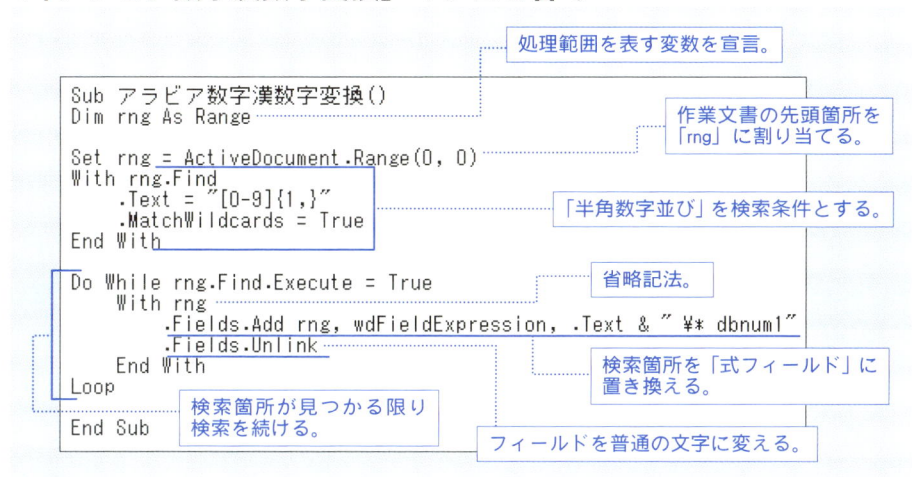

```
Sub アラビア数字漢数字変換()
    Dim rng As Range

    Set rng = ActiveDocument.Range(0, 0)
    With rng.Find
        .Text = "[0-9]{1,}"
        .MatchWildcards = True
    End With
    Do While rng.Find.Execute = True
        With rng
            .Fields.Add rng, wdFieldExpression, .Text & " ¥* dbnum1"
            .Fields.Unlink
        End With
    Loop
End Sub
```

- 処理範囲を表す変数を宣言。
- 作業文書の先頭箇所を「rng」に割り当てる。
- 「半角数字並び」を検索条件とする。
- 省略記法。
- 検索箇所を「式フィールド」に置き換える。
- フィールドを普通の文字に変える。
- 検索箇所が見つかる限り検索を続ける。

ひとロ解説 「式フィールド」をマクロの中で利用する

　Wordのマクロには、全角←→半角を変換したり、英大文字←→英小文字を変換する機能が備わっていますが、アラビア数字を漢数字に変える機能はありません。そこで、ここではWordの表計算などで使われる「式フィールド（=）」という機能をマクロの中で利用してみました。

　アラビア数字の文字並びは、ワイルドカードを使えば「[0-9]{1,}」というパターンで検索できます。該当箇所が見つかると変数「rng」に割り当てられるので、その内容を「式フィールド」に置き換えます。

```
rng.Fields.Add rng, wdFieldExpression, .Text & "¥*dbnum1"
```

　「rng.Fields.Add rng」は「rngの位置にフィールドを追加する」という意味で、「wdFieldExpression」は「式フィールド」を表し、「.Text」つまり「rng.Text」は検索箇所の文字内容を表します。末尾の「"¥*～"」は数値書式の種類を表します。「¥*dbnum1」は単位なし漢数字で、この部分を「¥*dbnum2」に変えると単位付き漢数字、「¥*dbnum3」に変えると「壱弐参……」形式になります。

　これで該当箇所のアラビア数字は漢数字に置き換わります。そのままでもかまいませんが、ここではさらにフィールドを解除し、普通の文字に変換しています。それが「.Fields.Unlink」です。

文字処理

数字を桁区切りカンマ形式にする

マクロは、「処理手順を記述できる」こと自体が大きな長所です。マクロを使わずにできる処理でも、手順が面倒な場合にはマクロを作った方が得策です。ここでは、文書中のアラビア数字に桁区切りカンマを入れるマクロを紹介します。

◇「桁区切りカンマ挿入」マクロの実行例

太陽の直径は 1392000km、月の直径は約 3500km で、両者の大きさの比率は約 400：1 となっている。一方、地球－太陽間の距離は約 149597870km、地球－月間の距離は 3900km 前後で、両者の距離の比率はやはり約 400：1。そのため、地球から見た両者の大きさはほぼ同じとなる。これが、小さな月でも皆既日食を起こせる理由だ。

マクロを実行すると桁区切りのカンマが挿入される。

太陽の直径は 1,392,000km、月の直径は約 3,500km で、両者の大きさの比率は約 400：1 となっている。一方、地球－太陽間の距離は約 149,597,870km、地球－月間の距離は 3,900km 前後で、両者の距離の比率はやはり約 400：1。そのため、地球から見た両者の大きさはほぼ同じとなる。これが、小さな月でも皆既日食を起こせる理由だ。

◇「桁区切りカンマ挿入」マクロを書く

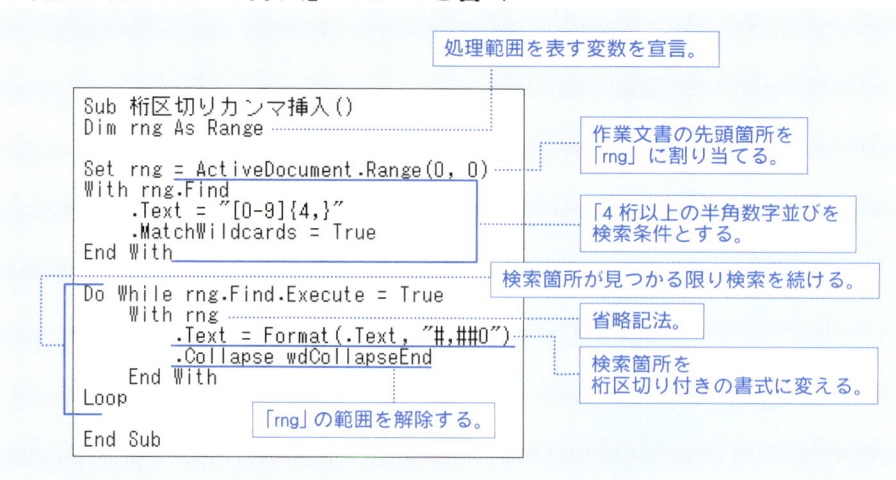

```
Sub 桁区切りカンマ挿入()
Dim rng As Range

Set rng = ActiveDocument.Range(0, 0)
With rng.Find
    .Text = "[0-9]{4,}"
    .MatchWildcards = True
End With

Do While rng.Find.Execute = True
    With rng
        .Text = Format(.Text, "#,##0")
        .Collapse wdCollapseEnd
    End With
Loop

End Sub
```

- 処理範囲を表す変数を宣言。
- 作業文書の先頭箇所を「rng」に割り当てる。
- 「4桁以上の半角数字並びを検索条件とする。
- 検索箇所が見つかる限り検索を続ける。
- 省略記法。
- 検索箇所を桁区切り付きの書式に変える。
- 「rng」の範囲を解除する。

ひと口解説 数値の書式を整えるには Format 関数を使う

　桁区切りのカンマを使うのは 4 桁以上の数字です。したがって、このマクロではワイルドカードを使って「4 桁以上の数字」を検索します。「[0-9]{4,}」がそのパターンです。ただし、このマクロでは小数点以下が 4 桁以上の箇所がある場合については考慮していません。

　次に「Do While」～「Loop」を使い、「検索→処理の実行」を繰り返します。「Do」ループ内 2 行目で「With rng」という省略記法を使っているので、ループ内 3 行目は「rng.Text = Format(rng.Text, "#,##0")」と同じです。これは左辺の「rng.Text」、つまり検索箇所のテキストを、右辺の内容に置き換えるという指示です。

　右辺は「Format(文字列, 書式)」という構成になっています。「Format 関数」は「与えられた数値を指定した書式に従って整える」という機能を持っており、"#,##0" が 3 桁区切りカンマ付きの書式を表します。数値書式の表し方については、VB Editor のヘルプで「数値表示書式指定文字」を検索すれば、その詳細を調べることができます。

　桁区切りカンマを入れると rng の範囲は検索条件に合わなくなり、ループが終了してしまいます。そこで「rng.Collapse wdCollapseEnd」を使って rng の範囲を解除し、検索が続行されるようにします。

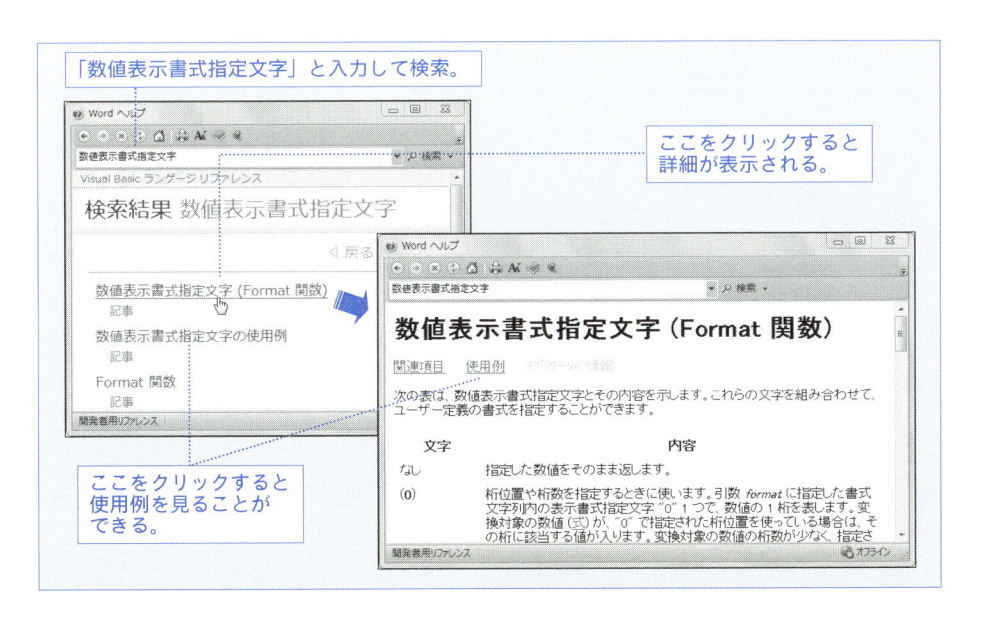

「数値表示書式指定文字」と入力して検索。

ここをクリックすると詳細が表示される。

ここをクリックすると使用例を見ることができる。

文字処理

9 小数点以下を四捨五入する

Excelでは「四捨五入ならRound」と即答するところです。Wordのマクロでも同じ関数を使えますが、変則的な銀行方式になっています。また、桁区切りカンマは削除されます。そこで、前節と同様に「Format関数」を使う方法を紹介します。

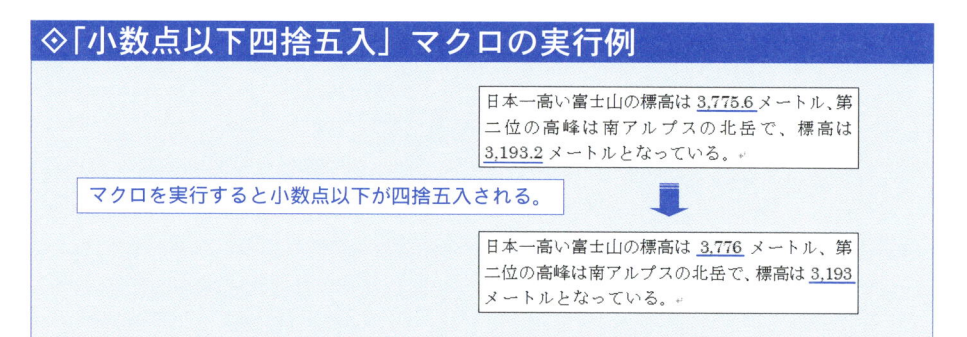

◇「小数点以下四捨五入」マクロの実行例

> 日本一高い富士山の標高は 3,775.6 メートル、第二位の高峰は南アルプスの北岳で、標高は 3,193.2 メートルとなっている。

マクロを実行すると小数点以下が四捨五入される。

> 日本一高い富士山の標高は 3,776 メートル、第二位の高峰は南アルプスの北岳で、標高は 3,193 メートルとなっている。

◇「小数点以下四捨五入」マクロを書く

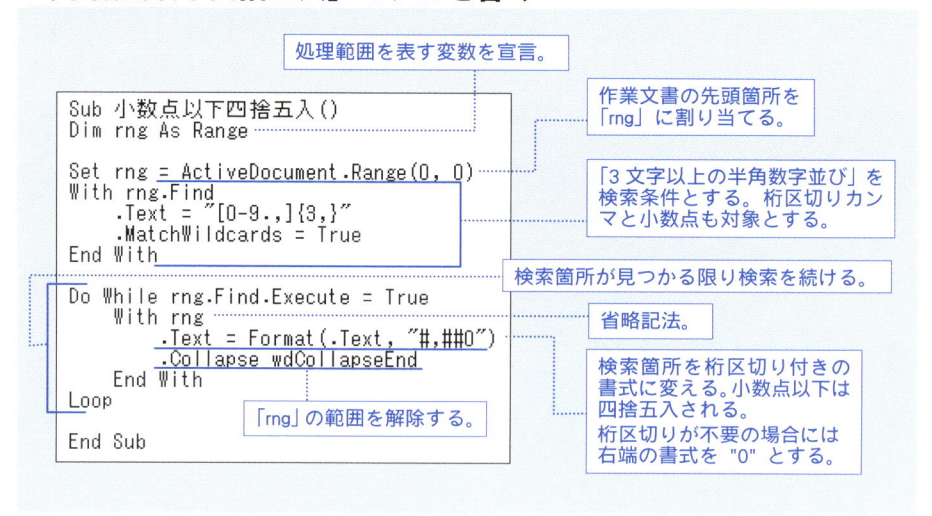

```vb
Sub 小数点以下四捨五入()
Dim rng As Range

Set rng = ActiveDocument.Range(0, 0)
With rng.Find
    .Text = "[0-9.,]{3,}"
    .MatchWildcards = True
End With

Do While rng.Find.Execute = True
    With rng
        .Text = Format(.Text, "#,##0")
        .Collapse wdCollapseEnd
    End With
Loop
End Sub
```

- 処理範囲を表す変数を宣言。
- 作業文書の先頭箇所を「rng」に割り当てる。
- 「3文字以上の半角数字並び」を検索条件とする。桁区切りカンマと小数点も対象とする。
- 検索箇所が見つかる限り検索を続ける。
- 省略記法。
- 検索箇所を桁区切り付きの書式に変える。小数点以下は四捨五入される。桁区切りが不要の場合には右端の書式を "0" とする。
- 「rng」の範囲を解除する。

📖 WordのRound関数は銀行方式で、「4以下」「6以上」は四捨五入されますが、「5」については切り上げ結果が奇数になる場合は切り捨てになります。たとえば「2.5」を切り上げると「3」になるので、この場合は「2」に切り捨てられます。

ひとロ解説

Format 関数は四捨五入の働きを持っている

このマクロの対象は「小数点を含む数字」です。桁区切りカンマを使った箇所も考慮し、検索条件はワイルドカードを使って "[0-9.,]{3,}" としました。これは「半角の数字、ピリオド、カンマが3文字以上並ぶ」パターンを表します。「1.3」などの数値も3文字なので該当します。

このパターンでは「半角の数字、ピリオド、カンマ」のどれかが入っていればよいので、たとえば「123」のようにピリオドもカンマも含まない3桁の箇所も検索されますが、実用上は差し支えありません。

ちなみに、確実にピリオドを含む箇所だけを検索するパターンは "[0-9,]{1,}.[0-9]{1,}" のようになります。入力間違いが起きやすくなるだけなので、検索にムダが出ることを承知の上で "[0-9.,]{3,}" としてみました。

検索条件を決めたら、「Do While」～「Loop」で「検索→処理の実行」を繰り返します。検索箇所は「rng」に割り当てられます。

「Do」ループ内2行目で「With rng」という省略記法を使っているので、ループ内3行目は「rng.Text = Format(rng.Text, "#,##0")」と同じです。これは左辺の「rng.Text」、つまり検索箇所のテキストを、右辺の内容に置き換えるという指示です。

右辺は「Format(文字列, 書式)」という構成になっています。「Format 関数」は「与えられた数値を指定した書式に従って整える」という機能を持っており、"#,##0" は3桁区切りカンマ付きの書式を表します。カンマが不要であれば、この部分を "0" に変えてください。

数値書式の表し方については、VB Editor のヘルプで「数値表示書式指定文字」を検索すれば、その詳細を調べることができます（前項103ページ参照）。

ところで、このマクロと前項の「桁区切りカンマ挿入」マクロを比べると、検索条件が異なるだけで、どちらも同じ「与えられた数値を3桁区切りカンマ付きの書式に変える」という処理を行います。小数点以下を含む数値に対してこの書式を適用すると、小数点以下は四捨五入されます。切り捨てではないことに注意してください。

四捨五入した結果が2桁以下になると rng の範囲は検索条件に合わなくなり、ループが終了してしまいます。そこで「rng.Collapse wdCollapseEnd」を使って rng の範囲を解除し、検索が続行されるようにします。

文字処理
10 2桁の数字だけ縦中横文字に置換する

Wordでは指定桁数の英数字をまとめて縦中横文字にできますが、英文中の「we」や「me」まで処理されては困ります。そこで2桁の数字限定で処理するマクロを作ってみました。単純に2桁の数字を検索してもうまくいかないので工夫が必要です。

◇「二桁数字縦中横文字変換」マクロの実行例

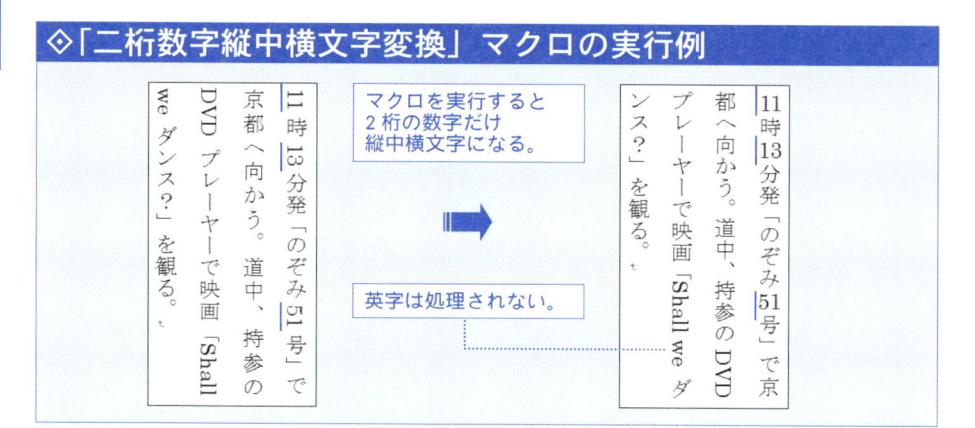

変換前:
11時13分発「のぞみ51号」で京都へ向かう。道中、持参のDVDプレーヤーで映画「Shall we ダンス?」を観る。

マクロを実行すると2桁の数字だけ縦中横文字になる。

変換後:
11時13分発「のぞみ51号」で京都へ向かう。道中、持参のDVDプレーヤーで映画「Shall we ダンス?」を観る。

英字は処理されない。

◇「二桁数字縦中横文字変換」マクロを書く

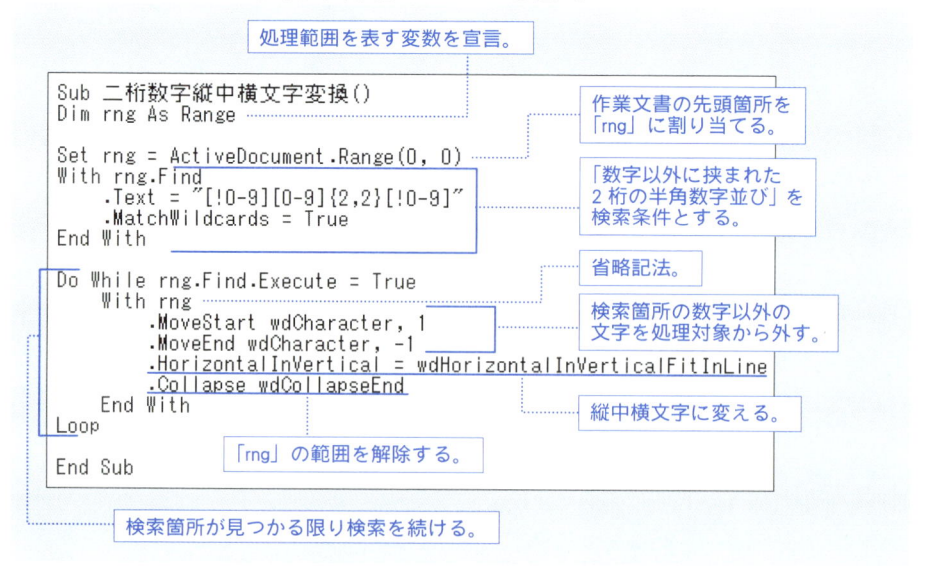

```
Sub 二桁数字縦中横文字変換()
Dim rng As Range

Set rng = ActiveDocument.Range(0, 0)
With rng.Find
    .Text = "[!0-9][0-9]{2,2}[!0-9]"
    .MatchWildcards = True
End With

Do While rng.Find.Execute = True
    With rng
        .MoveStart wdCharacter, 1
        .MoveEnd wdCharacter, -1
        .HorizontalInVertical = wdHorizontalInVerticalFitInLine
        .Collapse wdCollapseEnd
    End With
Loop

End Sub
```

- 処理範囲を表す変数を宣言。
- 作業文書の先頭箇所を「rng」に割り当てる。
- 「数字以外に挟まれた2桁の半角数字並び」を検索条件とする。
- 省略記法。
- 検索箇所の数字以外の文字を処理対象から外す。
- 縦中横文字に変える。
- 「rng」の範囲を解除する。
- 検索箇所が見つかる限り検索を続ける。

ひとロ解説 検索で桁数を特定するには前後の文字もチェック

「2 桁以上の数字」のように上限を決めずに検索するにはワイルドカードを使って [0-9]{2,} とすればよいのですが、桁数を限定する場合、たんに [0-9]{2,2} のように上限を指定してもうまくいきません。理由は、4 桁以上の数字は「2 桁がたくさん並んでいる」に過ぎないからです。

桁数を限定するには「その前後が数字ではない」という条件を加えれば解決できます。それが [!0-9] で、[!] は続く文字の「否定」を表します。

検索条件を決めたら、「Do While」～「Loop」で「検索→処理の実行」を繰り返します。検索箇所は「rng」に割り当てられます。

「Do」ループ内 2 行目で「With rng」という省略記法を使っているので、ループ内 3～6 行目は「rng」に対する処理です。検索条件は「数字以外に挟まれた 2 桁の数字」なので、まず数字の前後の文字を処理対象から外す必要があります。それが「.MoveStart」と「MoveEnd」で、「rng」の先頭位置と末尾の位置を 1 文字分短く修正しています。

処理対象を特定したら「.HorizontalInVertical」で縦中横文字に置換します。右辺の「= wdHorizontalInVerticalFitInLine」は縦中横文字全体の幅を行幅に合わせる書式です。行幅に合わせずに文字数でなりゆきにする場合には「= wdHorizontalInVerticalResizeLine」とします。この違いは、Word で [縦中横] ダイアログボックスを呼び出してみればわかります。

「rng」の範囲は 2 桁の数字なので、そのままでは「数字以外に挟まれた 2 桁の数字」という検索条件に合わずループが終了してしまいます。そこで「.Collapse wdCollapseEnd」で「rng」の範囲を解除しています。

なお、次のような方法もあります。これは、文書中の単語をしらみつぶしにチェックし、「数字で 2 桁」であれば縦中横文字に置換するというものです。処理速度はかなり落ちますが、短くわかりやすいのが取り柄です。単語のコレクションは「Words」、個々の単語は「Range」で表します。

```
Sub 二桁数字縦中横文字変換2()
Dim rng As Range

For Each rng In ActiveDocument.Words
    If IsNumeric(rng) And Len(rng) = 2 Then
        rng.HorizontalInVertical = wdHorizontalInVerticalFitInLine
    End If
Next

End Sub
```

- 単語を表す変数を宣言。
- 文書中のすべての単語をチェックする。
- 数字で 2 文字であれば縦中横文字に置換。

文字処理

11 【 】で囲まれた文字を割注に変換する

Wordには「割注」の機能がありますが、個々に設定するのは大変です。そこで、あらかじめ【 】で囲んだ箇所を割注に変換するマクロを作ってみました。検索条件を変えれば【 】以外の箇所にも対応できるので工夫してみてください。

◇「括弧囲み割注変換」マクロの実行例

ゴーギャン【ウジェーヌ・アンリ・ポール・ゴーギャン Eugène Henri Paul Gauguin, 1848 - 1903】は1888年には南仏アルルでゴッホ【フィンセント・ファン・ゴッホ Vincent van Gogh, 1853 - 1890】と共同生活を試みるが、ほどなく破綻。1891年4月にフランス領タヒチに渡る。

> マクロを実行すると【 】の中身が割注となり、【 】は削除される。

↓

ゴーギャン(ウジェーヌ・アンリ・ポール・ゴーギャン／Eugène Henri Paul Gauguin 1848 - 1903)は1888年には南仏アルルでゴッホ(フィンセント・ファン・ゴッホ／Vincent van Gogh 1853 - 1890)と共同生活を試みるが、ほどなく破綻。1891年4月にフランス領タヒチに渡る。

◇「括弧囲み割注変換」マクロを書く

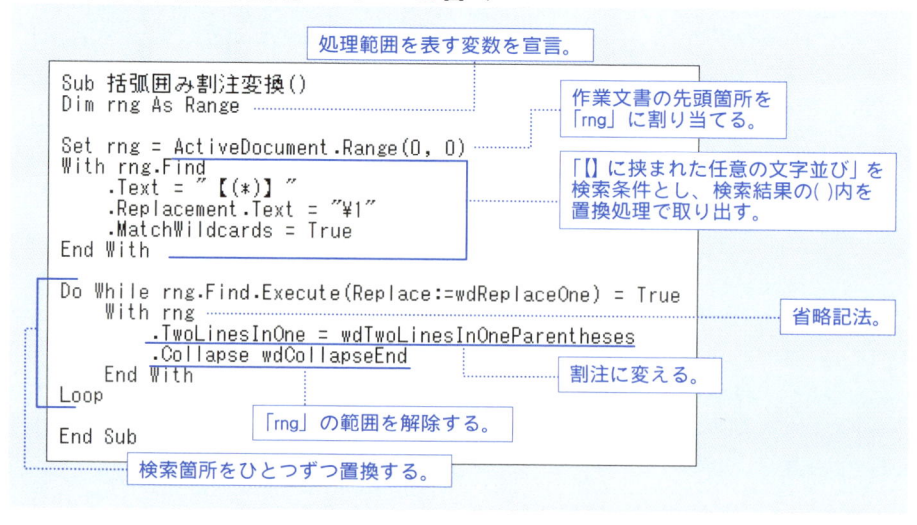

```
Sub 括弧囲み割注変換()
Dim rng As Range

Set rng = ActiveDocument.Range(0, 0)
With rng.Find
    .Text = "【(*)】"
    .Replacement.Text = "\1"
    .MatchWildcards = True
End With

Do While rng.Find.Execute(Replace:=wdReplaceOne) = True
    With rng
        .TwoLinesInOne = wdTwoLinesInOneParentheses
        .Collapse wdCollapseEnd
    End With
Loop

End Sub
```

- 処理範囲を表す変数を宣言。
- 作業文書の先頭箇所を「rng」に割り当てる。
- 「【】に挟まれた任意の文字並び」を検索条件とし、検索結果の( )内を置換処理で取り出す。
- 省略記法。
- 割注に変える。
- 「rng」の範囲を解除する。
- 検索箇所をひとつずつ置換する。

ひと口解説 置換してから書式を設定する

「【】で囲まれた任意の文字並び」は、ワイルドカードを使って【*】で検索できます。

割注では全体が 2 行に折り返され、その全体を括弧で囲むかどうかを選択できますが、この括弧は書式の一部で、普通の文字とは異なります。したがって、【】は削除する必要があります。

ここで、ワイルドカードによる置換では、検索結果の一部を ( ) で囲み、置換側で ¥1 のように指定すれば、( ) 内に当たる部分を置換結果に残すことができます。検索結果で残したい箇所が複数ある場合には、検索条件のそれぞれを ( ) で囲み、置換側では ( ) に対応する位置を ¥1 や ¥2 のよう番号で表します。

【】で囲まれた中身だけを取り出すには、検索条件を【(*)】とし、置換で ¥1 とすればよいことになります。

検索条件を決めたら、「Do While」～「Loop」で「検索→処理の実行」を繰り返します。検索箇所は「rng」に割り当てられます。

このマクロでは置換を行うので、「Do While」の条件「rng.Find = True」に置換処理のオプションを追加します。それが「 (Replace:=wdReplaceOne)」の部分です。

「Do」ループ内 2 行目で「With rng」という省略記法を使っているので、ループ内 3、4 行目は「rng」に対する処理です。

置換を行ったら、引き続き「.TwoLinesInOne」で縦中横文字に置換します。「= wdTwoLinesInOneParentheses」は割注を ( ) で囲むオプションです。ほかにも [ ]、< >、{ } を付けるオプションがあります。各オプションについては、実際に「. TwoLinesInOne =」と入力すれば候補が表示されます。

```
.TwoLinesInOne =
            wdTwoLinesInOneAngleBrackets
            wdTwoLinesInOneCurlyBrackets
            wdTwoLinesInOneNoBrackets
            wdTwoLinesInOneNone
            wdTwoLinesInOneParentheses
            wdTwoLinesInOneSquareBrackets
```

置換した結果、「rng」の範囲は【】なしの文字並びになるので、そのままでは検索条件に合わずループが終了してしまいます。そこで「.Collapse wdCollapseEnd」で「rng」の範囲を解除しています。

12 割注をまとめて解除し【　】で囲む

文字処理

Wordの割注は文字書式の一種で括弧は書式の一部です。そのため、割注を解除すると括弧も失われます。そこで、割注を解除して【　】で囲むマクロを作ってみました。Word自身には割注の一括解除機能はないので、その意味でも役立ちます。

◇「割注解除」マクロの実行例

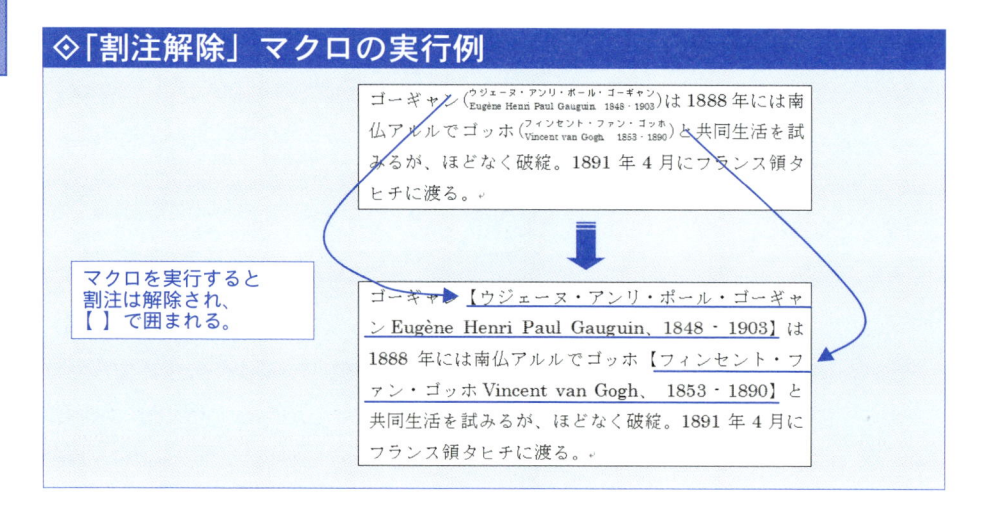

ゴーギャン（ウジェーヌ・アンリ・ポール・ゴーギャン Eugène Henri Paul Gauguin 1848・1903）は1888年には南仏アルルでゴッホ（フィンセント・ファン・ゴッホ Vincent van Gogh 1853・1890）と共同生活を試みるが、ほどなく破綻。1891年4月にフランス領タヒチに渡る。

↓

ゴーギャン【ウジェーヌ・アンリ・ポール・ゴーギャン Eugène Henri Paul Gauguin、1848・1903】は1888年には南仏アルルでゴッホ【フィンセント・ファン・ゴッホ Vincent van Gogh、1853・1890】と共同生活を試みるが、ほどなく破綻。1891年4月にフランス領タヒチに渡る。

マクロを実行すると割注は解除され、【　】で囲まれる。

◇「割注解除」マクロを書く

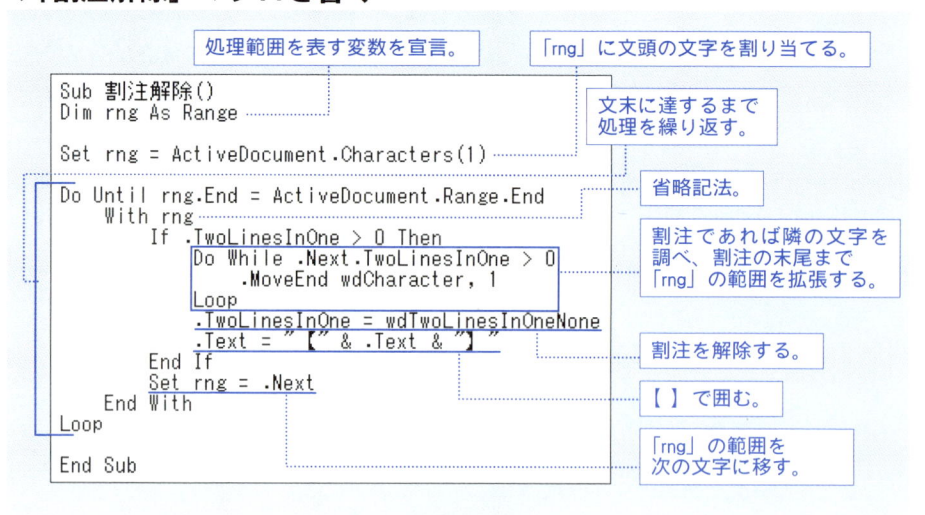

```
Sub 割注解除()
Dim rng As Range

Set rng = ActiveDocument.Characters(1)

Do Until rng.End = ActiveDocument.Range.End
    With rng
        If .TwoLinesInOne > 0 Then
            Do While .Next.TwoLinesInOne > 0
                .MoveEnd wdCharacter, 1
            Loop
            .TwoLinesInOne = wdTwoLinesInOneNone
            .Text = "【" & .Text & "】"
        End If
        Set rng = .Next
    End With
Loop

End Sub
```

- 処理範囲を表す変数を宣言。
- 「rng」に文頭の文字を割り当てる。
- 文末に達するまで処理を繰り返す。
- 省略記法。
- 割注であれば隣の文字を調べ、割注の末尾まで「rng」の範囲を拡張する。
- 割注を解除する。
- 【　】で囲む。
- 「rng」の範囲を次の文字に移す。

ひと口解説 割注処理は文字単位で行う

割注は文字書式ですが、Word には割注の検索機能はありません。しかたがないので、文書内をしらみつぶしに処理します。処理単位としては段落、単語、文字などがあり、大きな単位で処理した方が処理数は少なくてよいのですが、割注の場合には文字単位で処理するしかありません。

単語でもよさそうに思えますが、たとえば事例の「ゴーギャン ウジェーヌ」はひとつの単語と認識されてしまい、割注との境は無視されるのでうまく処理できません。結局、一番安全なのは文字単位による処理です。

そこでまず、処理用の変数として「Dim rng As Range」のように宣言します。文字を表すオブジェクトには「Range」を使う決まりになっており、「Character」というオブジェクトはありません。

次に rng に文頭の 1 文字を割り当て、「Do Until～Loop」で処理を繰り返します。ループの条件は「Until rng.End = ActiveDocument.Range.End」、つまり「rng の末尾が文末でない限り」という意味で、文末に至るとループを終了します。

ループ内ではまず「rng」の中身が割注かどうかを調べます。前項でふれたように割注の書式は「.TwoLinesInOne = wdTwoLinesInOneParentheses」などの名前で指定できますが、これらの実体は数値（定数）で、割注であれば「TwoLinesInOne」の値は「1～5」のいずれかになります。6 以上はないので、「> 0」であれば割注と判断できます。

割注と判断されたら、割注がどこまで続いているかを調べます。「Do While .Next.TwoLinesInOne > 0」がその処理で、隣の文字も割注であれば「.MoveEnd wdCharacter, 1」によって「rng」の範囲を拡張します。

割注の範囲が確定したら「.TwoLinesInOne = wdTwoLinesInOneNone」で割注を解除し、「.Text = "【" & .Text & "】"」で【 】を追加します。「=」は等号ではなく、「右辺の値を左辺に割り当てる」という意味です。右辺は「rng.Text」の前後に【 】を付けた状態を表します。この内容を左辺の「rng.Text」に割り当てることで、「rng」の中身は【 】付きに変わります。

なお、このマクロを実行すると、文字カーソルは最後に処理した割注の前に移動します。たとえば文頭に戻したい場合には、最後に次の 1 行を追加してください。

```
ActiveDocument.Range(0, 0).Select
```

13 段落処理
空白行をまとめて削除する

文書内の空白行はワイルドカードを利用すれば一挙に削除できますが、ここではあえてマクロで処理してみましょう。段落処理の定番的な書き方が含まれているので、いろいろな場面に応用できます。ぜひ覚えることをおすすめします。

◇「空段落削除」マクロの実行例

　一度はやってみたい。予定のない放浪の旅を……そう思ってしまった。年末進行で残業続きのさなかだった。正月が明けてすぐに辞表を出した。二月一杯まで休むことなく勤め上げ、三月三日、成田へ。その年、一九八三年の東京は近年にない大雪だった。

■三月四日

　一日目は成田からパキスタン航空でバンコクへ、二日目はダッカへ、三日目にバングラデシュ航空でようやくカルカッタ入りとなる。今日はその二日目、ダッカに到着。それも夜十一時半。もうすぐ三月五日となる。

■三月五日

　八時起床、九時のリムジンで空港に向かう。昨夜はまったく様子のわからなかったダッカ市街を眺めることができた。

> 空段落が不規則に入っている。

　一度はやってみたい。予定のない放浪の旅を……そう思ってしまった。年末進行で残業続きのさなかだった。正月が明けてすぐに辞表を出した。二月一杯まで休むことなく勤め上げ、三月三日、成田へ。その年、一九八三年の東京は近年にない大雪だった。
■三月四日
　一日目は成田からパキスタン航空でバンコクへ、二日目はダッカへ、三日目にバングラデシュ航空でようやくカルカッタ入りとなる。今日はその二日目、ダッカに到着。それも夜十一時半。もうすぐ三月五日となる。
■三月五日
　八時起床、九時のリムジンで空港に向かう。昨夜はまったく様子のわからなかったダッカ市街を眺めることができた。

> マクロを実行するとすべての空段落が削除される。

◇「空段落削除」マクロを書く

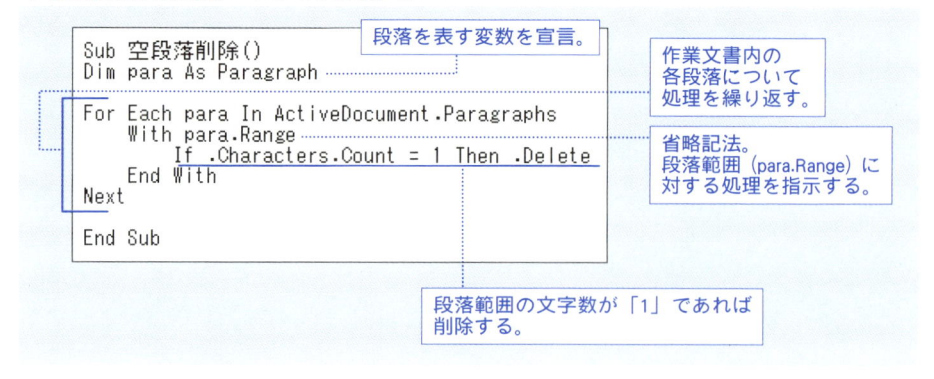

```
Sub 空段落削除()
Dim para As Paragraph

For Each para In ActiveDocument.Paragraphs
    With para.Range
        If .Characters.Count = 1 Then .Delete
    End With
Next

End Sub
```

- 段落を表す変数を宣言。
- 作業文書内の各段落について処理を繰り返す。
- 省略記法。段落範囲（para.Range）に対する処理を指示する。
- 段落範囲の文字数が「1」であれば削除する。

ひと口解説

段落一括処理の定番 For Each In 〜 Next

これはマクロが威力を発揮する好例です。文書の先頭から各段落の文字数を調べ、「1」であれば段落記号だけと判断して削除します。

対象段落をいちいち選択すると処理が遅くなるので、このような場合には段落を表す「変数」を用意し、対象段落を変数に割り当てます。変数名は「para」でなくてもかまいませんが、「段落は para」のように決めておくと、自分でマクロを読み返す場合にわかりやすくなります。

「For Each 変数 In ActiveDocument.Paragraphs」〜「Next」は、作業文書内の各段落を処理する場合の定番です。

段落の削除なら「para.delete」でよさそうですが、段落には書式をはじめとするいろいろな属性(プロパティ)があるので、「para.delete」では段落の何を削除するのかわかりません。そこで、範囲を表す「Range」プロパティを使います。

「With para.Range」〜「End With」は 44 ページで紹介した省略記法で、この間では「para.Range」を省略することができます。

◇参考:Word の置換で処理する場合

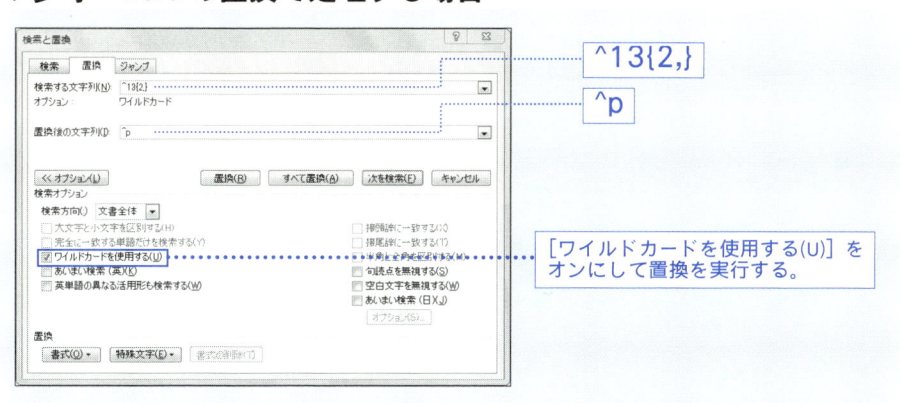

^13{2,}

^p

[ワイルドカードを使用する(U)]をオンにして置換を実行する。

> [ワイルドカードを使用する(U)] をオンにすると、検索と置換で文字並びのパターンを指示できるようになります。^13 はワイルドカードの検索条件で段落記号を表し、{2,} は同じ文字が「2〜255 文字」の範囲で続くことを表します。^p はワイルドカードの置換条件で段落記号を表します。したがって、この置換を実行すると、「2 つ以上連続する段落記号」→「段落記号 1 つ」になり、結果として空段落を削除することができきます。

段落処理

14 スペースを字下げインデントに変える

字下げの全角スペースを取って「字下げインデントに変えたい」という場合、最善の方法は字下げインデントを登録した段落スタイルを適用することです。置換で処理できる場合もありますが、マクロの方が確実で、手間もかかりません。

◆「字下げ段落処理」マクロの実行例

> ●三月五日：
> □八時起床、九時のリムジンで空港に向かう。昨夜はまったく様子のわからなかったダッカ市街を眺めることができた。十階建てくらいのビルが建ち並んでいる。街路は広く、すっきりした風情だ。人々の衣装は原色に近い赤や黄色。まるでボッシュの宗教画の世界だ。朝のさわやかな空気に浸りながら、言い知れない愛惜を覚えた。
> □バングラデシュ航空に乗る。舞い上がるとすぐに、ダッカ周辺の景色が広がる。これは何だ？ 思わず目を見張った。緑の土地が鉄錆色の川で網の目のように寸断されている。

マクロを実行すると段落先頭の全角スペースだけが削除され、字下げインデントに変わる。

↓

> ●三月五日：
> 八時起床、九時のリムジンで空港に向かう。昨夜はまったく様子のわからなかったダッカ市街を眺めることができた。十階建てくらいのビルが建ち並んでいる。街路は広く、すっきりした風情だ。人々の衣装は原色に近い赤や黄色。まるでボッシュの宗教画の世界だ。朝のさわやかな空気に浸りながら、言い知れない愛惜を覚えた。
> バングラデシュ航空に乗る。舞い上がるとすぐに、ダッカ周辺の景色が広がる。これは何だ？□思わず目を見張った。緑の土地が鉄錆色の川で網の目のように寸断されている。

段落内の全角スペースは残る。

◆「字下げ段落処理」マクロを書く

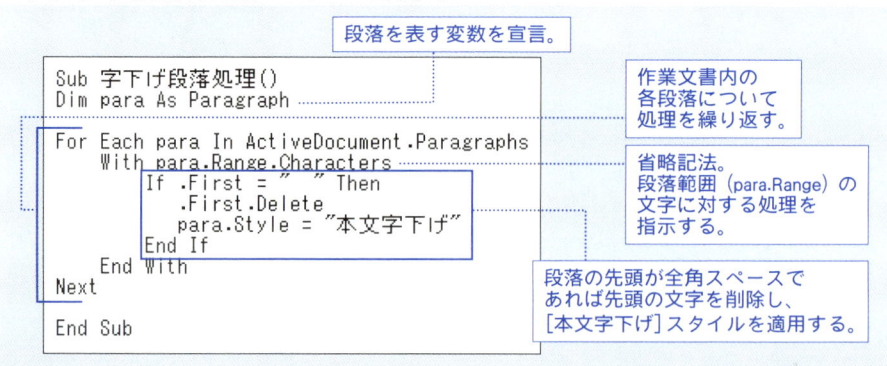

```
Sub 字下げ段落処理()
Dim para As Paragraph

For Each para In ActiveDocument.Paragraphs
    With para.Range.Characters
        If .First = " " Then
            .First.Delete
            para.Style = "本文字下げ"
        End If
    End With
Next

End Sub
```

- 段落を表す変数を宣言。
- 作業文書内の各段落について処理を繰り返す。
- 省略記法。段落範囲（para.Range）の文字に対する処理を指示する。
- 段落の先頭が全角スペースであれば先頭の文字を削除し、[本文字下げ]スタイルを適用する。

> **ひと口解説**
>
> ### 範囲の先頭は「First」が便利
>
> このマクロでは、段落処理の定番「For Each In～Next」を使って文書内のすべての段落をチェックしています。
>
> 「para.Range.Characters.First = "　"」で段落先頭が全角スペースかどうかを調べ、該当すれば全角スペースを削除して［本文字下げ］スタイルを適用します。
>
> 「.First」は、この例では「para.Range.Characters.First」つまり「段落範囲の先頭の 1 文字」を表します。先頭文字は「para.Range.Characters(1)」でも表せますが、「.First」はポップアップで入力できるので便利です。
>
> 同様に「～.Words.First」は対象範囲の先頭の単語を表し、「～.Paragraphs.First」は対象範囲の先頭段落を表します。また、対象範囲の末尾は「.Last」、前は「.Previous」、次は「.Next」で表します。

字下げインデントを設定する場合、基本的には段落スタイルの書式として字下げインデントを登録し、その段落スタイルを適用する方法が本筋です。幸い、Word には最初から字下げインデントが登録された［本文字下げ］という段落スタイルがあるので、ここではそれを利用してみました。

もちろん、ほかに適切な段落スタイルがあれば適当に変えてください。ただし、指定した段落スタイルが文書自身に保存されていない場合にはエラーになります。［本文字下げ］のように、Word があらかじめ持っているスタイルは問題ありません。

なお、段落スタイルは段落自身のプロパティなので、省略記法「With para.Range.Characters」の中で単純に「.Style～」とするとエラーになってしまいます。この部分は「para.Style = "本文字下げ"」のように「para」から書く必要があります。

段落スタイルを変えずに字下げインデントだけを適用する場合には、「para.Style = "本文字下げ"」の部分を次のように変えてください。

```
para.CharacterUnitFirstLineIndent = 1
```

ちなみに、この方法で字下げインデントを設定した場合、マクロ実行の直後はインデントが正しく反映されないことがありますが、文書を保存すると治ります。

15 段落処理
指定文字数で折り返す

「この部分は 20 字詰めで」……ライターならずとも耳にしたことがありそうな注文です。本文全体の文字数はページ設定で調整できますが、一部だけインデントで調整するのは意外に面倒です。そんな場合でも、マクロを使えば簡単に処理できます。

◇「指定文字数折り返し」マクロの実行例

段落範囲を選択してからマクロを実行。

吹割の滝（群馬）

□片品川にかかる名瀑。高さ七メートル、幅三〇メートル。浮島橋から浮島観音堂、吹割橋を抜けると、吹割渓谷遊歩道に出る。杉・檜の木立を抜け、第一観瀑台〜第三観瀑台で異なった景観を楽しむことができる。
□さらに吹割大橋、鱒飛の滝を経て、いよいよ吹割の滝へ。「東洋のナイヤガラ」とも称される名瀑を上から見下ろす眺めは筆舌に尽くしがたい。

マクロを実行すると文字数の入力ダイアログボックスが表示される。

文字数
1行の文字数を入力してください……
20
OK
キャンセル

指定文字数になるように右インデントが設定される。

吹割の滝（群馬）

□片品川にかかる名瀑。高さ七メートル、幅三〇メートル。浮島橋から浮島観音堂、吹割橋を抜けると、吹割渓谷遊歩道に出る。杉・檜の木立を抜け、第一観瀑台〜第三観瀑台で異なった景観を楽しむことができる。
□さらに吹割大橋、鱒飛の滝を経て、いよいよ吹割の滝へ。「東洋のナイヤガラ」とも称される名瀑を上から見下ろす眺めは筆舌に尽くしがたい。

下図のような事態に備え、文字数が多すぎたら右のメッセージを出してダイアログボックスを再表示。

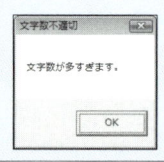

文字数不適切
文字数が多すぎます。
OK

吹割の滝（群馬）

□片品川にかかる名瀑。高さ七メートル、幅三〇メートル。浮島橋から浮島観音堂、吹割橋を抜けると、吹割渓谷遊歩道に出る。杉・檜の木立を抜け、第一観瀑台〜第三観瀑台で異なった景観を楽しむことができる。
□さらに吹割大橋、鱒飛の滝を経て、いよいよ吹割の滝へ。「東洋のナイヤガラ」とも称される名瀑を上から見下ろす眺めは筆舌に尽くしがたい。

◇「指定文字数折り返し」マクロを書く

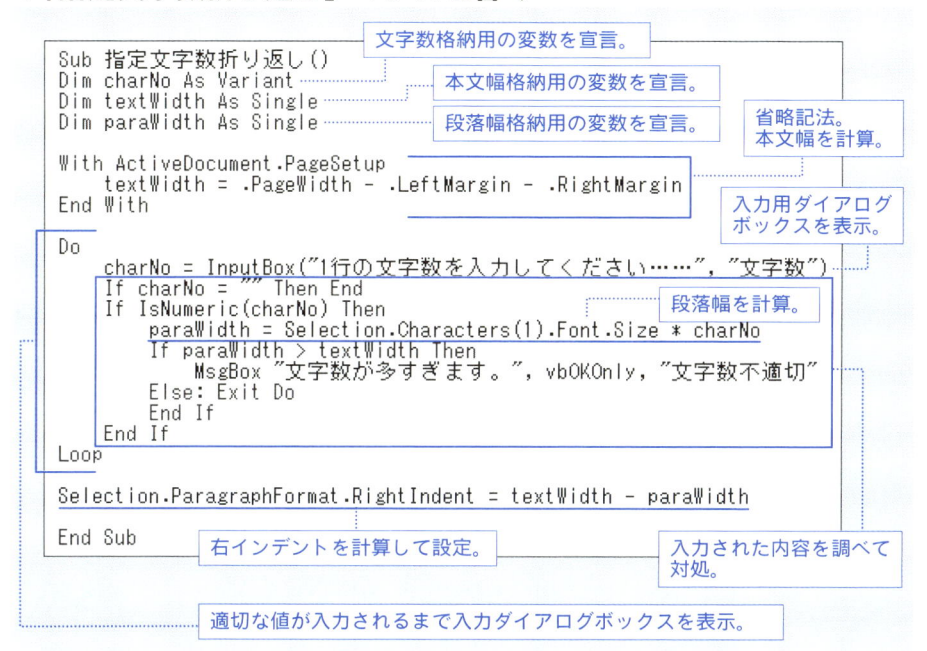

```
Sub 指定文字数折り返し()
Dim charNo As Variant              ← 文字数格納用の変数を宣言。
Dim textWidth As Single            ← 本文幅格納用の変数を宣言。
Dim paraWidth As Single            ← 段落幅格納用の変数を宣言。

With ActiveDocument.PageSetup                              省略記法。
    textWidth = .PageWidth - .LeftMargin - .RightMargin    本文幅を計算。
End With

Do                                                                  入力用ダイアログ
    charNo = InputBox("1行の文字数を入力してください……","文字数")     ボックスを表示。
    If charNo = "" Then End
    If IsNumeric(charNo) Then                                段落幅を計算。
        paraWidth = Selection.Characters(1).Font.Size * charNo
        If paraWidth > textWidth Then
            MsgBox "文字数が多すぎます。",vbOKOnly,"文字数不適切"
        Else: Exit Do
        End If
    End If
Loop

Selection.ParagraphFormat.RightIndent = textWidth - paraWidth

End Sub
```

右インデントを計算して設定。　　　　　入力された内容を調べて対処。

適切な値が入力されるまで入力ダイアログボックスを表示。

ひと口解説　使う側の操作ミスに先手を打つ

　本文を指定文字数で折り返すには「本文幅－フォントサイズ×文字数」となるように右インデントを設定すればよいので、基本的なしくみは簡単です。このマクロの基本的な構成は次のようになっており、「本文幅を計算」→「1行文字数を指定」→「段落幅を計算」→「右インデントを計算して設定」という順序で処理します。

```
With ActiveDocument.PageSetup
    textWidth = .PageWidth - .LeftMargin - .RightMargin    ← 本文幅を計算。
End With

charNo = InputBox("文字数")    ← ダイアログボックスに入力した1行文字数を charNo に格納。
paraWidth = Selection.Characters(1).Font.Size * charNo    ← 段落幅を計算。
Selection.ParagraphFormat.RightIndent = textWidth - paraWidth    ← 右インデントを計算。
```

本文幅は、ページ設定によるページ幅から左右の余白を引けば計算できます。「.PageWidth」がページ幅、「.LeftMargin」「.RightMargin」が左右の余白で、計算結果を変数「textWidth」に格納します。

　1行文字数の指定には「InputBox( )」関数を使います。これは入力用のダイアログボックスを表示する関数で、入力された結果は左辺の変数「charNo」で受け取ります。

　「InputBox( )」関数で得られるデータは String 型ですが、入力データを数値として利用する場合には「Variant」型の変数を使う方法が一般的です。Variant 型は、使われ方に応じてデータ型を変える働きを持っています。

　1行文字数が決まれば「文字数×フォントサイズ」で段落幅を計算できます。最後に、本文幅から段落幅を引いた値を右インデントとして設定します。ちなみに、このマクロでは左インデントが0でない場合や文字間隔が0でない場合は想定外としました。

　ところで、このマクロを自分で使うだけなら、前ページに示した基本構成でも用は足ります。しかし、他の人に使ってもらうとなると話は違ってきます。たとえば数値以外の文字を入力すれば計算時にエラーが発生し、大きい値を入力すれば本文が右余白へ飛び出してしまいます。

　そこで、入力されたデータを調べ、適切でなければ再入力を促すしかけを作ってみました。それが「Do～Loop」による繰り返しです。

　入力ダイアログボックスで［キャンセル］ボタンをクリックすると「charNo」の中身は "" になります。この場合は中止と判断し、「If charNo = "" Then End」でマクロを終了します。

　次の「If IsNumeric(charNo) Then」では、「charNo」の中身が数値として評価できるかどうかを調べます。数値でなければ対応する「End If」へ飛び、「Loop」で「Do」に戻って入力ダイアログボックスを再表示します。

　「charNo」の中身が数値と評価できれば段落幅を計算します。その結果、「If paraWidth > textWidth Then」、つまり段落幅が本文幅より大きければメッセージを出して「Do」に戻り、入力ダイアログボックスを再表示します。「charNo」の中身が数値と評価でき、段落幅に問題がなければ「Else: Exit Do」でループを抜けて、最後の右インデント処理を行います。

　ちなみに、この「Do～Loop」内には、ループを抜けるしかけが2つ入っています。ひとつは「If charNo = "" Then End」、もうひとつはこの「Else: Exit Do」です。これらのしかけがなければループを抜け出る手段がなく、入力ダイアログボックスが表示され続けることになります。

Column 15

InputBox と MsgBox

前項のマクロ「指定文字数折り返し」では、「InputBox( )」と「MsgBox( )」という 2 つの関数を使っています。

「InputBox( )」はデータ入力用のダイアログボックスを表示します。入力されたデータを使うには次のように左辺に変数を置きます。入力結果は文字列扱いになるので、変数は「String 型」または「Variant 型」として宣言します。入力データを数値として扱う場合は一般に Variant 型を使います。( )の中にはメッセージやタイトルのほか、表示位置なども指定できます。「メッセージ」は必須ですが、それ以外は省略できます。

```
変数 = InputBox("メッセージ","タイトル","初期値",横位置,縦位置,……)
```

「MsgBox( )」はメッセージの表示用で、次のように書くと［OK］ボタン付きのダイアログボックスが表示されます。

```
MsgBox "メッセージ"
```

ボタンを表す定数を使えば、［OK］だけでなく［キャンセル］［はい］［いいえ］などのボタンを表示させることもできます。クリックされたボタンの種類によって処理を変えるには、次のように左辺に変数を置き、「MsgBox( )」から返される値を受け取ります。変数は整数型（Integer）を使います。上記の場合と異なり、「MsgBox」に続く引数全体を( )で囲むことに注目してください。下記は［はい］［いいえ］の例です。

```
整数型変数 = MsgBox("メッセージ", vbYesNo)
```

左辺の変数には、クリックされたボタンによって下表の整数値が引き渡されます。受け取った値の判断には「定数」を使えば意味がわかりやすくなります。

```
Dim intChk as Integer
intChk = MsgBox("処理を続行しますか？", vbYesNo)
If intChk = vbNo then End
```

ボタン	値	定数
［OK］	1	vbOK
［キャンセル］	2	vbCancel
［中止］	3	vbAbort
［再試行］	4	vbRetry
［無視］	5	vbIgnore
［はい］	6	vbYes
［いいえ］	7	vbNo

段落処理

16 強制改行を解除して段落をまとめる

強制改行による段落記号の削除は置換でも行えますが、見出しや箇条書きが混ざっていれば一括置換では処理できません。そこで、「本文は全角スペースで始まり句点で終わる」という一般的な書式を想定し、一括処理するマクロを作ってみました。

◇「本文段落追い込み」マクロの実行例

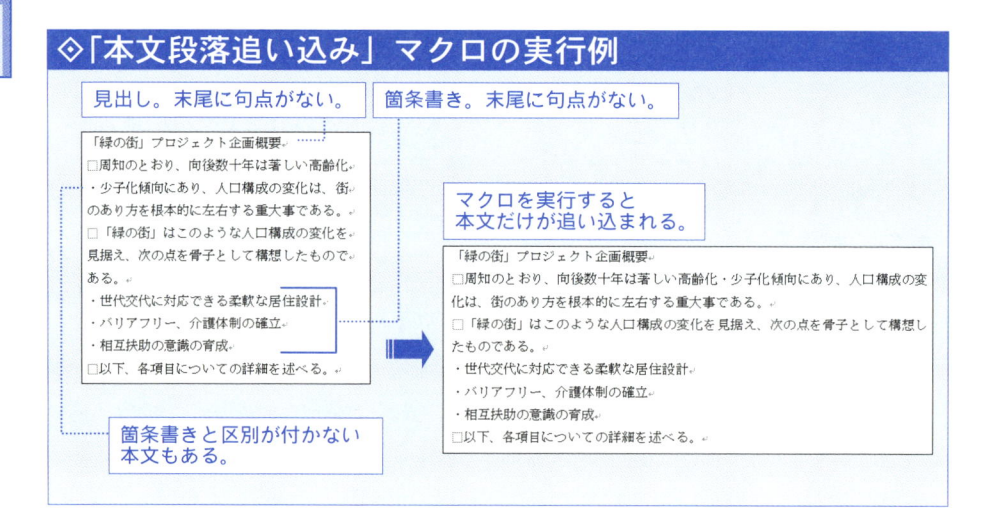

見出し。末尾に句点がない。
箇条書き。末尾に句点がない。

```
「緑の街」プロジェクト企画概要
□周知のとおり、向後数十年は著しい高齢化
・少子化傾向にあり、人口構成の変化は、街
のあり方を根本的に左右する重大事である。
・「緑の街」はこのような人口構成の変化を
見据え、次の点を骨子として構想したもので
ある。
・世代交代に対応できる柔軟な居住設計
・バリアフリー、介護体制の確立
・相互扶助の意識の育成
□以下、各項目についての詳細を述べる。
```

マクロを実行すると本文だけが追い込まれる。

```
「緑の街」プロジェクト企画概要
□周知のとおり、向後数十年は著しい高齢化・少子化傾向にあり、人口構成の変化は、街のあり方を根本的に左右する重大事である。
□「緑の街」はこのような人口構成の変化を見据え、次の点を骨子として構想したものである。
・世代交代に対応できる柔軟な居住設計
・バリアフリー、介護体制の確立
・相互扶助の意識の育成
□以下、各項目についての詳細を述べる。
```

箇条書きと区別が付かない本文もある。

◇「本文段落追い込み」マクロを書く

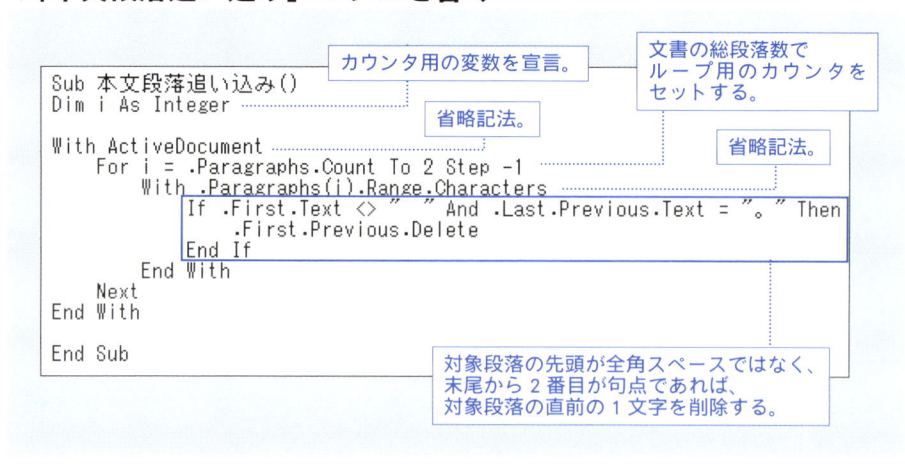

```
Sub 本文段落追い込み()
Dim i As Integer

With ActiveDocument
    For i = .Paragraphs.Count To 2 Step -1
        With .Paragraphs(i).Range.Characters
            If .First.Text <> "　" And .Last.Previous.Text = "。" Then
                .First.Previous.Delete
            End If
        End With
    Next
End With

End Sub
```

カウンタ用の変数を宣言。
文書の総段落数でループ用のカウンタをセットする。
省略記法。
省略記法。
対象段落の先頭が全角スペースではなく、末尾から2番目が句点であれば、対象段落の直前の1文字を削除する。

ひと口解説 段落の追い込みは文末から処理するのがコツ

　マクロの記述についてふれる前に、このマクロの処理内容について説明しておきましょう。

　このマクロでは、各段落の先頭と末尾から2文字目を調べ、「全角スペースで始まり句点で終わっていれば、直前の段落に追い込む」という処理を行います。段落の末尾は「段落記号」なので句点は2文字目になります。

　このマクロのポイントは、文末から文頭に向かって処理するということです。文頭から処理することも不可能ではありませんが、条件の判定がとても難しくなります。

　たとえば事例2行目の「　周知のとおり、向後数十年は著しい高齢化」は全角スペースで始まっているので本文と判断でき、末尾に句点がないので、次の段落はこの段落に追い込むべき本文だと判断できます。

　しかし、事例最終行の「　以下、各項目についての詳細を述べる。」のように全角スペースで始まり句点で終わっている場合には、その次の段落が本文かどうかはわかりません。

　一方、逆順で処理する場合、追い込みを行う本文の末尾は常に句点になるので判断が容易です。末尾が句点で先頭が全角スペースでなければ追い込み、全角スペースであれば段落の先頭行と判断できるので、追い込まずにチェックを続行します。

　マクロの処理は、文書の末尾の段落から開始します。文頭の段落は追い込む必要がないので、2つ目の段落で終了します。この処理の順序を制御するのが「For i = 総段落数 to 2 step-1」のループで、変数「i」の値は総段落数から2まで減っていきます。

　対象段落の文字は「.Paragraphs(i).Range.Characters」で特定し、その先頭の文字「.First.Text」と、末尾から2文字目「.Last.Previous.Text」の中身を調べます。条件に一致すれば、「.First.Previous.Delete」で直前段落の末尾、つまり段落記号を削除して追い込みます。

　箇条書きも句点で終えているような文書には対処できませんが、たとえばあらかじめ箇条書きの箇所だけ置換などの方法で［箇条書き］などの段落スタイルを適用しておけば、このマクロに「〜スタイル以外」という条件を加えることで処理できます。マクロが複雑になりすぎるようであれば、いくつかの方法を組み合わせる方が得策かも知れません。

17 段落処理
ドロップキャップを一括設定・解除する

ドロップキャップはちょっとした裏技を使えばマクロでなくとも一括設定／解除できますが、方法を忘れたらお手上げです。その点、マクロを作っておけば、年に数度の処理でもとまどう心配はありません。

◇「ドロップキャップ一括設定」マクロの実行例

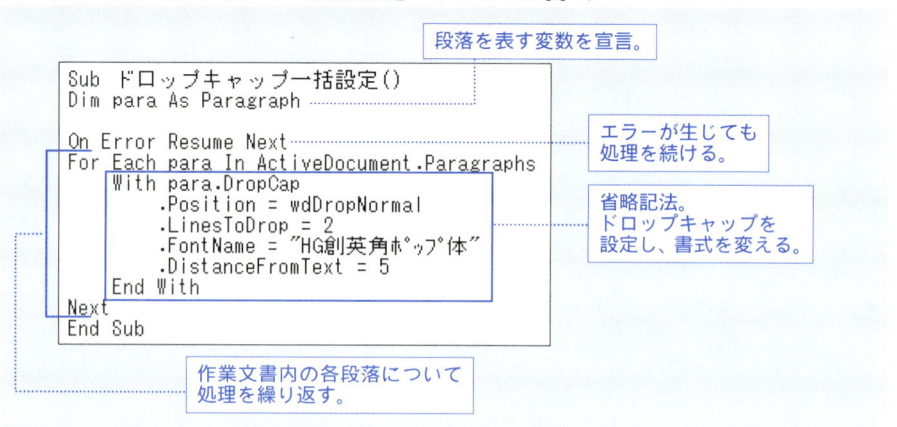

マクロを実行すると、普通の文字で始まる段落だけがドロップキャップになる。

全角スペースで始まる段落は処理されない。

◇「ドロップキャップ一括設定」マクロを書く

```
Sub ドロップキャップ一括設定()
Dim para As Paragraph

On Error Resume Next
For Each para In ActiveDocument.Paragraphs
    With para.DropCap
        .Position = wdDropNormal
        .LinesToDrop = 2
        .FontName = "HG創英角ﾎﾟｯﾌﾟ体"
        .DistanceFromText = 5
    End With
Next
End Sub
```

段落を表す変数を宣言。

エラーが生じても処理を続ける。

省略記法。ドロップキャップを設定し、書式を変える。

作業文書内の各段落について処理を繰り返す。

ひと口解説 予測しにくい条件はエラー回避オプションで処理

　ドロップキャップを設定できるのは、段落の先頭が普通の文字である場合に限られ、全角スペースやタブ文字などで始まる段落は処理できません。Word 上で直接操作する場合にはたんに設定できないだけですが、マクロでそのまま実行するとエラーになってしまいます。

　エラーを避けるには段落先頭の文字を調べ、不適切な段落は処理しない条件を加えればよいのですが、けっこう煩雑です。そこでこのマクロでは「エラーが発生した部分は飛ばして続きを実行する」という方法をとってみました。それが 3 行目の「On Error Resume Next」です。

　きちんと解決すべきエラーまで見逃されてしまうおそれがあるので乱用は禁物ですが、このマクロの場合には、むしろ記述を簡潔にできるという利点があります。

　ドロップキャップを設定するには、段落に対して「DropCap」を使い、下位のプロパティでその仕様を指示します。

　「.Position = wdDropNormal」の部分がドロップキャップを設定する記述で、「wdDropNormal」はドロップキャップを本文内に表示するオプションです。余白に置く場合には右辺を「wdDropMargin」に変えてください。

　ちなみに、「.Position = wdDropNormal」のかわりに「.Enable」とすることもできます。この場合には本文内にドロップキャップが設定されます。

　続く「.LinesToDrop」はドロップキャップの行数、「.FontName」はフォント、「.DistanceFromText」はドロップキャップと本文との空きでポイント単位です。

　これらのプロパティは省くこともでき、その場合には既定の仕様になります。プロパティを指示する場合には、必ず「.Position」あるいは「.Enable」より後に書いてください。前に書いても反映されません。

　また、「.FontName」で指示するフォント名は、全角半角、スペースなどを正しく書かないと認識されません。たとえばこのマクロで使った「"HG創英角ﾎﾟｯﾌﾟ体」の「ﾎﾟｯﾌﾟ」の部分は半角です。また「ＭＳ　明朝」「ＭＳ　ゴシック」などの「ＭＳ」は全角で、そのあとに半角スペースが入ります。

　ドロップキャップを解除するマクロは「With～End With」の部分を次の 1 行に書き換えるだけなので簡単です。

```
para.DropCap.Clear
```

段落処理

18 番号付き段落を見出しスタイルにする

Wordでは、章節項などの見出しには見出しスタイルを使うのが標準的な方法です。ここでは普通の文字で番号を付けた段落を見出しスタイルに変えるマクロを紹介します。事例と処理方法はあくまで参考なので、実情に合わせてアレンジしてください。

◇「見出しスタイル化」マクロの実行例

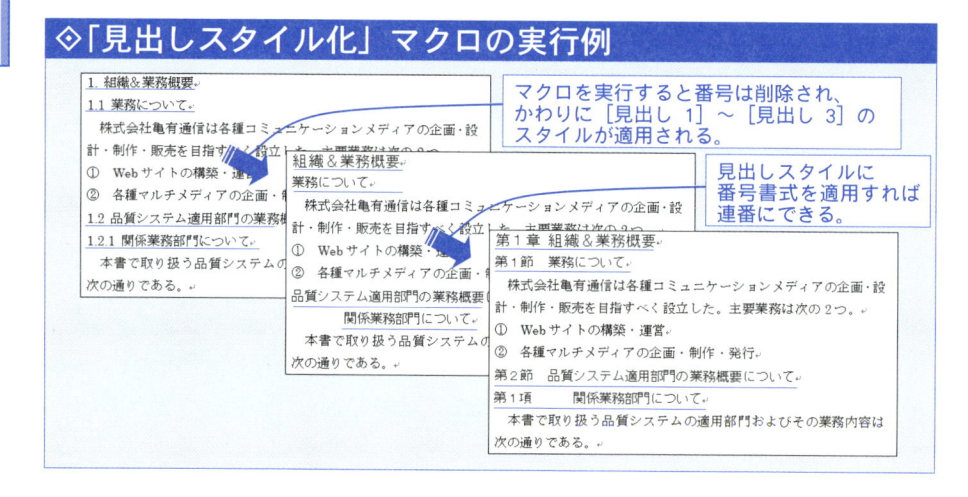

マクロを実行すると番号は削除され、かわりに［見出し 1］〜［見出し 3］のスタイルが適用される。

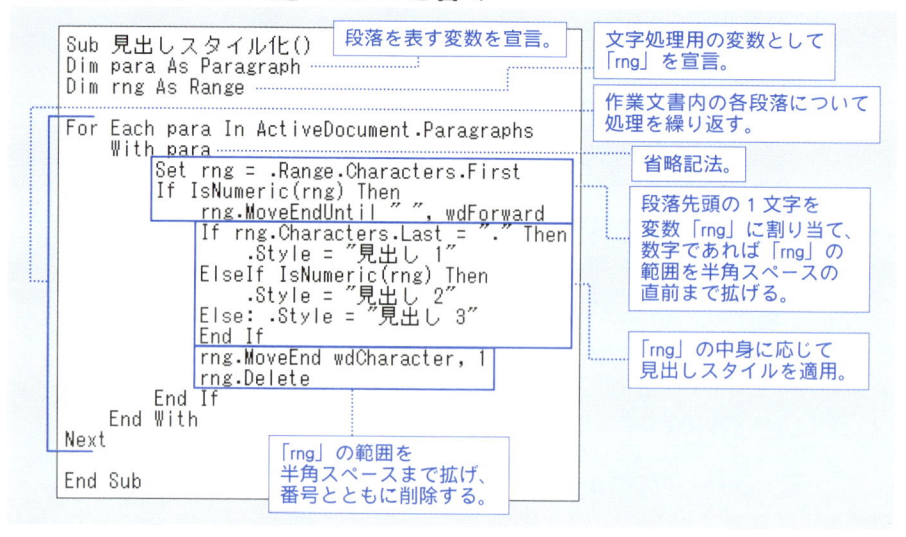

見出しスタイルに番号書式を適用すれば連番にできる。

◇「見出しスタイル化」マクロを書く

```
Sub 見出しスタイル化()
    Dim para As Paragraph
    Dim rng As Range

    For Each para In ActiveDocument.Paragraphs
        With para
            Set rng = .Range.Characters.First
            If IsNumeric(rng) Then
                rng.MoveEndUntil " ", wdForward
                If rng.Characters.Last = "." Then
                    .Style = "見出し 1"
                ElseIf IsNumeric(rng) Then
                    .Style = "見出し 2"
                Else: .Style = "見出し 3"
                End If
                rng.MoveEnd wdCharacter, 1
                rng.Delete
            End If
        End With
    Next
End Sub
```

- 段落を表す変数を宣言。
- 文字処理用の変数として「rng」を宣言。
- 作業文書内の各段落について処理を繰り返す。
- 省略記法。
- 段落先頭の1文字を変数「rng」に割り当て、数字であれば「rng」の範囲を半角スペースの直前まで拡げる。
- 「rng」の中身に応じて見出しスタイルを適用。
- 「rng」の範囲を半角スペースまで拡げ、番号とともに削除する。

ひとロ解説 ## 段落の特徴を調べてスタイルを適用する

　実際の文書の書式はさまざまなので、このマクロは一例に過ぎません。事例では、比較的よく見かける番号書式をとり上げてみました。章は「1.」、節は「1.1」、項は「1.1.1」という形式で、いずれも番号と見出し文の間に半角スペースが入っています。

　このマクロでは、各段落を順に処理対象とし、その先頭部分を処理するので、段落用と先頭部分の処理用に変数を2つ用意しました。

　各段落では、まず先頭の1文字が数字かどうかを「IsNumeric(rng)」関数で調べます。数値でなければ次の段落へ処理を進めます。

　数値と判断されたら、変数「rng」の範囲を半角スペースの直前まで伸ばします。「rng.MoveEndUntil " ", wdForward」がその処理で、「wdForward」は範囲を後方へ拡げる引数です。これで「rng」には番号部分が入ります。

　次に「rng」の中身を調べ、中身に応じて見出しスタイルを適用します。「末尾が．であれば章見出し」「中身が数値と判断できれば節見出し」「それ以外は項見出し」と判断しています。項見出しの番号にはピリオドが2つ入っているので、数値とは判断されません。この部分は汎用的ではないので、あくまで参考に過ぎません。

　適用するスタイル名は正しく入力してください。たとえば［見出し 1］スタイルは「1」の前に半角スペースが入るので注意してください。また、Wordの最初の設定ではこれらのスタイルには番号書式は登録されていないので、番号を付ける場合にはWord側で別途処理する必要があります。

　なお、このマクロでは見出し文の前の半角スペースが抜けている箇所があると正しく処理されません。そのような事態が想定される場合には、状況に合わせて対策を講じる必要があります。

　判断処理が難しければ、事前に置換などで整形するといった方法も検討してみるとよいでしょう。たとえばこの事例の場合、番号の後に半角スペースを追加するにはワイルドカードを使って次のように置換します。

検索する文字列：(^13[0-9.]{1,})
置換後の文字列：￥1_　　　　　……_の部分は半角スペース

　すでに半角スペースが入っている箇所は半角スペースが重複しますが、半角スペース2つを1つに置換すれば簡単に処理できます。これらの処理はもちろん、Word上で行ってもマクロで行ってもかまいません。

ページ書式

19 ページサイズをB4、A4、B5に変える

文書のページサイズを瞬時に変えるマクロです。余白とヘッダー・フッターの位置もページサイズに合わせて調整します。ただし、本文や図表などについては処理しません。図表を含む文書ではレイアウトが乱れるので使わないようにしてください。

◇「ページサイズ切り替え」マクロの実行例

マクロを実行し、サイズを番号で選択。

```
ページサイズ選択
サイズを番号で選択してください……
1:B4
2:A4
3:B5
          [OK]  [キャンセル]
```

選択した判型に変わり、余白の大きさとヘッダー・フッターの位置も調整される。

B4の例。　　　　A4の例。　　　　B5の例。

- 作業中の文書をB4、A4、B5のいずれかに変えます。元文書のサイズはこれらの3つ以外でもかまいません。
- 元文書と変更後の判型の比率に従って、余白の大きさとヘッダー・フッターの位置も調整されます。1ページの行数、1行の文字数、余白については、19〜22番のマクロを使えば調整できます。
- 文書の中身は処理しないので、とくに図表を含む文書の縮小は避けてください。

◇「ページサイズ切り替え」マクロを書く

```
Sub ページサイズ切り替え()
Dim pSize As Variant
Dim pHeight, pWidth As Single
Dim tmp As Single
Dim hRatio, wRatio As Single
Dim hd, fd As Single

Do
    pSize = InputBox("サイズを番号で選択してください……" _
        & vbCr & "1:B4" & vbCr & "2:A4" & vbCr & "3:B5", _
        "ページサイズ選択")
Loop Until IsNumeric(pSize) And pSize > 0 And pSize <= 3

Select Case pSize
    Case 1
        pHeight = 1031.95
        pWidth = 728.55
    Case 2
        pHeight = 841.95
        pWidth = 595.35
    Case 3
        pHeight = 728.55
        pWidth = 515.95
End Select

With ActiveDocument.PageSetup
    If .Orientation = wdOrientLandscape Then
        tmp = pHeight
        pHeight = pWidth
        pWidth = tmp
    End If
    hRatio = Int(pHeight) / Int(.PageHeight)
    wRatio = Int(pWidth) / Int(.PageWidth)
    If hRatio = 1 And wRatio = 1 Then End
    If .PageHeight < pHeight Then
        .PageHeight = pHeight
        .PageWidth = pWidth
    End If
    .TopMargin = .TopMargin * hRatio
    .BottomMargin = .BottomMargin * hRatio
    .LeftMargin = .LeftMargin * wRatio
    .RightMargin = .RightMargin * wRatio
    .HeaderDistance = .HeaderDistance * hRatio
    .FooterDistance = .FooterDistance * hRatio
    If .PageHeight > pHeight Then
        .PageHeight = pHeight
        .PageWidth = pWidth
    End If
End With

End Sub
```

注釈:
- メニューの選択番号を入れる変数を宣言。
- 選択した判型の高さと幅を入れる変数を宣言。
- 高さと幅の入れ替え用変数を宣言。
- 元文書との比率を入れる変数を宣言。
- ヘッダー・フッターの位置を入れる変数を宣言。
- 適切な値（1〜3の数字）が入力されるまでダイアログボックスを表示。
- 入力された番号に従って、変更後のページの高さと幅を変数に入れる。単位はポイント（pt）。
- 省略記法。作業文書の［ページ設定］を操作。
- ページが横長であればpHeightとpWidthの値を入れ替える。
- 現在のページサイズと変更後のページサイズとの比率を計算し、比率が「1」であればマクロを終了。
- 現在の高さより変更後の高さが高ければ、ページサイズを変更。
- 余白サイズとヘッダー・フッターの位置を設定。
- 現在の高さより変更後の高さが低ければ、ページサイズを変更。

ひと口解説 ページサイズの調整は余白の処理手順が大切

このマクロは変数の数が多いので、読みやすさを損なわない範囲で同じ型の変数をまとめて書く書式にしました。たとえば次の行は、2つの「Single型」変数を宣言しています。

```
Dim pHeight, pWidth As Single
```

2行目の「pSize」以外はすべて「Single型」なので、1行にまとめることもできますが、まとめ過ぎると読みにくくなるので程度問題です。

「InputBox()」で入力した値は文字列（String型）になりますが、ここでは入力内容を数値として扱いたいので、値を受け取る変数「pSize」は数値と文字のどちらも扱える「Variant型」として宣言しています。

「InputBox()」のダイアログボックスで番号が入力されたら「Select Case pSize」を使い、入力番号に応じてページの高さと幅を「pHeight」と「pWidth」に割り当てます。寸法はWordの内部ではポイント単位で処理されているので、計算誤差を少なくするために、ここでは「B4」「A4」「B5」の寸法をポイントで表記しました。

> 「Select Case～End Select」については42ページをご参照ください。

あとはほとんどが作業文書の［ページ設定］にかかわる処理なので、省略記法「With ActiveDocument.PageSetup」を使います。

まず、「pHeight」と「pWidth」に割り当てた値は縦置き用なので、ページ設定が横向きであれば中身を入れ替える必要があります。それが次のブロックです。この処理については次ページのコラムをご参照ください。

```
If .Orientation = wdOrientLandscape Then
    tmp = pHeight
    pHeight = pWidth
    pWidth = tmp
End If
```

次に、現在と変更後のページ高とページ幅の比率を計算し、「hRatio」と「wRatio」に割り当てます。作業文書が「A4」や「B5」などの規格サイズであれば「hRatio」と「wRatio」はほぼ同じ値になりますが、規格サイズ以外も処理できるように、両方計算しています。

```
hRatio = Int(pHeight) / Int(.PageHeight)
wRatio = Int(pWidth) / Int(.PageWidth)
If hRatio = 1 And wRatio = 1 Then End
```

　ここで、「hRatio = Int(pHeight) / Int(.PageHeight)」の「Int( )」関数は、( )内が正の値であれば小数点以下を切り捨てて整数部を返します。この処理を行わずに小数点以下を含めると誤差が生じ、作業文書と変更後の判型が同じであっても比率が「1」にならないおそれがあります。

　比率が縦横とも「1」であれば作業文書と同じサイズを選択したことになるので、「If hRatio = 1 And wRatio = 1 Then End」で終了します。

　比率が「1」でなければ、以降の処理、つまりページサイズ、余白、ヘッダー・フッターの位置を変更します。ここで気を付けるべきことは、処理の順序です。

　判型を大きくする場合、先に余白を大きくすると、現在のページサイズに収まらずエラーになるおそれがあります。判型を小さくする場合には、先に余白を小さくしないと、やはりエラーになるおそれがあります。

　それが2つの「If」ブロックを置いた理由で、判型の拡大か縮小かによって、処理の順序を変えています。

　なお、上下の余白とヘッダー・フッターの位置については高さの比率「hRatio」を掛け、左右の余白については幅の比率「wRatio」を掛けていることにも注意してください。

Column

2つの変数の中身を入れ替える

　前項のマクロ「ページサイズ切り替え」では、ページの高さと幅を2つの変数に割り当て、ページが横向きの場合に変数の中身を入れ替えています。このような入れ替えを行うには、同じ型の変数を別に用意します。

　たとえば「A="北海道"」「B="沖縄"」という2つの変数の中身を入れ替えるには、同じ「String型」変数「C」を用意し、次の順序で処理します。

```
C = A           Cが"北海道"になる
A = B           Aが"沖縄"になる
B = C           Bが"北海道"になる
```

これは変数の中身を入れ替える定番処理なので、ぜひ覚えることをおすすめします。

20 ページ書式
文書の基本行数を増減する

「手紙をページに切りよく収めたい」……という場合、いちいちダイアログボックスを呼び出すのは面倒です。そこで、ダイアログボックスを使わずに［ページ設定］の行数を増減するマクロを紹介します。ボタンに割り当てて使うと便利です。

◆「行数増減」マクロの実行例

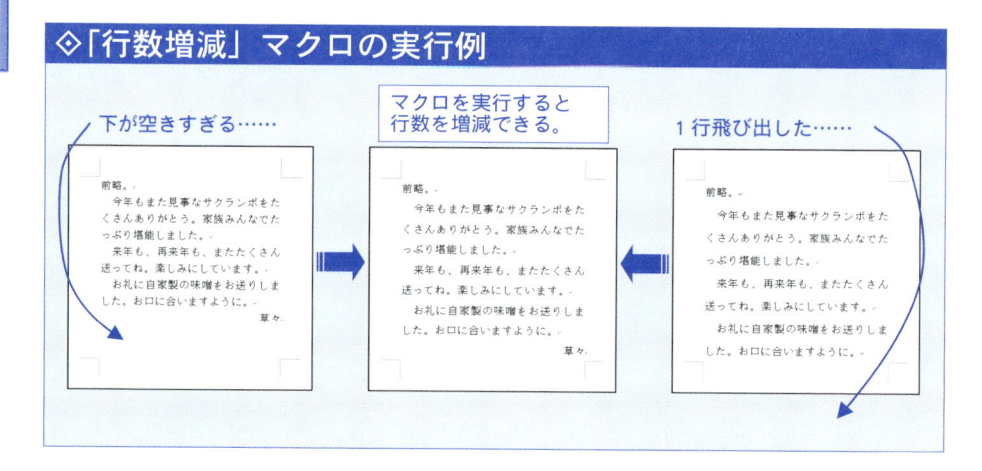

下が空きすぎる……

マクロを実行すると行数を増減できる。

1行飛び出した……

◆「行数増減」マクロを書く

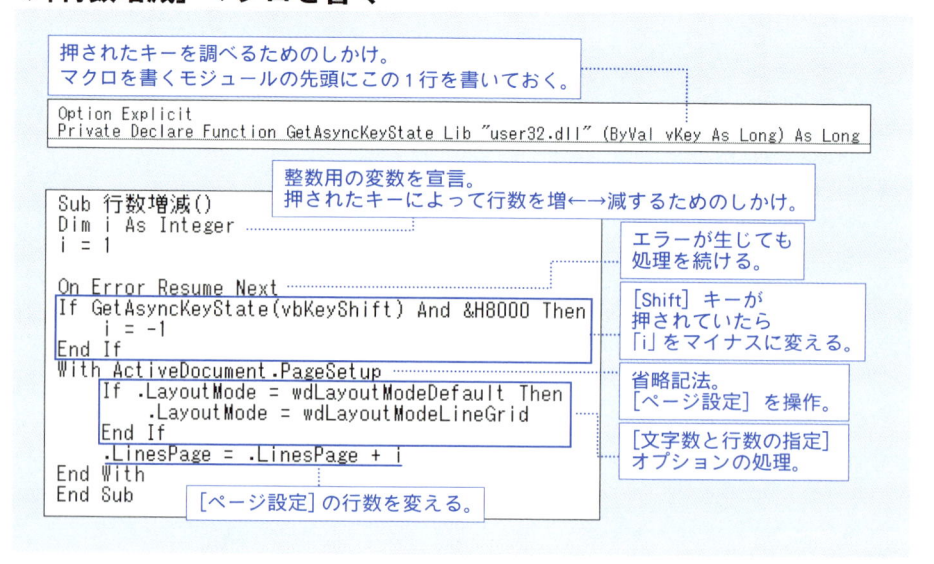

押されたキーを調べるためのしかけ。
マクロを書くモジュールの先頭にこの1行を書いておく。

```
Option Explicit
Private Declare Function GetAsyncKeyState Lib "user32.dll" (ByVal vKey As Long) As Long
```

整数用の変数を宣言。
押されたキーによって行数を増←→減するためのしかけ。

```
Sub 行数増減()
Dim i As Integer
i = 1

On Error Resume Next
If GetAsyncKeyState(vbKeyShift) And &H8000 Then
    i = -1
End If
With ActiveDocument.PageSetup
    If .LayoutMode = wdLayoutModeDefault Then
        .LayoutMode = wdLayoutModeLineGrid
    End If
    .LinesPage = .LinesPage + i
End With
End Sub
```

エラーが生じても処理を続ける。

［Shift］キーが押されていたら「i」をマイナスに変える。

省略記法。
［ページ設定］を操作。

［文字数と行数の指定］オプションの処理。

［ページ設定］の行数を変える。

ひと口解説

[Shift]キーによって処理を変える

　行数を増減するには、増やすマクロと減らすマクロを用意すれば簡単ですが、ここでは少し背伸びをして、そのまま実行すれば増やし、[Shift]キーを押して実行すれば減らすというマクロを作ってみました。

　[Shift]キーが押されたかどうかを調べるには、WordではなくWindowsの助けを借りる必要があります。それが次の1行です。紙面の都合で2行になっていますが、実際には1行で書いてください。また、この行は標準モジュールの先頭領域に書きます。マクロ内に書くとエラーになります。

```
Private Declare Function GetAsyncKeyState Lib "User32.dll" (ByVal vKey As Long) As Long
```

　📖 標準モジュールについては20ページ「マクロの記入場所を作る」をご参照ください。
　📖 前ページのマクロの先頭に見られる「Option Explicit」については19ページ「最初にやっておきたいオプション設定」をご参照ください。

　この行は「User32.dll内のGetAsyncKeyState関数を使う」ということを宣言しています。「User32.dll」はWindowsが提供する機能を収めたライブラリ（道具箱）のひとつです。標準モジュールの上部でこのように宣言すると、個々のマクロ内で関数を利用できるようになります。

　この行はWordマクロの範囲を越えるので詳細は割愛しますが、興味のある方は「Windows API」関係の解説書をご参照ください。

　肝心の「行数増減」マクロは、実行するたびに[ページ設定]の行数設定が1行ずつ増減するようになっています。「増」「減」の使い分けは、変数「i」と「GetAsyncKeyState(vbKeyShift)」で処理します。

　「If GetAsyncKeyState(vbKeyShift) And &H8000」は、現在[Shift]キーが押されていれば「0以外」押されていなければ「0」になります。「If条件」では「0以外の値」はTrue、「0」はFalseとして扱われます。そのため、[Shift]キーが押されていれば条件が成立し、「i」を「-1」に変えます。

　「With ActiveDocument.PageSetup」以降は[ページ設定]ダイアログボックスの項目に対応する処理です。「.LayoutMode = wdLayoutModeDefault」とは[ページ設定]ダイアログボックスの[標準の文字数を使う(N)]オプションが選択されているという意味です。

このオプションが選択されている場合、単純に行数を変えると［文字数と行数を指定する(H)］オプションに変わります。それで差し支えなければ、この処理は省いてもかまいません。

しかし、［標準の文字数を使う(N)］オプションを選択しているということは「1 行の文字数はなりゆきにしたい」と考えるのが自然です。そこで、この場合には［行数だけを指定する(O)］オプションに変更するようにしてみました。「.LayoutMode = wdLayoutModeLineGrid」がその指示です。

なお、［標準の文字数を使う(N)］オプションを選択した場合の 1 行の高さは、ほかのオプションで行数を最大値に設定した場合よりもさらに低くなっています。そのため、オプションを変えると 1 行の高さが高くなり、行数は減ることになります。これは Word の基本的な仕様です。

最後に、「.LinesPage = .LinesPage + i」で行数を増減します。この「=」は等号ではなく、右辺の値を左辺に割り当てるという意味です。

変数「i」の値は最初に「i = 1」と設定しているので、［Shift］キーが押されていなければ「1」、押されていれば「-1」です。その結果、行数は［Shift］キーの状態によって増減することになります。

ここで、行数が［ページ設定］ダイアログボックスに示される上限を超えたりマイナスになるとエラーになります。そのため、エラーが発生しても無視するように「On Error Resume Next」を置きました。

きちんと解決すべきエラーまで見逃されてしまうおそれがあるので乱用は禁物ですが、このマクロの場合ではそのような心配はありません。行数が不適切であれば設定が反映されず、現状維持になるだけです。

このマクロを活用するには、マクロをボタン化すると便利です。ボタンをそのままクリックすれば行数が増え、［Shift］キーを押したままでクリックすると行数が減ります。

ショートカットキーで利用する場合には、たとえば［Alt］＋［0］キーと［Alt］＋［Shift］＋［0］キーのように、2 種類の組み合わせを登録してください。もちろん、ひとつは［Shift］キーを使うのが条件です。

　　ボタン化については 71～75 ページの各項または 76 ページ「独自のタブとボタンを作る(2007/2010)」をご参照ください。
　　ショートカットキーの割り当てについては 70 ページ「マクロにショートカットキーを割り当てる」をご参照ください。

ページ書式
21 文書の1行の基本文字数を増減する

前項で紹介したマクロと組み合わせれば、行数と文字数の調整がとても楽になります。そのまま実行すると［ページ設定］の1行文字数が増え、［Shift］キーを押した状態で実行すれば減ります。理屈は前項と同じです。

◇「文字数増減」マクロの実行例

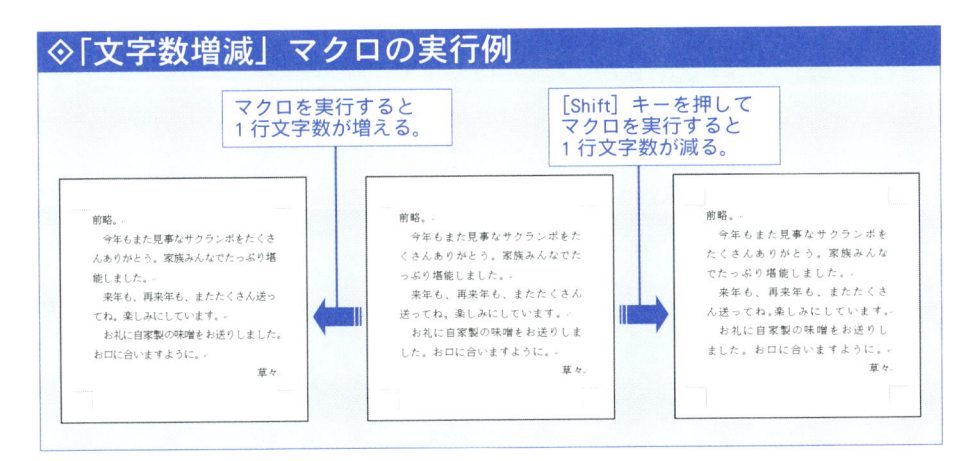

マクロを実行すると1行文字数が増える。

［Shift］キーを押してマクロを実行すると1行文字数が減る。

◇「文字数増減」マクロを書く

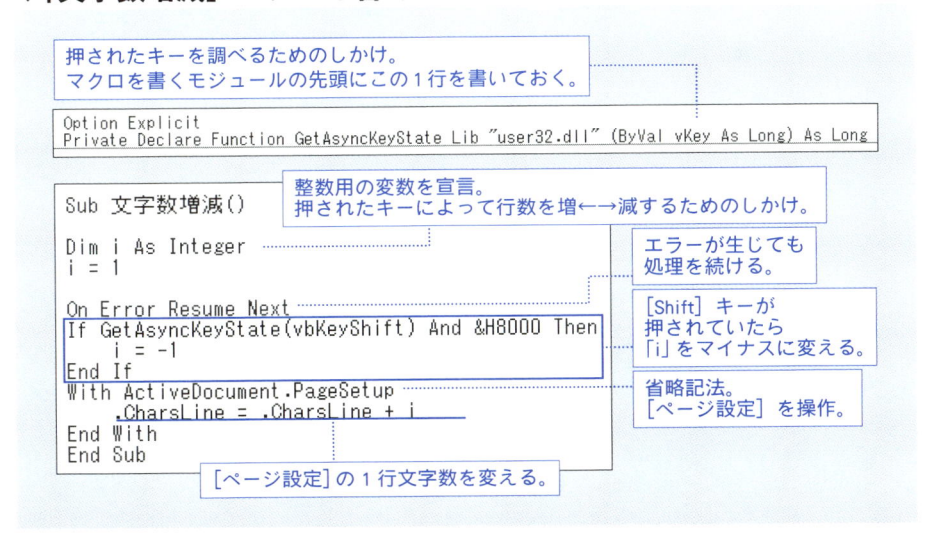

押されたキーを調べるためのしかけ。
マクロを書くモジュールの先頭にこの1行を書いておく。

```
Option Explicit
Private Declare Function GetAsyncKeyState Lib "user32.dll" (ByVal vKey As Long) As Long
```

整数用の変数を宣言。
押されたキーによって行数を増←→減するためのしかけ。

```
Sub 文字数増減()

Dim i As Integer
i = 1

On Error Resume Next
If GetAsyncKeyState(vbKeyShift) And &H8000 Then
    i = -1
End If
With ActiveDocument.PageSetup
    .CharsLine = .CharsLine + i
End With
End Sub
```

エラーが生じても処理を続ける。

［Shift］キーが押されていたら「i」をマイナスに変える。

省略記法。
［ページ設定］を操作。

［ページ設定］の1行文字数を変える。

ひと口解説

［Shift］キーによって処理を変える

　［ページ設定］の1行の文字数を増減するマクロです。そのまま実行すれば文字数が増え、［Shift］キーを押して実行すれば減ります。前項の「行数増減」マクロと同様、［Shift］キーが押されたかどうかを調べるために「Private Declare～」の1行を標準モジュールの先頭領域に書いておきます。

　「文字数増減」マクロは実行するたびに［ページ設定］の文字数が増減します。そのしかけは変数「i」と「GetAsyncKeyState(vbKeyShift)」です。

　「If GetAsyncKeyState(vbKeyShift) And &H8000」は、現在［Shift］キーが押されていれば「0以外」押されていなければ「0」になります。「If条件」では「0以外の値」はTrue、「0」はFalseとして扱われます。そのため、［Shift］キーが押されていれば条件が成立し、「i」を「-1」に変えます。

　「With ActiveDocument.PageSetup」は［ページ設定］ダイアログボックスの項目に対応する処理です。続く「.CharsLine = .CharsLine + i」で文字数を増減します。この「=」は等号ではなく、右辺の値を左辺に割り当てるという意味です。変数「i」は、［Shift］キーが押されていなければ「1」、押されていれば「-1」です。

　文字数が［ページ設定］ダイアログボックスに示される上限を超えたりマイナスになるとエラーになるので、エラーが発生しても無視するように「On Error Resume Next」を置きました。

　なお、［ページ設定］で［標準の文字数を使う(N)］または［行数だけを指定する(O)］オプションを選択した状態で文字数を変えると、自動的に［文字数と行数を指定する(H)］に変わります。ただし、すでに文字数が最多になっており、増やす余裕がない場合には変わりません。

　このマクロを活用するには、マクロをボタン化すると便利です。ボタンをクリックすれば文字数が増え、［Shift］キーを押したままでクリックすると減ります。ショートカットキーで利用する場合には、たとえば［Alt］＋［0］キーと［Alt］＋［Shift］＋［0］キーのように、2種類の組み合わせを登録してください。

　　📖 ボタン化については71～75ページの各項または76ページ「独自のタブとボタンを作る(2007/2010)」をご参照ください。
　　📖 ショートカットキーの割り当てについては70ページ「マクロにショートカットキーを割り当てる」をご参照ください。

ページ書式

22 指定行数の便箋を作る

「便箋を作りたい」という需要は多いにもかかわらず、Wordにはそのような機能はありません。そこで、瞬時に便箋を作るマクロを紹介します。罫線の数と間隔は[ページ設定]の行数に合わせて自動調整します。

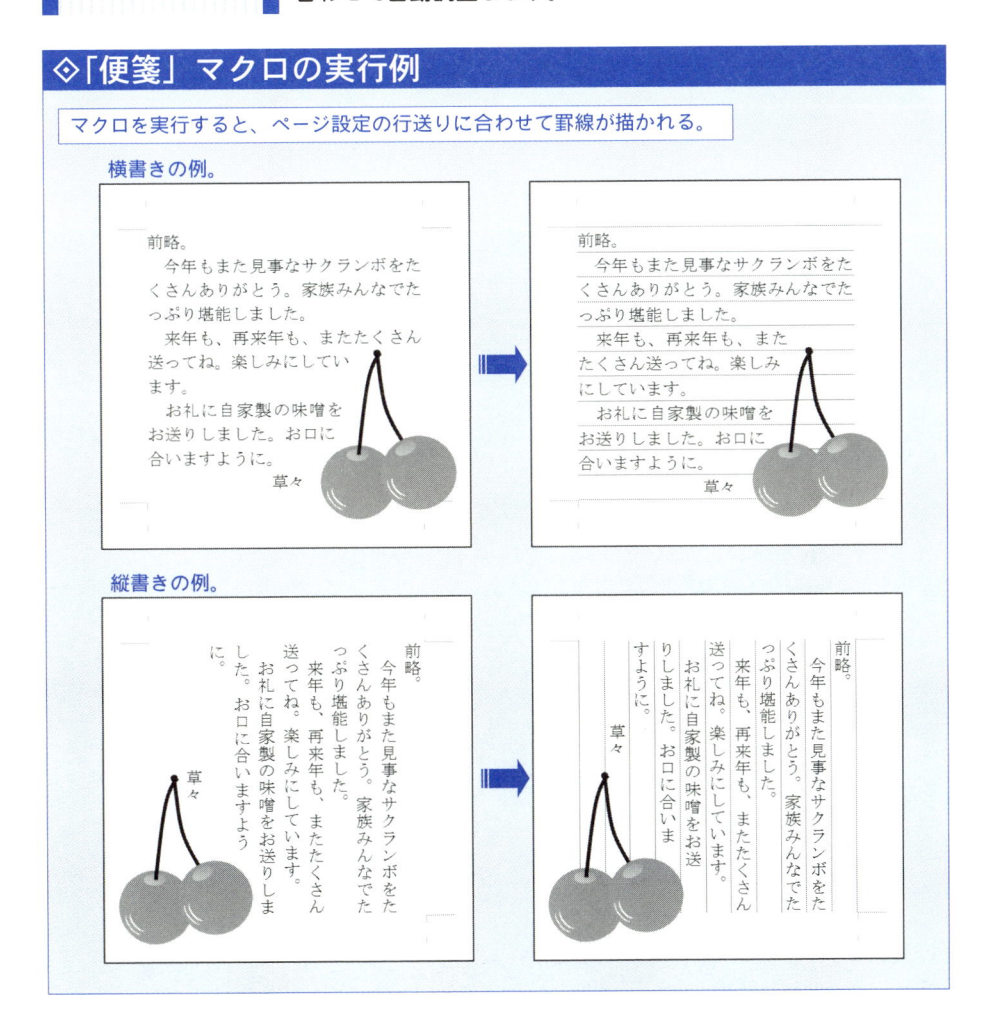

◇「便箋」マクロの実行例

マクロを実行すると、ページ設定の行送りに合わせて罫線が描かれる。

横書きの例。

縦書きの例。

 [ページ設定]のオプションが[標準の文字数を使う(N)]の場合には[文字数と行数を指定する(H)]に変わります。

◇「便箋」マクロを書く

```
Sub 便箋()
Dim lineNo As Integer
Dim sHeight, sWidth As Single
Dim lineWidth As Single
Dim xp, yp As Single
Dim dist As Single
Dim i As Integer
Dim sp As Shape
Const lWeight As Single = 0.5
Const r As Integer = 100
Const g As Integer = 150
Const b As Integer = 0

With ActiveDocument.PageSetup
    .LinesPage = .LinesPage
    lineNo = .LinesPage
    xp = .LeftMargin
    yp = .TopMargin
    sHeight = .PageHeight - .TopMargin - .BottomMargin
    sWidth = .PageWidth - .LeftMargin - .RightMargin
End With
With ActiveDocument.Sections(1)
    If .Range.Orientation = wdTextOrientationVerticalFarEast Then
        lineWidth = sHeight
        dist = sWidth / lineNo
        With .Headers(wdHeaderFooterPrimary)
            For i = 0 To lineNo
                Set sp = .Shapes.AddLine _
                    (xp + dist * i, yp, xp + dist * i, yp + sHeight)
                With sp.line
                    .Weight = lWeight
                    .ForeColor.RGB = RGB(r, g, b)
                End With
            Next
        End With
    Else:
        lineWidth = sWidth
        dist = sHeight / lineNo
        With .Headers(wdHeaderFooterPrimary)
            For i = 0 To lineNo
                Set sp = .Shapes.AddLine _
                    (xp, yp + dist * i, xp + sWidth, yp + dist * i)
                With sp.line
                    .Weight = lWeight
                    .ForeColor.RGB = RGB(r, g, b)
                End With
            Next
        End With
    End If
End With
End Sub
```

- 行数を入れる変数を宣言。
- 本文の高さと幅を入れる変数を宣言。
- 罫線の長さを入れる変数を宣言。
- 罫線の始点座標を入れる変数を宣言。
- 罫線の間隔を入れる変数を宣言。
- カウンタ用の変数を宣言。
- 描いた罫線を処理する変数を宣言。
- 罫線の太さと色を表す定数を宣言。
- 省略記法。作業文書の［ページ設定］を操作。
- 行数の設定を再調整。
- 行数、罫線の始点座標を変数に割り当てる。
- 本文の高さと幅を変数に割り当てる。
- 省略記法。作業文書のセクション1を操作。
- 罫線の長さと間隔を変数に入れる。
- 左から順に平行線を描く。
- 縦書きの場合の処理。
- 罫線の長さと間隔を変数に入れる。
- 上から順に平行線を描く。
- 横書きの場合の処理。

ひと口解説　ヘッダー・フッターにオートシェイプを描く

便箋の罫線は各ページに表示させる必要があります。そこで、このマクロではオートシェイプの［フリーフォーム］による罫線をヘッダー・フッター画面に描くようにしてみました。

まず、最初の「With ActiveDocument.PageSetup」のブロックで、文書の「行数」と「線の書き出し位置（座標）」を調べます。

```
With ActiveDocument.PageSetup
    .LinesPage = .LinesPage
    lineNo = .LinesPage
    xp = .LeftMargin
    yp = .TopMargin
    sHeight = .PageHeight - .TopMargin - .BottomMargin
    sWidth = .PageWidth - .LeftMargin - .RightMargin
End With
```

行数は［ページ設定］の「.LinesPage」で簡単にわかります。ただし、Wordでは「行数×行高」が本文高に一致するとは限らず、合わない場合には下端に余計な空きが残ってしまいます。縦書きの場合も同様です。

また、［ページ設定］で［標準の文字数を使う(N)］を選択している場合にも、行数を特定できません。そこで、まず最初に「.LinesPage = .LinesPage」で行高とオプションを調整しています。

両辺とも同じ値ですが、間違いではありません。これは一種の裏技で、「現在の行数」を「現在の行数」として設定し直しています。これで1行の行高が再計算され、「行数×行高」が本文高に一致するように行高が正しく調整されます。また、［標準の文字数を使う(N)］を選択している場合には［文字数と行数を指定する(H)］オプションに変わります。

Word起動直後の「文書1」の設定例。　この設定のままでは下端に余計な空きが出る。

同じ行数を設定し直すと行高が調整される。

線の書き出し位置は上余白の下端と左余白の右端なので、横座標は「.LeftMargin」、縦座標は「.TopMargin」に一致します。
　さらに［ページ設定］の値を使って本文高と本文幅を計算し、「sHeight」と「sWidth」に割り当てます。続く「With ActiveDocument.Sections(1)」のブロックの中で「sHeight」と「sWidth」を計 6 箇所使っていますが、変数を使わなければ計算式を 6 回書くことになります。その結果、「書く手間が増え」「処理が遅くなり」「記述がわかりにくくなる」と三拍子揃ってしまいます。

　「With ActiveDocument.Sections(1)」のブロックでは、文書の最初のセクションのヘッダー・フッター画面に罫線を描きます。文書が複数のセクションに分かれており、しかもヘッダー・フッターの内容がセクションごとに独立している場合には、各セクションごとに同じ処理を繰り返す必要がありますが、「便箋」の用途から考えると、そのような状況は少ないと思われるので、このマクロでは無視しました。
　罫線の付き方は縦書きか横書きかで異なるので、「If」文を使って処理を分岐しています。

```
If .Range.Orientation = wdTextOrientationVerticalFarEast Then
```

　上記の「.Range.Orientation」は処理範囲の文字方向を表します。「With ActiveDocument.Sections(1)」の中なので、「.Range」が表すのは文書の先頭セクションです。右辺の「wdTextOrientationVerticalFarEast」は縦書きを表します。
　ちなみに、「Orientation」プロパティは「.PageSetup」にもありますが、そちらはページの縦置き・横置きを表します。何の「Orientation」かによって意味が異なるので注意してください。
　次に、罫線の長さと間隔を計算します。縦書きでは、罫線の長さは本文高、間隔は「本文幅÷行数」です。

```
lineWidth = sHeight
dist = sWidth / lineNo
```

　罫線の長さと間隔が決まったら、ヘッダー・フッターに罫線を描きます。ヘッダーフッターには「共通」「先頭ページ」「偶数ページ」の 3 種類があり、「.Headers(wdHeaderFooterPrimary)」は共通のヘッダー領域を表します。

罫線を描く記述は独特で、「～.Shapes.AddLine」のように指示します。これは、指定範囲内の図形のすべてを表す「Shapes」に「図形を追加する」という意味です。「With」文が入れ子になっているので、指定範囲は、

```
ActiveDocument.Sections(1).Headers(wdHeaderFooterPrimary)
```

つまり文書の先頭セクションの共通ヘッダー領域です。

「.AddLine」の部分は図形の種類によって異なります。たとえばテキストボックスは「.AddTextbox」のように種類を直接指定できますが、ほとんどのオートシェイプは「.AddShape(図形の種類)」のように「.AddShape( )」を使います。「.AddLine」は「フリーフォーム」による直線を描きます。

罫線を描くには、始点の座標と終点の座標を「始点x、始点y、終点x、終点y」の順序で並べて指示します。縦書きの便箋では、始点の縦座標は上余白の大きさ、終点は「上余白＋本文高」で計算できます。1本目の横座標は本文の左端で、2本目以降はあらかじめ変数「dist」に入れた「間隔」の分だけ右方向にずれていきます。

そこで「For i = 0 To lineNo」のループを使って、罫線を「行数＋1」本分描きます。横座標のずれは「dist * i」で計算します。ループの最初を「0」としたのは、最初は「間隔0」だからです。

```
For i = 0 To lineNo
    Set sp = .Shapes.AddLine _   ………… 継続行。
        (xp + dist * i, yp, xp + dist * i, yp + sHeight)
           始点x座標   始点y座標   終点x座標      終点y座標
Next
```

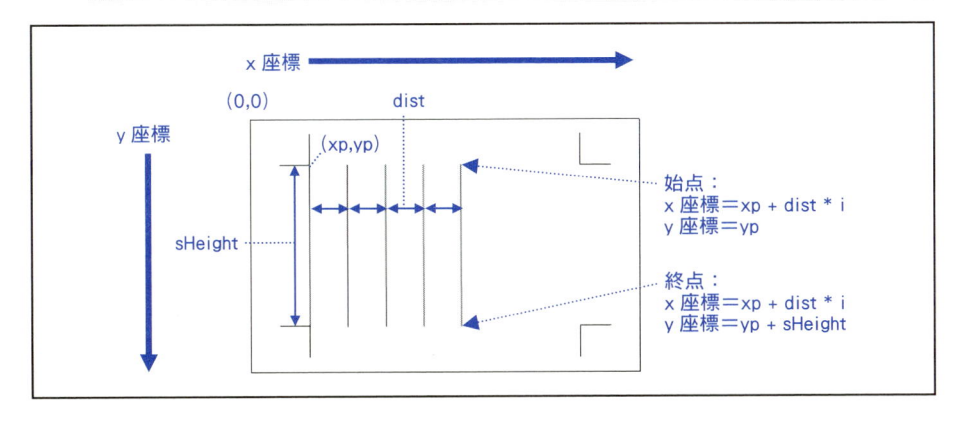

描いた罫線は「Set sp =」で変数「sp」に割り当て、続く「With sp.line」の中で太さと色を設定します。図形には書式以外にも位置やその他いろいろな要素があり、書式には線の書式と塗りつぶしの書式があります。線の書式を設定するには「.line.Weight」などのように指示します。

```
With sp.line
    .Weight = lWeight
    .ForeColor.RGB = RGB(r, g, b)
End With
```

太さと色は右辺に直接書いてもいいのですが、このマクロでは先頭部分で定数として宣言しています。この部分を書き換えれば、線の太さや色を変えることができます。

```
Const lWeight As Single = 0.5
Const r As Integer = 100
Const g As Integer = 150
Const b As Integer = 0
```

罫線の色には背景色「.ForeColor」と前景色「.ForeColor」があり、それぞれ「RGB」の三色で指示します。パターンを使わない場合には前景色を指示するだけでかまいません。上記の RGB、つまり「100,150,0」は、ちょっと渋い濃緑色です。

なお、とくに罫線の書式を設定せず、単純に描くだけであれば、左辺に変数を置かずに次のように書くことができます。この場合、座標は ( ) で囲まず、半角スペースに続けて並べます。

```
.Shapes.AddLine 始点x, 始点y, 終点x, 終点y
```

「Else:」以下は文書が縦書きでない場合の処理です。Word では用紙を 90 度回転させたような縦書きも可能なので、厳密には「縦書きでない＝横書き」ではありませんが、それ以外の文字方向については無視しました。

横書きでは罫線の幅は本文幅、間隔は「本文高÷行数」です。1 本目の始点の座標は本文の上左端で、終点の横座標は「左余白＋本文幅」です。以下、縦書きの場合と同様に「For i = 0 To lineNo」ループを使って罫線を描きます。

ページ書式

すべての段組みの書式を統一する

段組みには、段数、段幅、段間、境界線という書式がありますが、文書の各部に同じ書式を設定するのは面倒な上、不統一になるおそれもあります。そこで、文字カーソル位置の段組みの書式を別の段組みにも一括コピーするマクロを紹介します。

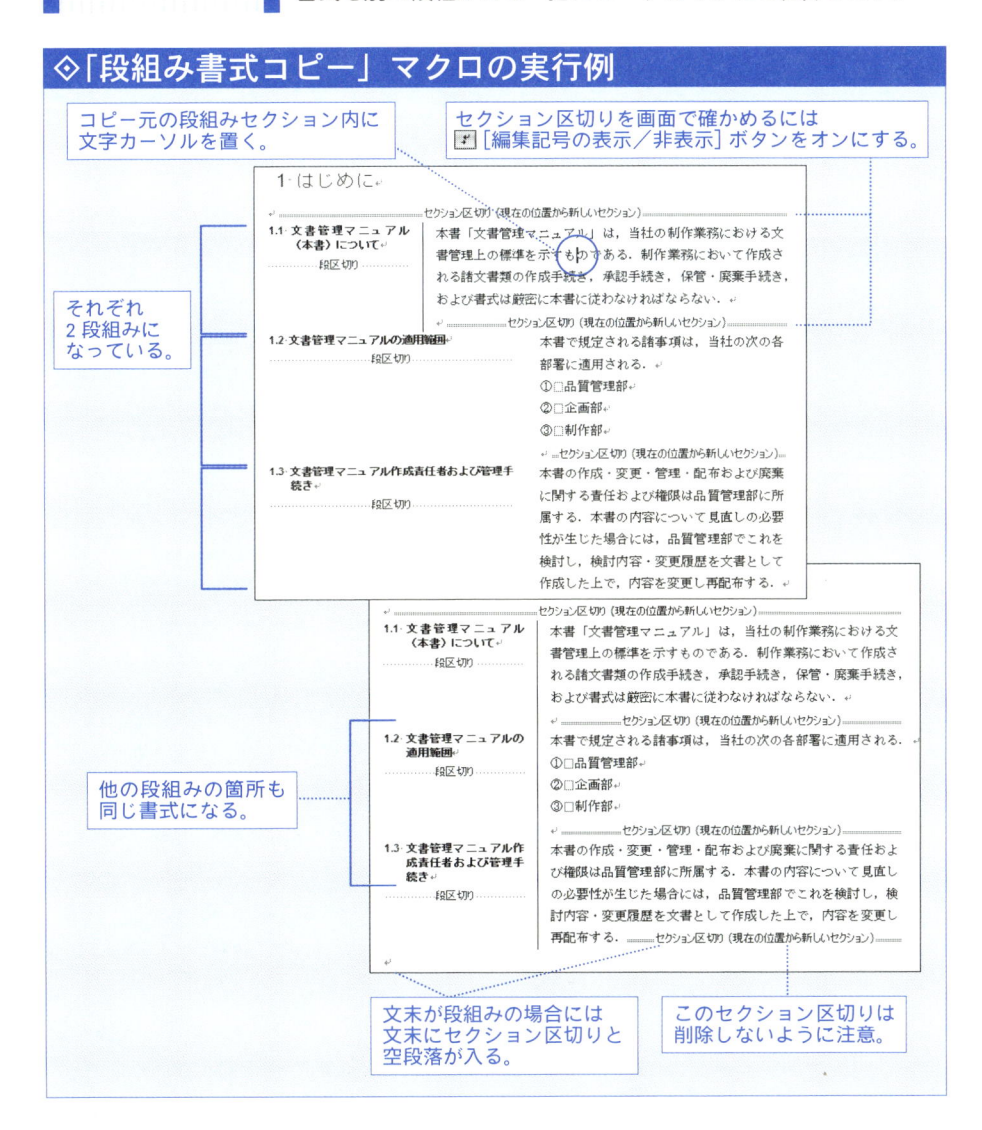

◇「段組み書式コピー」マクロの実行例

- コピー元の段組みセクション内に文字カーソルを置く。
- セクション区切りを画面で確かめるには [編集記号の表示／非表示] ボタンをオンにする。
- それぞれ2段組みになっている。
- 他の段組みの箇所も同じ書式になる。
- 文末が段組みの場合には文末にセクション区切りと空段落が入る。
- このセクション区切りは削除しないように注意。

141

◇「段組み書式コピー」マクロを書く

```
Sub 段組み書式コピー()
Dim rng As Range                              ' 処理範囲を表す変数を宣言。

With Selection.Sections(1)                    ' 省略記法。
    If .PageSetup.TextColumns.Count = 1 Then End   ' 選択セクションが
    .Range.Characters.Last.Copy                     ' 段組みでなければ終了。
End With                                            ' セクション末尾の1文字をコピーする。

Set rng = ActiveDocument.Content               ' 作業文書の中身を「rng」に割り当てる。
rng.Find.Text = "^b"                           ' 「^b」(セクション区切り)を検索条件とする。
Do While rng.Find.Execute = True
    If rng.Sections(1).PageSetup.TextColumns.Count > 1 Then
        rng.Paste
    End If                                      ' 検索箇所が段組みであれば
Loop                                            ' セクション区切りを貼り付ける。
           ' 検索箇所が見つかる限り検索を続ける。
If ActiveDocument.Sections.Last.PageSetup.TextColumns.Count > 1 Then
    Set rng = ActiveDocument.Characters.Last
    With rng
        .Paste
        .InsertBefore vbCr
        .MoveStart wdCharacter, 1
        .Delete
    End With                                    ' 最後のセクションが段組みであれば
End If                                          ' 末尾にセクション区切りを貼り付けて
                                                ' 書式をコピーし、セクション区切りを
End Sub                                         ' 削除する。
```

ひと口解説 セクションの書式をコピーする

　段組みの書式情報はセクション区切りが持っているので、このマクロではセクション区切りをコピーし、セクション区切りを検索して置き換えるという裏技を使ってみました。最初の「With」ブロックで文字カーソルを置いたセクションの段数を調べ、「1」であれば終了します。そうでなければセクション末尾の1文字、つまりセクション区切りをコピーします。

　7行目は検索に「Range」の変数を使う場合の常套です。右辺は別項の多くで使っている「Activedocument.Range(0,0)」でもかまいません。

　次に、検索条件としてセクション区切りを表す特殊文字「^b」をセットし、検索を実行します。該当箇所が段組みであれば、コピー内容を貼り付けてセクション区切りを置き換えます。

　文末にはセクション区切りはないので、文末のセクションは単独で調べ、段組みであればセクション区切りを貼り付けます。書式をコピーしたあとは不要なので、あらためて削除します。ただし、単純に削除すると段組みの書式が元に戻ってしまうので、少し複雑な手を使っています。

24 表編集
すべての表の負の値だけ書式を変える

マイナス記号の付いた数字だけ書式を変える処理は、置換を使えば可能です。しかし、「表の中だけ」となると話は別です。マクロ自体はとても簡単ですが、手作業に比べると手間と時間を大幅に減らすことができます。

◇「表内赤字処理」マクロの実行例

マクロを実行すると表の中のマイナス数字だけが（ ）で囲まれ赤色になる。

	4月	5月	6月	7月	8月	9月	平均
第1課	3.7	-5.8	1.2	1.1	7.3	5.5	3.8
第2課	1.8	-7.2	-0.5	0.7	8.2	13.2	2.7
第3課	-1.3	-7.5	0.8	0.2	3.8	8.3	0.7

	4月	5月	6月	7月	8月	9月	平均
第1課	3.7	(-5.8)	1.2	1.1	7.3	5.5	3.8
第2課	1.8	(-7.2)	(-0.5)	0.7	8.2	13.2	2.7
第3課	(-1.3)	(-7.5)	0.8	0.2	3.8	8.3	0.7

◇「表内赤字処理」マクロを書く

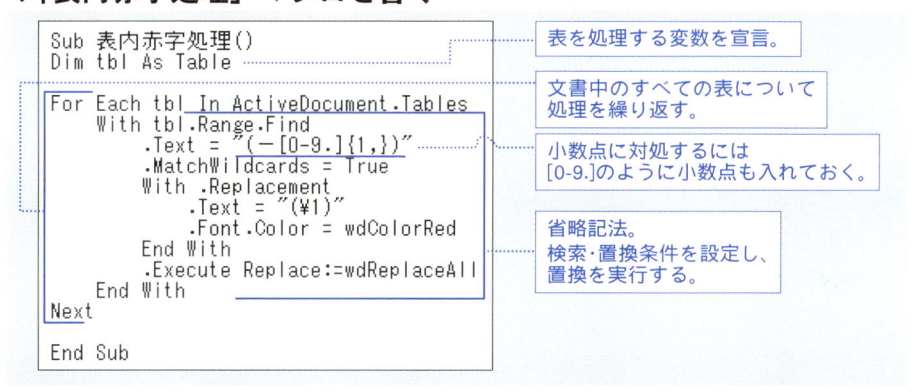

```
Sub 表内赤字処理()
    Dim tbl As Table                        ' 表を処理する変数を宣言。
    For Each tbl In ActiveDocument.Tables   ' 文書中のすべての表について
                                            '   処理を繰り返す。
        With tbl.Range.Find
            .Text = "(-[0-9.]{1,})"         ' 小数点に対処するには
            .MatchWildcards = True          '   [0-9.]のように小数点も入れておく。
            With .Replacement
                .Text = "(\1)"
                .Font.Color = wdColorRed
            End With                        ' 省略記法。
            .Execute Replace:=wdReplaceAll  ' 検索・置換条件を設定し、
        End With                            '   置換を実行する。
    Next
End Sub
```

ひと口解説 範囲を特定して置換を実行する

　このマクロは表の中だけを処理するのが目的です。そこで、置換の範囲を「tbl.Range.Find」で表の中に限定します。検索条件は「(-[0-9.]{1,})」で、ワイルドカードオプションを使います。( )で囲んでいるので、検索箇所は置換側の \1 で取り出すことができます。(\1) としているので、検索結果は( )で囲まれます。さらに「.Font.Color = wdColorRed」で赤色に設定します。最後に「.Execute Replace:=wdReplaceAll」で置換を実行します。この処理を「For Each In～Next」で各表について繰り返します。

143

表編集

25 段落間の表の前に番号を一括挿入する

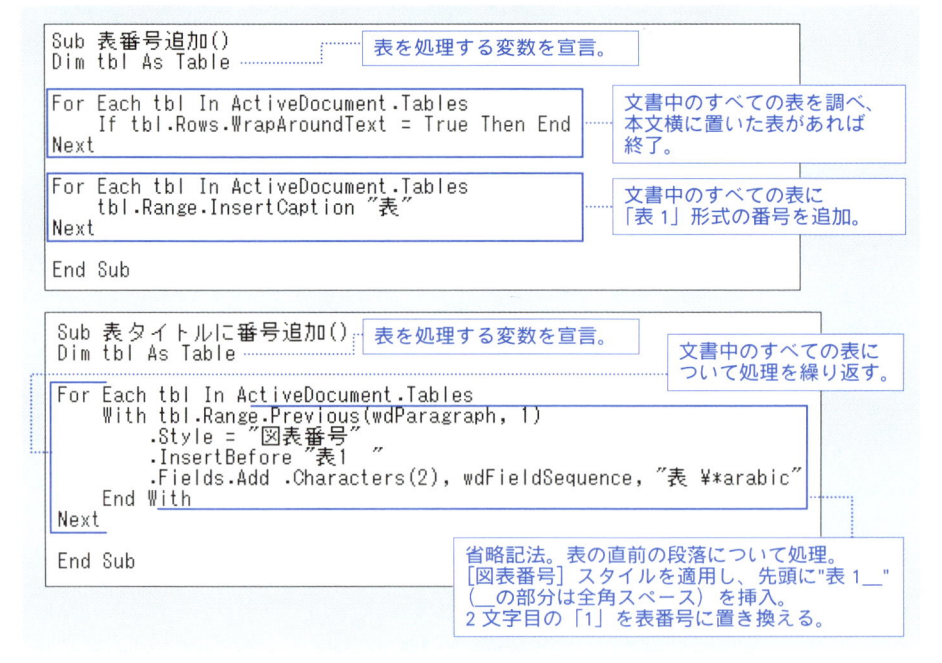

たくさんの表にあとから表番号を追加するのは大変ですが、マクロならあっけないほど簡単に処理できます。ただし、Wordの仕様上、本文横の表は番号と分かれてしまうので、すべての表が「折り返しなし」の場合に限って処理するようにしました。

◆「表番号追加」「表タイトルに番号追加」マクロの実行例

「表番号追加」マクロの実行結果。

- 表 1

年齢	総数	男	女	年齢	総数	男	女
20～24	7,312	3,749	3,563	40～44	7,982	4,018	3,963
25～29	8,014	4,073	3,941	45～49	7,694	3,857	3,837
30～34	9,644	4,887	4,758	50～54	8,419	4,199	4,221
35～39	9,273	4,681	4,591	55～59	10,825	5,360	5,464

「国勢調査」による人口を基礎とした推計人口（10月1日現在）による。
資料／総務省統計局統計調査部国勢統計課「人口推計年報」より改変。

「表タイトルに番号追加」マクロの実行結果。

- 表 1　20～59歳：年齢別人口（平成18年）（単位1,000人）

年齢	総数	男	女	年齢	総数	男	女
20～24	7,312	3,749	3,563	40～44	7,982	4,018	3,963
25～29	8,014	4,073	3,941	45～49	7,694	3,857	3,837
30～34	9,644	4,887	4,758	50～54	8,419	4,199	4,221
35～39	9,273	4,681	4,591	55～59	10,825	5,360	5,464

「国勢調査」による人口を基礎とした推計人口（10月1日現在）による。
資料／総務省統計局統計調査部国勢統計課「人口推計年報」より改変。

◆「表番号追加」「表タイトルに番号追加」マクロを書く

```
Sub 表番号追加()
Dim tbl As Table

For Each tbl In ActiveDocument.Tables
    If tbl.Rows.WrapAroundText = True Then End
Next

For Each tbl In ActiveDocument.Tables
    tbl.Range.InsertCaption "表"
Next

End Sub
```

- 表を処理する変数を宣言。
- 文書中のすべての表を調べ、本文横に置いた表があれば終了。
- 文書中のすべての表に「表1」形式の番号を追加。

```
Sub 表タイトルに番号追加()
Dim tbl As Table

For Each tbl In ActiveDocument.Tables
    With tbl.Range.Previous(wdParagraph, 1)
        .Style = "図表番号"
        .InsertBefore "表1　"
        .Fields.Add .Characters(2), wdFieldSequence, "表 \*arabic"
    End With
Next

End Sub
```

- 表を処理する変数を宣言。
- 文書中のすべての表について処理を繰り返す。
- 省略記法。表の直前の段落について処理。
  [図表番号] スタイルを適用し、先頭に"表1＿"（＿の部分は全角スペース）を挿入。
  2文字目の「1」を表番号に置き換える。

ひと口解説

表番号を追加する 2 つの方法

　Word の［図表番号］機能で番号を付けると、表の上または下に段落が追加され、表番号が挿入されます。本文の折り返しを［なし］、つまり表を本文の段落間に置いている場合はそれでよいのですが、折り返し［する］、つまり本文の横などに置いた場合にも同様に処理されるので、表と表番号が離れてしまい、具合がよくありません。マクロで処理する場合も事情は同じです。

　この問題を解決するには「表番号と表全体をテキストボックスで囲む」「表の先頭に表番号用のセルを追加する」といった方法がありますが、レイアウトがくずれたり、表スタイルの［タイトル行］が活用できないといった弊害もあるので、ここでは対象外とします。

　そこで「表番号追加」マクロでは、まず文書中のすべての表について配置形式を調べ、ひとつでも「tbl.Rows.WrapAroundText = True」つまり本文の折り返しが［する］になっていたらそのまま終了します。

　「表タイトルに番号追加」マクロではこの 3 行は省きましたが、折り返しの懸念があれば同様に追加してください。

　たんに番号を追加する「表番号追加」マクロの方は「図表番号の挿入」に対応する「.Range.InsertCaption "表"」を使えばよいので処理は簡単です。"表"の部分は図表番号のラベルです。位置をとくに指定しなければ表の前に新しい段落として入り、［図表番号］スタイルが適用されます。

　すでに入力済みのタイトルに番号を追加する「表タイトルに番号追加」も「.Range.InsertCaption "表"」で処理できないことはありませんが、こちらは図表番号用の「Seq フィールド」を直接入力する方法をとってみました。まず「With tbl.Range.Previous(wdParagraph, 1)」で「表範囲のひとつ前の段落」を特定します。

　以下、この段落に［図表番号］スタイルを適用し、段落先頭に「表 1 　」("表"と全角スペース）を追加します。「1」の部分はあとで表番号に置き換えるので、何でもかまいません。また、全角スペースは表番号と表タイトルの区切り用です。これも、「：」や「●」など、何でもかまいません。

　最後に「.Fields.Add .Characters(2), wdFieldSequence, "表 ¥*arabic"」で、表番号段落の 2 番目、つまり「表 1」の「1」を「Seq」フィールドに置き換えます。「.Characters(2)」は挿入場所、「wdFieldSequence」はフィールドの種類、"表 ¥*arabic"はフィールドコードの中に書き込む文字です。

25 段落間の表の前に番号を一括挿入する

表編集

26 表の行と列を転置する

表の行と列の転置を手作業で行うのはなかなか大変です。Excelにコピーして処理するという手もありますが、マクロを作っておけば瞬時に処理できます。ただし、セル結合を含む表、つまり行によって列数が異なる表は処理しません。。。

◇「行列転置」マクロの実行例

マクロを実行すると行と列が転置する。
転置後の表には元表と同じ表スタイルを適用。

◇「行列転置」マクロを書く

ループ処理のカウンタ用変数を2つ宣言。

表内のデータ格納用変数を宣言。

元表のスタイルを入れる変数を宣言。

文字カーソルが表内でなければ終了。

省略記法。選択した表を処理。

行×列が総セル数に一致しなければ終了。

行×列に合わせて配列変数の部屋を作り、各セルのデータを格納。

表のスタイルを「tblStyle」に入れてから表を削除。

転置後の行×列に合わせて表を作り、書式を設定してからデータを書き込む。

```
Sub 行列転置()
Dim r, c As Integer
Dim txt() As String
Dim tblStyle As Variant

If Selection.Range.Information(wdWithInTable) = False Then End
With Selection.Tables(1)
    If .Rows.Count * .Columns.Count <> .Range.Cells.Count Then End
    ReDim txt(1 To .Rows.Count, 1 To .Columns.Count)
    For r = 1 To .Rows.Count
        For c = 1 To .Columns.Count
            txt(r, c) = Replace(.Cell(r, c).Range.Text, vbCr, "")
        Next
    Next
    tblStyle = .Style
    .Delete
End With
Selection.Tables.Add Selection.Range, c - 1, r - 1
With Selection.Tables(1)
    .Range.Style = "標準"
    .Style = tblStyle
    .AutoFitBehavior (wdAutoFitContent)
    For r = 1 To .Rows.Count
        For c = 1 To .Columns.Count
            .Cell(r, c).Range.Text = txt(c, r)
        Next
    Next
End With
End Sub
```

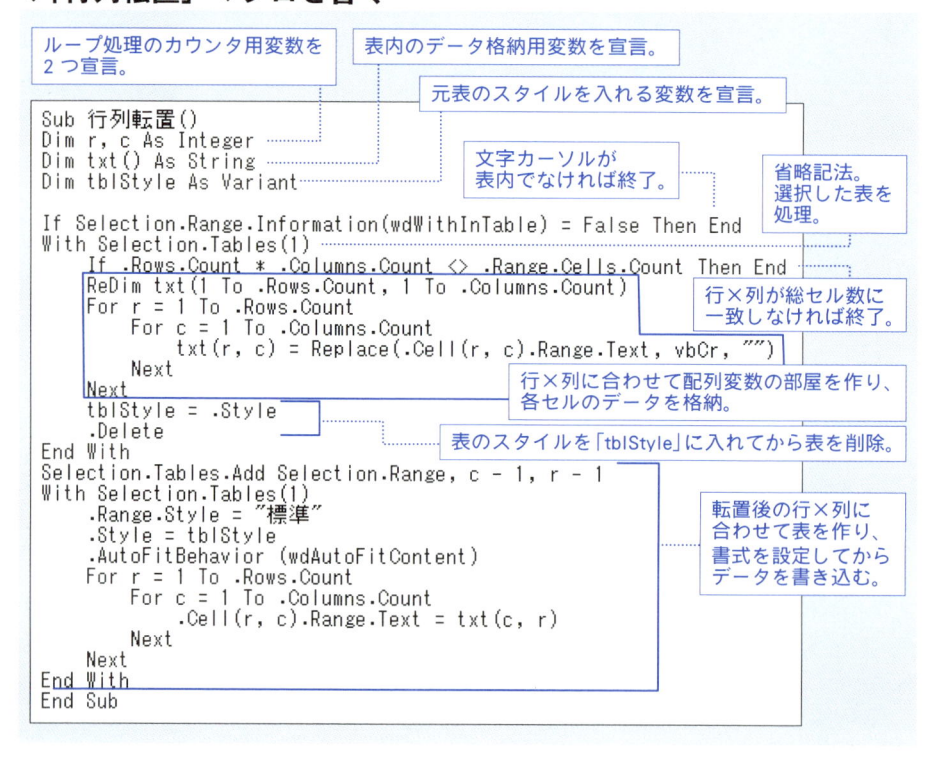

ひと口解説

配列変数を使って表の中身を転置する

このマクロを実行すると、行の左から右方向へ並んでいるデータが、列の上から下方向へ並ぶように転置されます。その結果、各セル内のデータは90度回転した位置に移動します。

まず、5行目の「If」文で文字カーソル位置の情報を調べ、表の中になければマクロを終了します。「～Range.Information()」を使うと、選択箇所の情報を調べることができます。「wdWithInTable」は「表の中かどうか」という意味です。

次の「With」ブロックでは、最初の「If」文で「行数×列数」が総セル数に一致しているかどうかを調べます。「.Rows.Count」「.Columns.Count」は表内で一番多い行数、列数を表します。セル結合が含まれていれば「行数×列数」は総セル数に一致しないので、マクロを終了します。

セル結合がなければ、各セルのデータを変数に取り込んだ上で表を作り直します。この処理の主役は行数と列数に合わせてループを制御するカウンタ「r」「c」と、元表のデータを収める変数「txt( )」です。

「txt( )」は、普通の変数と異なり( )が付いていることに注目してください。これはひとつの変数でありながら、複数のデータを扱うことができる特殊な変数で、「配列変数」と呼びます。

📖 配列変数については150ページのコラム「複数のデータをひとつの変数で処理する（配列変数）」をご参照ください。

配列変数を使うには、変数名と部屋番号の範囲を宣言して必要な部屋数を確保します。たとえば「Dim 変数 (1 To 10) データ型」とすると10部屋、「変数 (1 To 5, 1 To 10)」とすると5×10＝50部屋が確保されます。

このマクロでは単純に「変数 (1 To 総セル数)」のようにしてもよいのですが、「変数 (1 To 行数, 1 To 列数)」のように二次元の配列にすれば、行数と列数の処理がわかりやすくなります。

配列変数の部屋番号は最初の宣言で決めることもできますが、このマクロでは表を特定するまで数がわからないので、ひとまず「txt( )」のように宣言し、表を特定したら「行数×列数」分の部屋を確保します。それが次の1行です。

```
ReDim txt(1 To .Rows.Count, 1 To .Columns.Count)
```

次に、「For〜Next」の二重ループを使って「txt( )」の各部屋に表の各セルのデータを入れていきます。「r」は「1」から総行数まで、「c」は「1」から総列数まで進みます。

```
For r = 1 To .Rows.Count
  For c = 1 To .Columns.Count
    txt(r, c) = Replace(.Cell(r, c).Range.Text, vbCr, "")
  Next
Next
```

　　外側のループカウンタは、内側のループ処理が終わるまでは進まないので、この二重ループは「表の各行ごとに、列数分だけ処理を繰り返す」ことになります。すでに各行の列数が同じであることを確かめているので、列数は各行のセル数と同じです。

　　二重ループの中心は、3 行目の「txt(r, c) =〜」です。右辺は少し複雑なしかけになっており、全体が「Replace( )」関数で囲まれています。( ) 内は「処理対象、検索文字列、置換後の文字列」で、処理対象の中に含まれる検索文字列を置換します。

　　処理対象は「.Cell(r, c).Range.Text」で、「.Cell(r, c)」は表の「r 行目 c 列目」のセルを表します。セルの中身はあとで利用しますが、セル末尾の区切り記号は不要なので、「Replace( )」関数を使って " " に置換します。vbCrは段落記号を表す記号で、厳密にはセル区切りではありませんが、これで取り除くことができます。

　　左辺は変数「txt(r, c)」の各部屋を表し、「r 行目 c 列目」のセルの中身が同じ番号の部屋に入ります。各セルのデータを「txt( )」に集めたら、表に適用されている表スタイルを「tblStyle = .Style」で変数「tblStyle」に確保し、表を削除します。

　　次に新しい表を作ります。それには「ActiveDocument.Tables.Add」に続けて、「挿入場所」「行数」「列数」を指示します。この例では、行数は元表の列数、列数は元表の行数です。

　　行数、列数には、直前のループで使ったカウンタの値が利用できます。元表の行と列を入れ替えるので、行数には「c」、列数には「r」の値を使います。ただし、「For〜Next」ループのカウンタは、ループを出るとさらに「1」進む仕様になっています。そのため、「c-1」「r-1」のように値を調整する必要があります。

```
ActiveDocument.Tables.Add Selection.Range, c - 1, r - 1
```

2番目の「With」ブロックは、新しく作った表についての処理です。まず「.Range.Style = "標準"」で表内の段落に［標準］スタイルを適用した上で「.Style = tblStyle」で元表のスタイルを適用し、さらに列幅の自動調整機能「.AutoFitBehavior (wdAutoFitContent)」」を有効にします。

［標準］スタイルを適用する理由は、表の挿入箇所に別の段落スタイルが適用されていると、そのスタイルが表の中にも適用され、表スタイルの書式が正しく反映されないためです。

列幅を自動調整する理由は、新しい表は自動的に本文幅になるので、データが短いと間延びするためです。本文幅に合わせた方がよければこの1行は削除してください。

次に、二重ループを使って各セル内に元表のデータを書き込みます。このさい、書き込むデータの順序を操作してデータを転置します。

```
For r = 1 To .Rows.Count
    For c = 1 To .Columns.Count
      .Cell(r, c).Range.Text = txt(c, r)
    Next
Next
```

カウンタは先のループと同様、行数に「r」、列数に「c」を使っています。処理するセルは「.Cell(r, c)」なので、「各行の左から右へ」順に処理することになります。ただし、セル内に割り当てるデータの方は「txt(c, r)」で、「c」と「r」が逆転しています。これが転置のしかけです。下図はこのしかけを示したものです。

元表と配列変数の関係。　　　　　転置後の表と配列変数の関係。
データの取り込みと書き出しの順序は同じ。

txt(1,1)	txt(1,2)	txt(1,3)
txt(2,1)	txt(2,2)	txt(2,3)
txt(3,1)	txt(3,2)	txt(3,3)
txt(4,1)	txt(4,2)	txt(4,3)

txt(1,1)	txt(2,1)	txt(3,1)	txt(4,1)
txt(1,2)	txt(2,2)	txt(3,2)	txt(4,2)
txt(1,3)	txt(2,3)	txt(3,3)	txt(4,3)

書き出し時の部屋番号が転置していることに注目。

Column
複数のデータをひとつの変数で処理する（配列変数）

　前項で紹介した行列転置の例のように、一連のデータに対して同じ処理を繰り返す場合に便利なしかけが「配列変数」です。ひとつの変数の中に複数の部屋を作り、部屋番号で中身を特定できるので、ループ処理にはうってつけです。
　配列変数を使うには、次のように宣言します。

```
Dim 変数名(部屋番号) As データ型
```

　必要な部屋数を最初から特定できない場合には「Dim 変数名() As データ型」のように宣言し、あとから「Redim」文で再宣言します。前項の例がこれに当たります。

　部屋番号は「変数名（1 To 100）」のように最小値と最大値を示す書き方と、たんに「変数名(100)のように最大値だけを示す書き方があります。前者では部屋番号はそのまま「1」～「100」になります。
　後者の場合、最小値はとくに指定しなければ「0」です。したがって、「0」～「100」の101部屋が確保されることになります。この最小値は、モジュールの先頭に次のように書くことで、「1」に強制することもできます。

```
Option Base 1
```

　最小値「0」と「1」のどちらがいいかは一概に言えませんが、この記述はモジュール全体に影響するので注意してください。このオプションに頼るより、多少面倒でも「変数名（最小値 To 最大値)」のように書く方が安全です。

　配列変数は、「変数名（…, …, …)」のように部屋番号または部屋番号の範囲をカンマで区切ることで、2次元、3次元の部屋を確保することもできます。最大60次元です。前項で紹介した「行列転置」マクロでは2次元の配列変数を使っています。

　なお、配列変数は確保された部屋の分だけメモリを消費します。極端に大きなメモリを確保すると処理が遅くなるだけでなく、最悪の場合、Wordが強制終了したり、マクロを書いたモジュールが失われることもあります。したがって、部屋数は必要最小限にとどめることが大切です。また、部屋の大きさはデータ型によって異なります。中でもVariant型はとくに大きいので避けた方が無難です。

表書式

27 表の行を斜めに揃える

行を選択し［Shift］キーを押したままで左端をドラッグすればその行だけずらすことができますが、手動で揃えるのは大変です。その点、マクロを使えば等間隔できれいにずらすことができます。少し体裁に凝りたい場合など簡単で効果的な方法です。

◇「表行斜め揃え」マクロの実行例

マクロを実行すると表の各行が等間隔で右にずれる。

5階	文房具、玩具、自転車など。
4階	紳士服、紳士用小物類など。
3階	婦人服、婦人用小物類など。
2階	靴、カバンなど。
1階	化粧品など。
地階	食料品、喫茶店。

➡

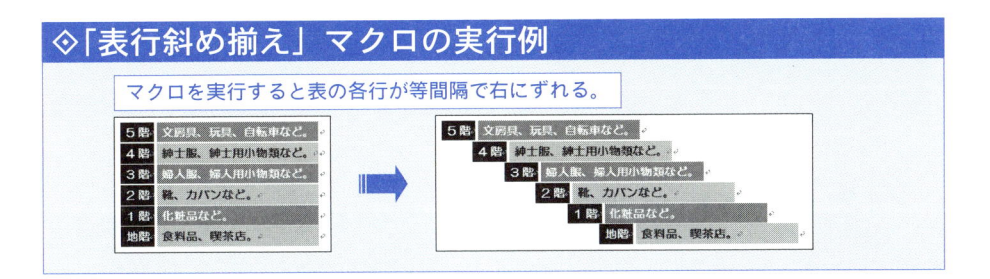

◇「表行斜め揃え」マクロを書く

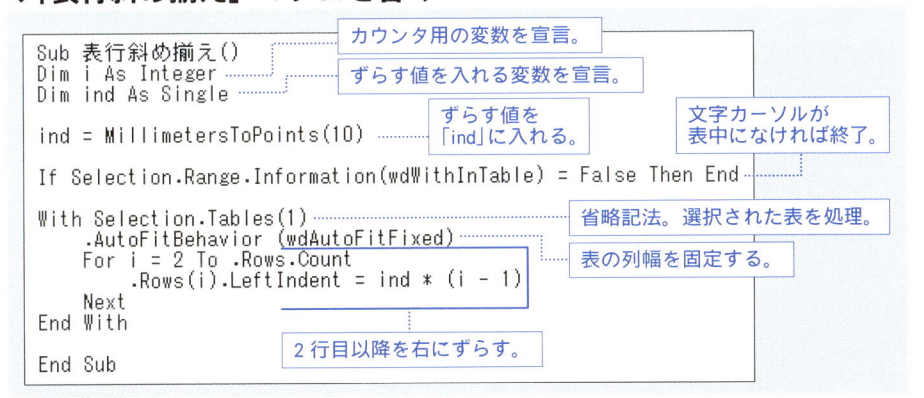

```
Sub 表行斜め揃え()
Dim i As Integer          ' カウンタ用の変数を宣言。
Dim ind As Single         ' ずらす値を入れる変数を宣言。

ind = MillimetersToPoints(10)   ' ずらす値を「ind」に入れる。

If Selection.Range.Information(wdWithInTable) = False Then End   ' 文字カーソルが表中になければ終了。

With Selection.Tables(1)        ' 省略記法。選択された表を処理。
    .AutoFitBehavior (wdAutoFitFixed)   ' 表の列幅を固定する。
    For i = 2 To .Rows.Count
        .Rows(i).LeftIndent = ind * (i - 1)
    Next
End With                         ' 2行目以降を右にずらす。

End Sub
```

ひと口解説 行ごとのインデントは列幅の固定がポイント

ご覧のとおり、マクロ自体はとても簡単です。一部の行をずらす場合には、列幅を固定しないと結果が予測できません。それもまた面白いかもしれませんが、ここでは「.AutoFitBehavior(wdAutoFitFixed)」で固定しています。ずらすのは2行目からなので、カウンタは「2」から開始します。そのため、ずらす大きさを「ind * (i − 1)」のように調整しています。

28 すべての表の数字セルを右揃えにする

表書式

表の中の数値項目は右揃えや小数点揃えにするのが一般的ですが、個々に処理するのはなかなか大変です。そこで、文書内のすべての表について、「数値」だけのセルの書式を右揃えにするマクロを紹介します。

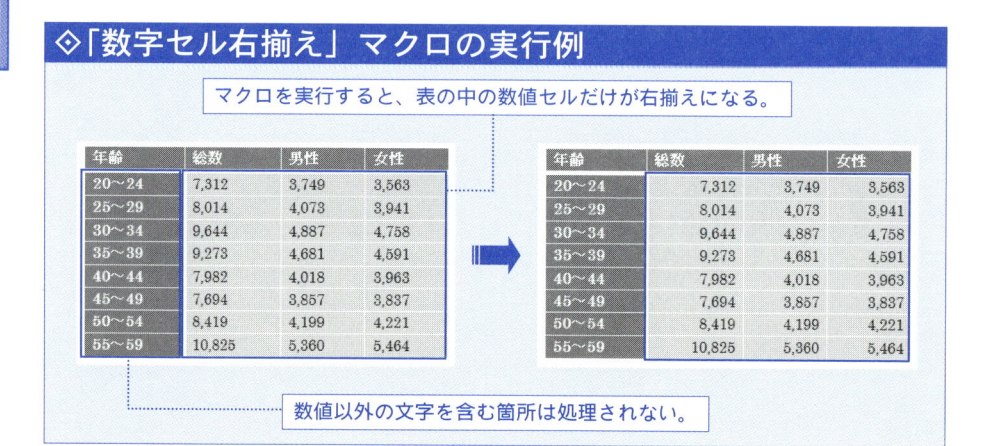

◇「数字セル右揃え」マクロの実行例

マクロを実行すると、表の中の数値セルだけが右揃えになる。

年齢	総数	男性	女性
20～24	7,312	3,749	3,563
25～29	8,014	4,073	3,941
30～34	9,644	4,887	4,758
35～39	9,273	4,681	4,591
40～44	7,982	4,018	3,963
45～49	7,694	3,857	3,837
50～54	8,419	4,199	4,221
55～59	10,825	5,360	5,464

⇒

年齢	総数	男性	女性
20～24	7,312	3,749	3,563
25～29	8,014	4,073	3,941
30～34	9,644	4,887	4,758
35～39	9,273	4,681	4,591
40～44	7,982	4,018	3,963
45～49	7,694	3,857	3,837
50～54	8,419	4,199	4,221
55～59	10,825	5,360	5,464

数値以外の文字を含む箇所は処理されない。

◇「数字セル右揃え」マクロを書く

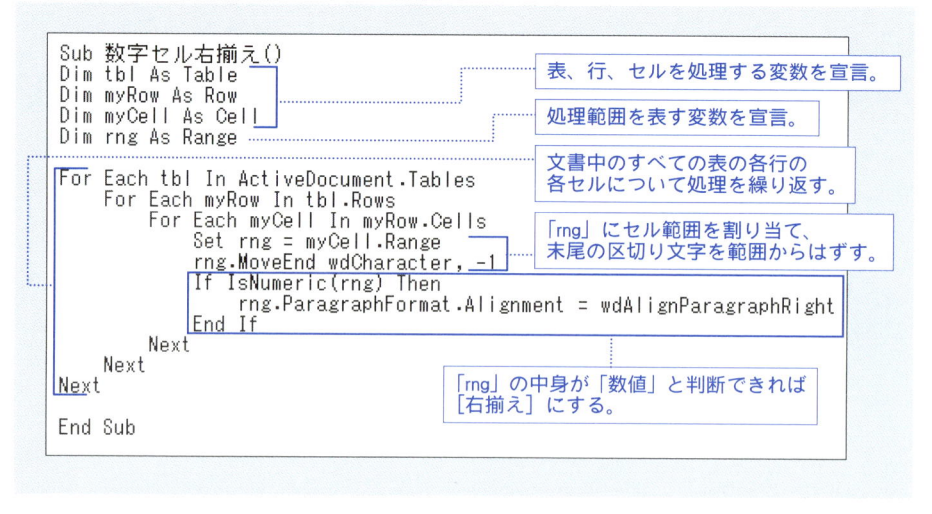

```
Sub 数字セル右揃え()
Dim tbl As Table
Dim myRow As Row
Dim myCell As Cell
Dim rng As Range

For Each tbl In ActiveDocument.Tables
    For Each myRow In tbl.Rows
        For Each myCell In myRow.Cells
            Set rng = myCell.Range
            rng.MoveEnd wdCharacter, -1
            If IsNumeric(rng) Then
                rng.ParagraphFormat.Alignment = wdAlignParagraphRight
            End If
        Next
    Next
Next
End Sub
```

- 表、行、セルを処理する変数を宣言。
- 処理範囲を表す変数を宣言。
- 文書中のすべての表の各行の各セルについて処理を繰り返す。
- 「rng」にセル範囲を割り当て、末尾の区切り文字を範囲からはずす。
- 「rng」の中身が「数値」と判断できれば［右揃え］にする。

ひと口解説　すべての表のすべてのセルを処理する

表のセル範囲を特定するには「.Cell(行,列)」を使う方法もありますが、行数、列数をいちいち確かめるのでは冗長です。そこで、「For Each In～Next」のループを入れ子にして、「表→行→セル」のように絞り込んで特定します。

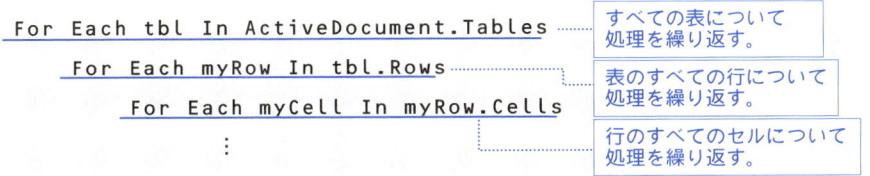

```
For Each tbl In ActiveDocument.Tables      ─── すべての表について
                                               処理を繰り返す。
    For Each myRow In tbl.Rows             ─── 表のすべての行について
                                               処理を繰り返す。
        For Each myCell In myRow.Cells     ─── 行のすべてのセルについて
            :                                  処理を繰り返す。

        Next
    Next
Next
```

あとはセルの中身が数値かどうかを「IsNumeric( )」関数で調べ、数値であれば「.ParagraphFormat.Alignment = wdAlignParagraphRight」で［右揃え］にします。

ただし、セルの中身にはセルの区切り記号も含まれているので、その分を除外しないと、すべて「数値ではない」と判定されてしまいます。そこで、範囲を表す変数「rng」を用意してセル範囲を割り当て、「rng.MoveEnd wdCharacter, -1」でセル区切りを範囲から除外します。

数値判定の箇所は「If IsNumeric(rng) Then」のように書きましたが、これは「If IsNumeric(rng.Text) Then」と同じ意味です。「Range」は、続く要素を省略すると「その範囲の Text を表す」と決められているので、このような書き方も可能です。

なお、「.MoveEnd wdCharacter, -1」は、処理対象からセル区切りを除外する定型的な方法です。146 ページの「行列転置」マクロでは「Replace( )」関数を使ってセル区切り以外を配列変数に取り出すという方法を紹介しましたが、正確にはセル区切りがまるごと除外されたわけではありません。便利な方法ですが、あくまで変則的な裏技です。

この「数字セル右揃え」マクロのように、セル内のデータを直接処理する場合には、「Replace( )」関数でセル区切りを除外することはできません。

表書式

29 すべての表の書式を統一する

表の書式設定は［表スタイル］が便利ですが、気に入るとは限りません。そこで、標準の「表（格子）」スタイルを適用した上で、各部の書式を一括変更するマクロを紹介します。基本さえわかれば、アレンジも簡単です。

◇「表書式設定」マクロの実行例

	4月	5月	6月	7月	8月	9月	平均
第1課	3.7	－5.8	1.2	1.1	7.3	5.5	3.8
第2課	1.8	－7.2	－0.5	0.7	8.2	13.2	2.7
第3課	－1.3	－7.5	0.8	0.2	3.8	8.3	0.7

↓

マクロを実行すると［表（格子）］スタイルに変わり、さらに指定した書式に変わる。

	4月	5月	6月	7月	8月	9月	平均
第1課	3.7	－5.8	1.2	1.1	7.3	5.5	3.8
第2課	1.8	－7.2	－0.5	0.7	8.2	13.2	2.7
第3課	－1.3	－7.5	0.8	0.2	3.8	8.3	0.7

↓

	4月	5月	6月	7月	8月	9月	平均
第1課	3.7	－5.8	1.2	1.1	7.3	5.5	3.8
第2課	1.8	－7.2	－0.5	0.7	8.2	13.2	2.7
第3課	－1.3	－7.5	0.8	0.2	3.8	8.3	0.7

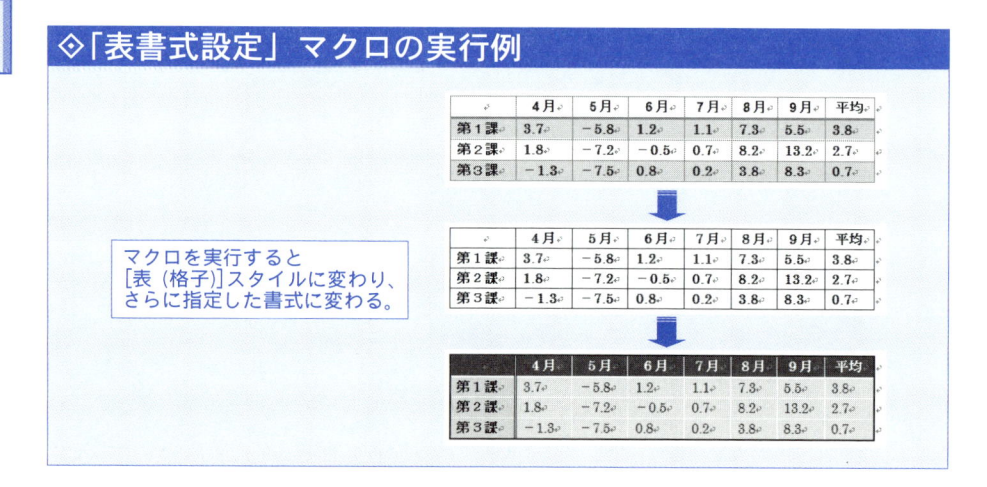

◇「表書式設定」マクロを書く

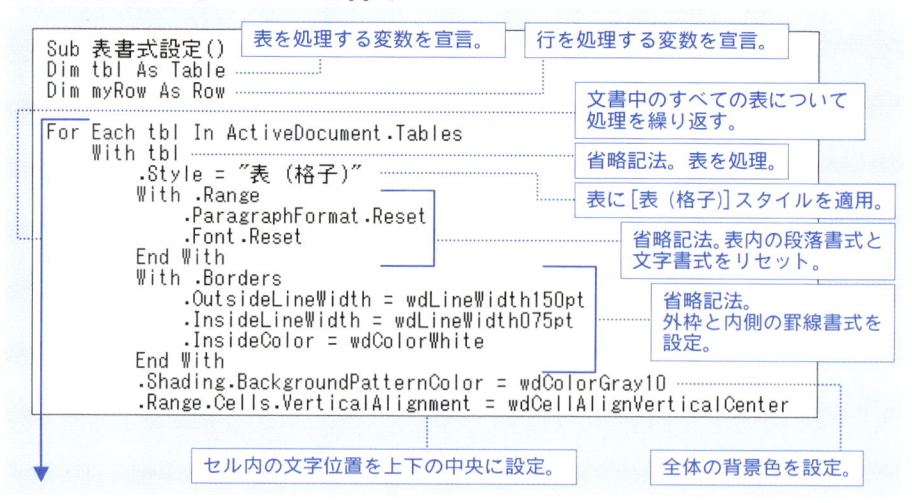

```
Sub 表書式設定()
Dim tbl As Table
Dim myRow As Row

For Each tbl In ActiveDocument.Tables
    With tbl
        .Style = "表（格子）"
        With .Range
            .ParagraphFormat.Reset
            .Font.Reset
        End With
        With .Borders
            .OutsideLineWidth = wdLineWidth150pt
            .InsideLineWidth = wdLineWidth075pt
            .InsideColor = wdColorWhite
        End With
        .Shading.BackgroundPatternColor = wdColorGray10
        .Range.Cells.VerticalAlignment = wdCellAlignVerticalCenter
```

- 表を処理する変数を宣言。
- 行を処理する変数を宣言。
- 文書中のすべての表について処理を繰り返す。
- 省略記法。表を処理。
- 表に［表（格子）］スタイルを適用。
- 省略記法。表内の段落書式と文字書式をリセット。
- 省略記法。外枠と内側の罫線書式を設定。
- セル内の文字位置を上下の中央に設定。
- 全体の背景色を設定。

```
        For Each myRow In .Rows              各行を処理する。
            With myRow.Cells(1)
                With .Borders(wdBorderRight)      省略記法。
                    .Color = wdColorAutomatic     左端のセルの
                    .LineStyle = wdLineStyleDouble 右側の罫線書式、
                    .lineWidth = wdLineWidth075pt  背景色。太字を設定。
                End With
                .Shading.BackgroundPatternColor = wdColorTan
                .Range.Font.Bold = True
            End With
        Next
        With .Rows.First
            With .Borders(wdBorderBottom)     省略記法。上端の行を処理する。
                .lineWidth = wdLineWidth150pt
            End With
            .Shading.BackgroundPatternColor = wdColorDarkRed
            .Select
            With Selection
                .Font.Bold = True
                .ParagraphFormat.Alignment = wdAlignParagraphCenter
            End With
        End With
    End With
Next
ActiveDocument.Range(0, 0).Select   ……… 文字カーソルを文頭へ戻す。

End Sub
```

ひとロ解説　表の書式の処理は全体から細部へ

　このマクロは「For Each In〜Next」の構文を使って文書内のすべての表を処理します。表の書式設定は全体→各部の順に処理するとムダがありません。そこで、表の全体、左端列、上端列の順に処理しています。

　書式設定にあたっては、現状がどうなっているかわからないので、ひとまず細い罫線だけの［表（格子）］を適用し、段落書式、文字書式を「リセット」します。「表」と「(」の間は半角スペースで、「( )」も半角です。

　続く「.Borders」では、対象の外枠または内側罫線の書式をまとめて設定します。四辺の一部だけ処理するには「.Borders(wdBorderRight)」などのように部位を特定します。「.Shading.BackgroundPatternColor」は網かけの背景色の処理です。「.Shading.ForegroundPatternColor」「.Shading.Texture」を使えば、前景色とパターンも設定できます。

　左端列は「.Columns.First」でも特定できますが、列によってセル幅が異なるとエラーが発生します。そこで、少々面倒でも「For Each myRow In .Rows」のループを使って「各行1番目のセル」を順に処理します。

　「.Rows.First」は上端列の処理ですが、［太字］と［中央揃え］は行単位では処理できないので、「.Select」で範囲を選択した上で処理しています。

30 文書中の表の位置を揃える

表書式

「表を左端から 15mm の位置に揃えたい」「表は中央揃えで、表のタイトルは表の左端に合わせたい」といった処理を行うマクロです。手作業ではあきらめてしまいそうな処理も、マクロを使えば実に簡単に処理できます。

◇「表左揃え」マクロの実行例

マクロを実行すると、左端から指定した位置に表とタイトルが揃う。

表 1　上半期営業実績前年度比（％）

	4月	5月	6月	7月	8月	9月	平均
第1課	3.7	-5.8	1.2	-0.9	7.3	5.5	1.8
第2課	1.8	-7.2	-0.5	0.7	8.2	13.2	2.7
第3課	-1.3	-7.5	0.8	0.2	3.8	8.3	0.7

◇「表左揃え」マクロを書く

```
Sub 表左揃え()
Dim tbl As Table              ' 表を処理する変数を宣言。
Dim ind As Single             ' 左端の位置を入れる変数を宣言。

ind = MillimetersToPoints(15) ' 左端の位置を変数「ind」に割り当てる。

For Each tbl In ActiveDocument.Tables   ' 文書中のすべての表について処理を繰り返す。
    With tbl
        .Rows.Alignment = wdAlignRowLeft    ' [左揃え]とし、位置を設定。
        .Rows.LeftIndent = ind
        .Range.Previous(wdParagraph, 1).ParagraphFormat.LeftIndent = ind
    End With
Next                          ' 表の前の段落の左インデントを設定。
End Sub
```

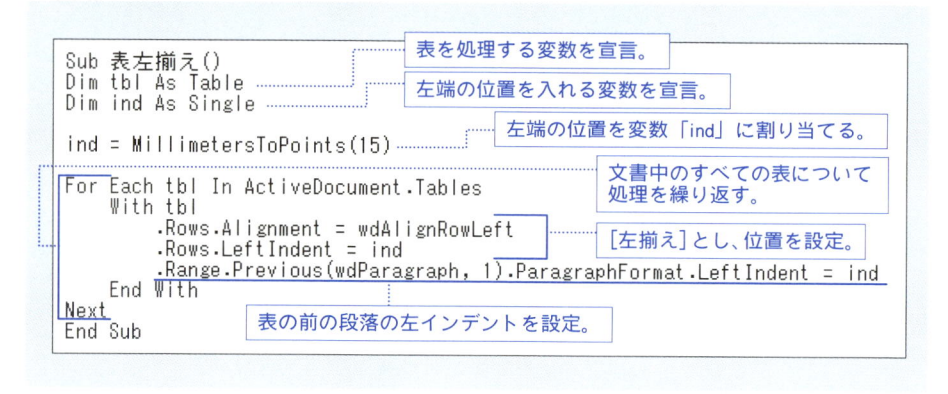

ひと口解説　表の左端の位置は「行のインデント」で決める

表には専用の「左インデント」を設定できます。ただし、そのためには配置形式を［左揃え］にする必要があります。また、表の左インデントと配置形式は、「Table」ではなく「Row」の要素なので注意してください。

下から 4 行目の「.Previous(単位, 数)」は、処理範囲の前の要素を特定できる便利なメソッドで、ここでは表の 1 つ前の段落を特定し、インデントを設定しています。

なお、前ページの事例ではタイトルと表が少しずれています。これは表のセル内に設定されている「本文との空き」オプションによるものです。空きが気になる場合には下から4行目の右辺に「- .LeftPadding」を付け加えてください。これはセル内の左側の空きを表すプロパティです。

◇「表中央揃え」マクロの実行例

マクロを実行すると、表は中央に揃い、タイトルは表の左端に揃う。

表 1 上半期営業実績前年度比（％）

	4月	5月	6月	7月	8月	9月	平均
第1課	3.7	-5.8	1.2	-0.9	7.3	5.5	1.8
第2課	1.8	-7.2	-0.5	0.7	8.2	13.2	2.7
第3課	-1.3	-7.5	0.8	0.2	3.8	8.3	0.7

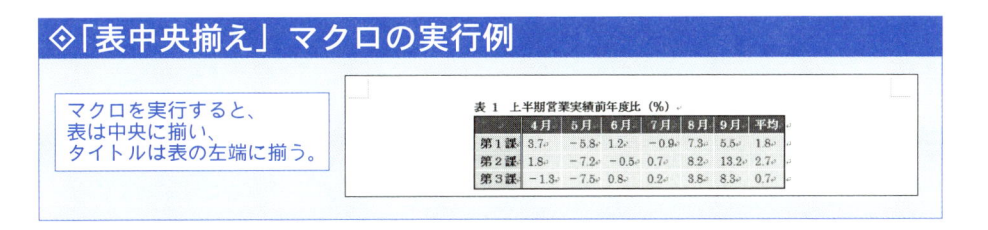

◇「表中央揃え」マクロを書く

```
Sub 表中央揃え()
    Dim tbl As Table              ' 表を処理する変数を宣言。
    Dim sWidth As Single          ' 本文幅を入れる変数を宣言。
    Dim ind As Single             ' 表タイトルの左端の位置を入れる変数を宣言。

    With ActiveDocument.PageSetup
        sWidth = .PageWidth - .LeftMargin - .RightMargin   ' 省略記法。本文幅を計算して「sWidth」に割り当てる。
    End With

    For Each tbl In ActiveDocument.Tables
        With tbl                                            ' 省略記法。
            .Rows.Alignment = wdAlignRowCenter             ' 表を中央揃えにする。
            .PreferredWidthType = wdPreferredWidthPoints
            ind = (sWidth - .PreferredWidth) / 2           ' 表の左端位置を計算。
            .Range.Previous(wdParagraph, 1).ParagraphFormat.LeftIndent = ind
        End With                                            ' 表の前の段落の左インデントを設定。
    Next
End Sub                                                     ' 文書中のすべての表について処理を繰り返す。
```

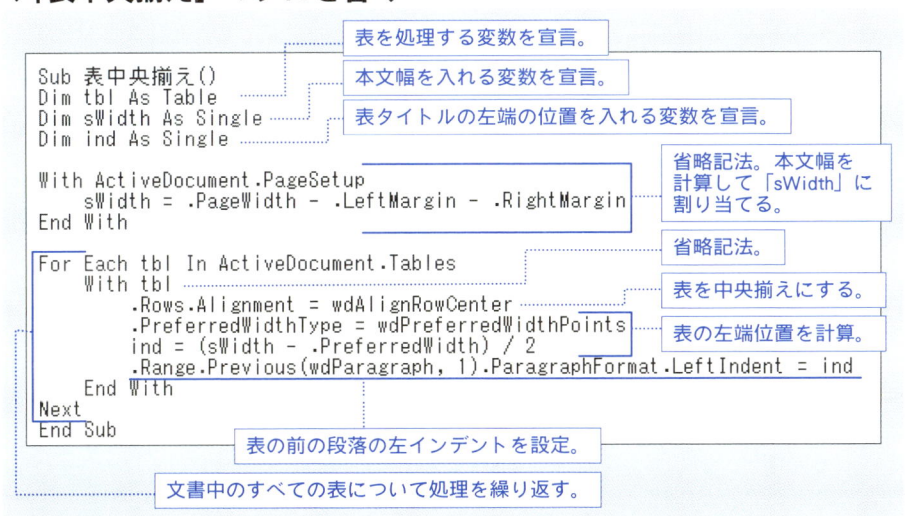

ひとロ解説　表の左端の位置を計算する

こちらは表を中央に揃え、タイトルは表の左端に合わせるマクロです。左端の位置は「（本文幅－表幅）÷2」で計算できます。

表幅は「.PreferredWidth」でわかりますが、この値はいつも寸法で示されるわけではなく、本文幅に対する比率で示される場合もあります。寸法を調べるには、あらかじめ「.PreferredWidthType = wdPreferredWidthPoints」のように書き、「.PreferredWidth」が示す値を指定する必要があります。

表書式

31 すべての表幅を3種類に統一する

表を単純に挿入すると本文幅に合わせて配置されます。しかし、そのままではメリハリが薄れ、読みにくくなります。そこで、ひとまず文字幅に合わせて調整し、その結果によって表幅を「本文幅」「2/3」「1/3」に調整するマクロを作ってみました。

◇「表幅調整」マクロの実行例

マクロを実行すると、中身に合わせて表幅が3種類に調整される。　……　本文幅。

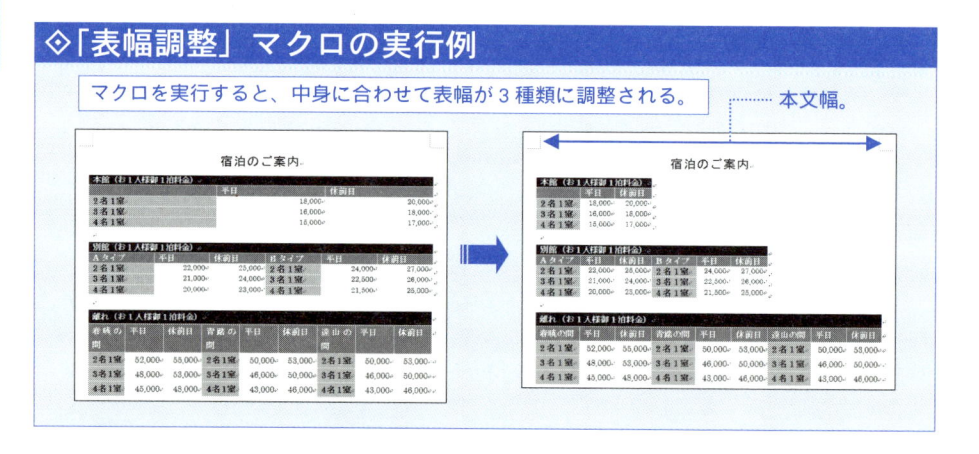

◇「表幅調整」マクロを書く

```
Sub 表幅調整()               表を処理する変数を宣言。        文書中のすべての表について
    Dim tbl As Table                                        処理を繰り返す。

    For Each tbl In ActiveDocument.Tables
        With tbl                                            省略記法。
            .AutoFitBehavior (wdAutoFitContent)             中身に合わせて
            .PreferredWidthType = wdPreferredWidthPercent   列幅を自動調整する。
            Select Case .PreferredWidth
                Case Is <= 100 / 3                          表幅の基準を%にする。
                    .PreferredWidth = 100 / 3
                Case Is <= 200 / 3                          表幅の比率を調べ、
                    .PreferredWidth = 200 / 3               結果によって幅を調整する。
                Case Else
                    .PreferredWidth = 100
            End Select
        End With                                            この部分は下の3行で
    Next                                                    処理することもできる。

End Sub

        If .PreferredWidth Mod 100 / 3 > 1 Then
            .PreferredWidth = (Int(.PreferredWidth * 3 / 100) + 1) * 100 / 3
        End If
```

ひと口解説

列幅を自動調整してから適性幅を計算

　このマクロでは、表が最小限必要とする幅を調べた上で表幅を調整します。そこでまず「.AutoFitBehavior(wdAutoFitContent)」で列幅を中身に合わせて自動調整します。中身が多くても本文幅以上に拡がることはありません。次に「.PreferredWidthType = wdPreferredWidthPercent」で表幅の単位を本文幅に対する比率に設定します。

　あとは現在の表幅率「.PreferredWidth」を調べ、その大きさによって調整幅を変えます。たとえば「Case Is <= 100 / 3」では、「表幅が100/3以下」つまり「33.33……%以下」であれば「.PreferredWidth = 100 / 3」によって約33%に調整します。「Case Is <= 200 / 3」は「100の2/3」つまり「66.66……%」です。どちらにも当てはまらなければ本文幅の2/3より大きいので、本文幅に合わせて「100%」とします。「Select Case」の中は上から順に処理されるので、この場合は狭い表幅から並べるのがポイントです。

　なお、少し変則的ですが、表幅の調整処理は前ページ下部に示した3行で済ませることもできます。これは、列幅を調整した結果が本文幅の1/3で割り切れなければ、表幅を1/3の倍数に調整するという処理です。

　割り切れたかどうかを判定するには「Mod」関数を使って「分子 Mod 分母」のように書き、余りを算出します。本来であれば「If .PreferredWidth Mod 100 / 3 <> 0」とするところですが、計算誤差のため、たとえ100を100で割っても余りが「0」になるとは限りません。そこでやむを得ず余りが「1」以下は割り切れたものと見なし、条件は「>1」としました。

　処理自体はあまりスマートではありませんが、この方式を使うと、区分数の変更が簡単になります。下図は最初に定数「typeNo」を宣言していますが、これが区分数となっており、右辺を「4」「5」……のように変えれば、調整幅の基本単位は「1/4」「1/5」などのように変わります。

```
Sub 表幅調整2()
Dim tbl As Table
Const typeNo As Integer = 3        ' 区分数を定数として宣言。
For Each tbl In ActiveDocument.Tables
    With tbl
        .AutoFitBehavior (wdAutoFitContent)
        .PreferredWidthType = wdPreferredWidthPercent
        If .PreferredWidth Mod 100 / typeNo > 1 Then
            .PreferredWidth = (Int(.PreferredWidth * typeNo / 100) + 1) * 100 / typeNo
        End If
    End With
Next
End Sub
```

区分数を定数として宣言。

表幅が（100 / 区分数）で割り切れなければ（100 / 区分数）の倍数に調整。

表幅÷（100/区分数）と同じ意味。

32 表書式
表にスタイルを一括設定する

選択した表に適用されているスタイルを、他のスタイルにも一括設定します。表スタイルには、タイトル行や左端列、縞模様などの書式を採用するかどうかというオプションがあるので、それらのオプションも設定します。

◇「表スタイル一括適用」マクロの実行例

表中に文字カーソルを置いてマクロを実行すると、他の表にも同じ表スタイルが適用される。

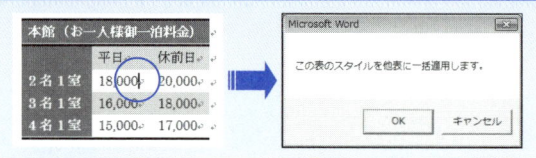

◇「表スタイル一括適用」マクロを書く

```
Sub 表スタイル一括適用()
Dim srcTbl, tbl As Table          表用の変数を2つ宣言。    条件を満たさなければ終了。

If Selection.Range.Information(wdWithInTable) = False Then End
If MsgBox("表スタイルを他表に適用します。", vbOKCancel) = vbCancel Then End
Set srcTbl = Selection.Tables(1)
For Each tbl In ActiveDocument.Tables    選択した表を「srcTbl」に割り当てる。
    With tbl
        .Style = Selection.Tables(1).Style
        .ApplyStyleHeadingRows = srcTbl.ApplyStyleHeadingRows
        .ApplyStyleLastRow = srcTbl.ApplyStyleLastRow
        .ApplyStyleFirstColumn = srcTbl.ApplyStyleFirstColumn
        .ApplyStyleLastColumn = srcTbl.ApplyStyleLastColumn
        .ApplyStyleColumnBands = srcTbl.ApplyStyleColumnBands
        .ApplyStyleRowBands = srcTbl.ApplyStyleRowBands
    End With
Next
End Sub
```

省略記法。スタイルとオプションを適用する。

この2行はWord2003以前では書かないように注意。

ひと口解説 選択した表のスタイルを別の表に一括適用する

最初の「If」文で、文字カーソルが表中になければ終了します。2つ目の「If」文でメッセージを表示し、[キャンセル] ボタンがクリックされたら終了します。そうでなければ選択した表を変数「srcTbl」に割り当て、「srcTbl」の表スタイルとオプションをすべての表に適用します。選択した表自身にもループ内で処理されますが、現実的には問題ありません。

図編集
33 アンカーのロックを切り替える

本文の横や前面、背面などに配置した図の位置をうまく決めるポイントは「アンカーのロック」ですが、ロックの切り替えはなかなか面倒です。そこで、簡単に切り替えられるマクロを紹介します。

◇「アンカーロック切り替え」マクロの実行例

マクロを実行するたびにアンカーの状態が切り替わる。

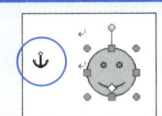

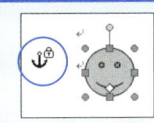

◇「アンカーロック切り替え」マクロを書く

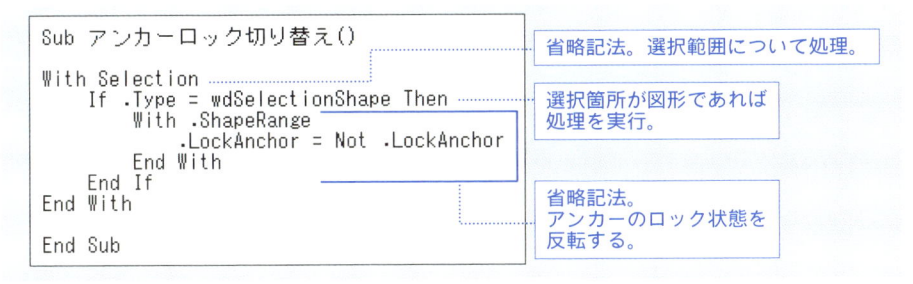

```
Sub アンカーロック切り替え()
    With Selection
        If .Type = wdSelectionShape Then
            With .ShapeRange
                .LockAnchor = Not .LockAnchor
            End With
        End If
    End With
End Sub
```

- 省略記法。選択範囲について処理。
- 選択箇所が図形であれば処理を実行。
- 省略記法。アンカーのロック状態を反転する。

ひと口解説 図の位置決めのポイントはアンカーロック

Wordでは、オートシェイプや写真などを［四角］や［前面］などの形式でページ上に置くことができます。この形式の図は本文段落のどこかに「連結」されており、連結先が別のページへ動けば図も同じページへ動きます。そこで、たとえば見出しなど、図と同じページに表示させたい段落に連結先を固定すれば、レイアウトのくずれを防ぎやすくなります。

連結先を固定するには図をクリックしてアンカーを表示させ、アンカーをドラッグし、ダイアログボックスを呼び出して「ロック」します。別の箇所に連結し直すにはダイアログボックスを呼び出してロックを解除し、アンカーを付け替えます。このマクロを使えば、そんな手間からすっきり解放されます。

図編集

34 すべての行内配置図版に番号を付ける

図の配置形式には、本文の段落内に埋め込む「行内配置」と、本文の横や前面、背面などに置く「浮動配置」があります。ここでは、「行内配置」されている図に限って図番号を付けるマクロを紹介します。

◇「行内配置図番号一括挿入」マクロの実行例

マクロを実行するとタイトルに図番号が付く。

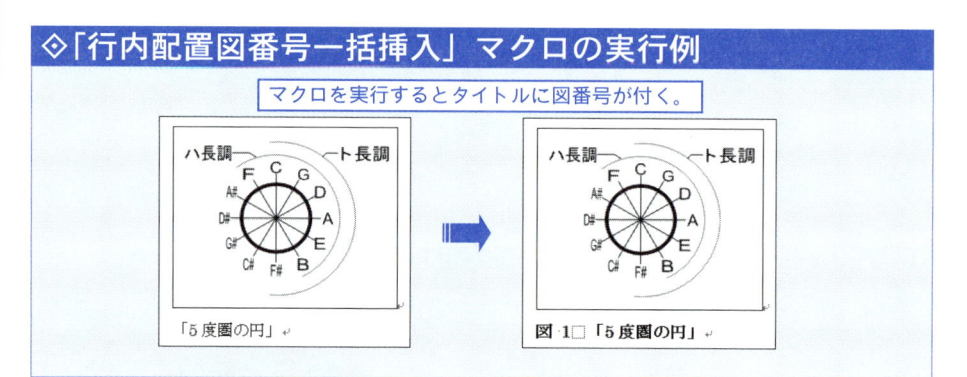

「5度圏の円」　→　図・1□「5度圏の円」

◇「行内配置図番号一括挿入」マクロを書く

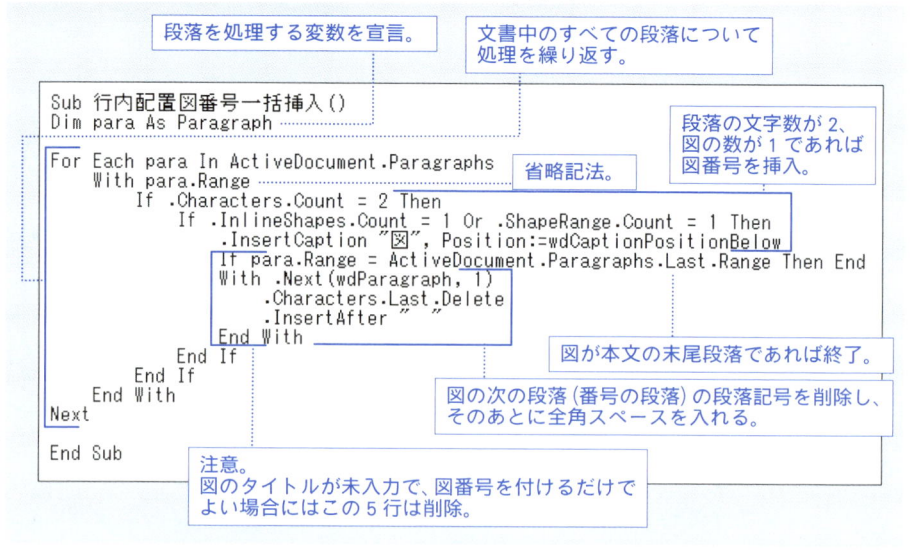

段落を処理する変数を宣言。
文書中のすべての段落について処理を繰り返す。
省略記法。
段落の文字数が2、図の数が1であれば図番号を挿入。
図が本文の末尾段落であれば終了。
図の次の段落（番号の段落）の段落記号を削除し、そのあとに全角スペースを入れる。
注意。図のタイトルが未入力で、図番号を付けるだけでよい場合にはこの5行は削除。

```
Sub 行内配置図番号一括挿入()
Dim para As Paragraph

For Each para In ActiveDocument.Paragraphs
    With para.Range
        If .Characters.Count = 2 Then
            If .InlineShapes.Count = 1 Or .ShapeRange.Count = 1 Then
                .InsertCaption "図", Position:=wdCaptionPositionBelow
                If para.Range = ActiveDocument.Paragraphs.Last.Range Then End
                With .Next(wdParagraph, 1)
                    .Characters.Last.Delete
                    .InsertAfter " "
                End With
            End If
        End If
    End With
Next

End Sub
```

📖 7行目の"図"の部分は文書に作成済みのラベルを使わないとエラーになる。

ひと口解説

実際の行内配置とマクロでの行内配置は異なる

　Word の図の配置形式には、図を段落内に固定する「行内配置」形式と、本文の横や前面、背面に配置する「浮動配置」形式があります。このマクロでは、段落内に置かれた「行内配置」形式の図に図番号を付けます。

　ただし、本文中に小さな図を入れている場合もあり得るので、5 行目の「If .Characters.Count = 2 Then」で文字数を限定しています。1 文字は段落記号に決まっているので、続く「If .InlineShapes.Count = 1 Or .ShapeRange.Count = 1 Then」が成立すれば残りの 1 文字は図ということになります。

　ここで、図を扱うオブジェクトには「Shape」と「InlineShape」がありますが、描画キャンバスとオートシェイプは行内配置しても「Shape」扱いになります。「If」文で「InlineShape」と「Shape」の両方を調べているのはそのためです。

　「.InsertCaption "図", Position:=wdCaptionPositionBelow」は Word の「図表番号の挿入」に対応する処理です。「Position:=〜」を省けば対象の上に番号段落が挿入されます。「図」の部分は、存在しないラベルを書くとエラーになります。その場合には「For」文の前に、たとえば次のような 1 行を追加し、ラベルを作っておいてください。

```
CaptionLabels.Add "イラスト"
```

　続く 5 行分は、タイトル入力済みの場合の処理です。タイトル未入力の文書を処理する場合にはこの 5 行は削除してください。

　タイトルを入力済みの場合、図とタイトルの間に番号段落が入るので、「With .Next(wdParagraph, 1)」以降の 4 行で番号末尾の段落記号を削除して番号とタイトルをつなげ、番号のあとに全角スペースを補います。

　その前の「If para.Range = ActiveDocument.Paragraphs.Last.Range Then End」は、もし文末の段落に図が入っている場合、この処理を行わずに続行すると、存在しない「With .Next(wdParagraph, 1)」を処理することになり、エラーが発生します。タイトル入力済みという前提なので起こりえないはずですが、「念のため」の 1 行です。

　なお、「.InsertAfter "　"」は番号とタイトルの間に全角スペースを入れる処理です。スペース以外の文字を入れる場合にはこの 1 行を削除し、かわりに「.InsertCaption」の中で「Title:="文字"」のように指定する方法もあります。

図編集

35 図を 10%ずつ拡大・縮小する

選択した図を 10%ずつ拡大・縮小するマクロです。そのまま実行すれば拡大、[Shift] キーを押したままで実行すれば縮小します。このマクロを利用するには、マクロをボタン化しておくと便利です。なお、描画キャンバス内の図には使えません。

◇「図拡大縮小」マクロの実行例

マクロを実行すると 10%ずつ拡大。

[Shift] キーを押したままで実行すると 10%ずつ縮小。

◇「図拡大縮小」マクロを書く

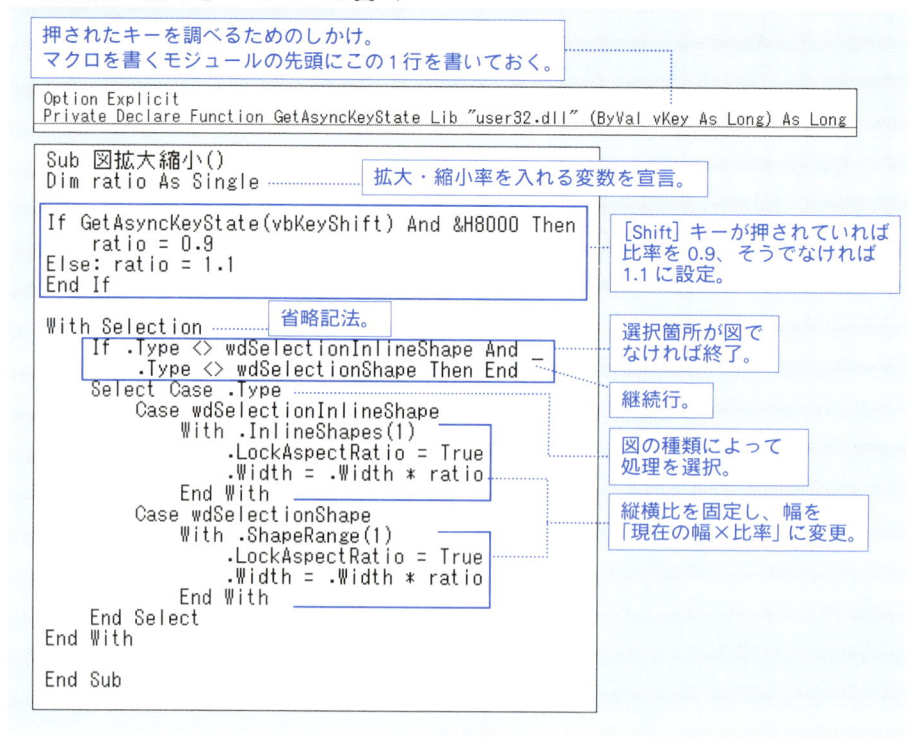

押されたキーを調べるためのしかけ。
マクロを書くモジュールの先頭にこの 1 行を書いておく。

```
Option Explicit
Private Declare Function GetAsyncKeyState Lib "user32.dll" (ByVal vKey As Long) As Long

Sub 図拡大縮小()
Dim ratio As Single           ' 拡大・縮小率を入れる変数を宣言。

If GetAsyncKeyState(vbKeyShift) And &H8000 Then
    ratio = 0.9
Else: ratio = 1.1
End If
                              ' [Shift] キーが押されていれば
                              ' 比率を 0.9、そうでなければ
                              ' 1.1 に設定。

With Selection                ' 省略記法。
    If .Type <> wdSelectionInlineShape And _
        .Type <> wdSelectionShape Then End
                              ' 選択箇所が図でなければ終了。
                              ' 継続行。
    Select Case .Type         ' 図の種類によって処理を選択。
        Case wdSelectionInlineShape
            With .InlineShapes(1)
                .LockAspectRatio = True
                .Width = .Width * ratio
            End With
        Case wdSelectionShape
            With .ShapeRange(1)
                .LockAspectRatio = True
                .Width = .Width * ratio
            End With
                              ' 縦横比を固定し、幅を
                              ' 「現在の幅×比率」に変更。
    End Select
End With

End Sub
```

ひと口解説

［Shift］キーによって図の拡大と縮小を切り替える

このマクロは、図の配置形式にかかわらず 10％ずつ拡大・縮小します。比率は最初の「If」文の中で決めており、変数「ratio」に入れる値を変えれば、比率は簡単に変えることができます。

拡大・縮小の区別は［Shift］キーが押されているかどうかで区別します。その判断を行っているのが「If GetAsyncKeyState(vbKeyShift) And &H8000 Then」の部分で、［Shift］キーが押されていれば条件が成立します。

ただし、「GetAsyncKeyState( )」は Word ではなく Windows が持っている関数で、利用するには標準モジュールの先頭に次の 1 行を書いておく必要があります。

```
Private Declare Function GetAsyncKeyState Lib "User32.dll" (ByVal vKey As Long) As Long
```

この行は Word マクロの範囲を越えるので詳細は割愛しますが、興味のある方は「Windows API」関係の解説書をご参照ください。

> 📖 標準モジュールについては 20 ページ「マクロの記入場所を作る」をご参照ください。
> 📖 前ページのマクロの先頭に見られる「Option Explicit」については 19 ページ「最初にやっておきたいオプション設定」をご参照ください。

比率が決まったら、選択範囲「Selection」に対して処理を実行します。図は「InlineShape」と「Shape」の 2 種類がありますが、選択範囲がそのいずれでもなければマクロを終了します。

どちらかであれば、種類に応じて「Select Case」の中で処理を実行します。処理内容はどちらも同じで、まず縦横比を固定した上で幅を調整します。縦横比を固定しているので、高さも変わります。

なお、このマクロを活用するには、マクロをボタン化すると便利です。ボタンをそのままクリックすれば拡大、［Shift］キーを押したままでクリックすれば縮小されます。

> 📖 ボタン化については 71〜75 ページの各項または 76 ページ「独自のタブとボタンを作る(2007/2010)」をご参照ください。

36 章見出しを一気にワードアート化する

図編集

ワードアートは便利ですが、数が多いと大変です。そこで、最初にひとつ作り、あとは文書中の該当箇所を一気にワードアート化するマクロを紹介します。ここでは章見出しの例を採り上げますが、工夫しだいでいろいろな場面に応用できます。

◇「章見出しワードアート化」マクロの実行例

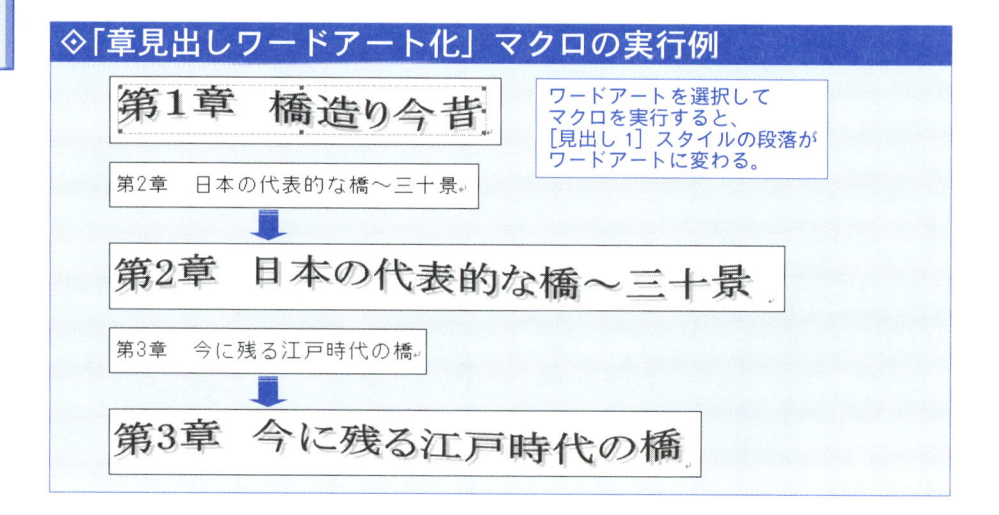

ワードアートを選択してマクロを実行すると、[見出し1]スタイルの段落がワードアートに変わる。

📖 このマクロを利用する場合、章番号は普通の文字として直接入力しておいてください。Wordの見出し番号を使っている場合、その部分はワードアート化されません。

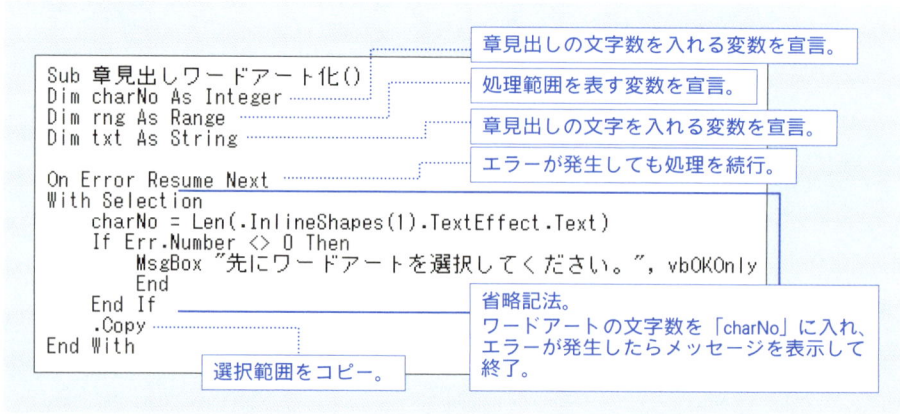

◇「章見出しワードアート化」マクロを書く

```
Sub 章見出しワードアート化()
Dim charNo As Integer
Dim rng As Range
Dim txt As String

On Error Resume Next
With Selection
    charNo = Len(.InlineShapes(1).TextEffect.Text)
    If Err.Number <> 0 Then
        MsgBox "先にワードアートを選択してください。", vbOKOnly
        End
    End If
    .Copy
End With
```

- 章見出しの文字数を入れる変数を宣言。
- 処理範囲を表す変数を宣言。
- 章見出しの文字を入れる変数を宣言。
- エラーが発生しても処理を続行。
- 省略記法。ワードアートの文字数を「charNo」に入れ、エラーが発生したらメッセージを表示して終了。
- 選択範囲をコピー。

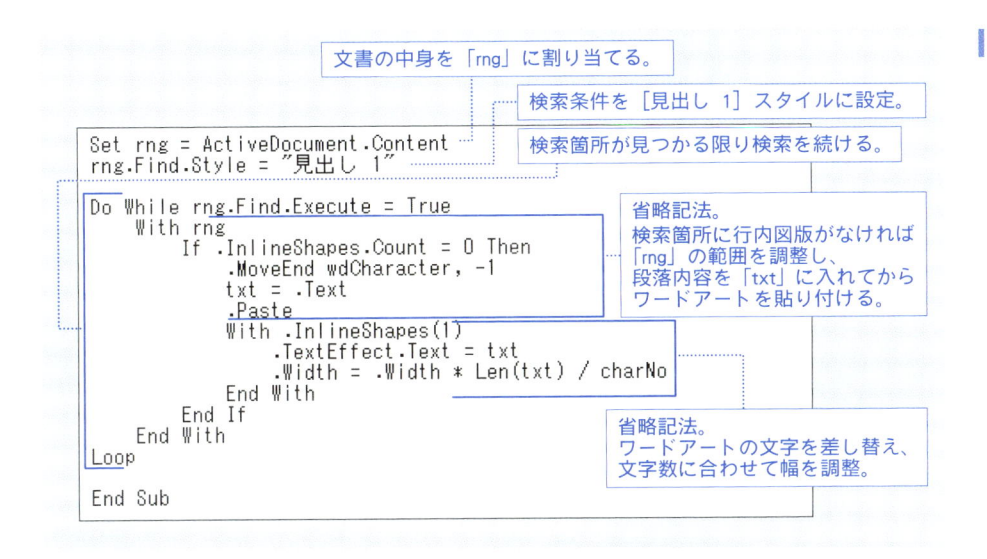

```
Set rng = ActiveDocument.Content
rng.Find.Style = "見出し 1"
Do While rng.Find.Execute = True
    With rng
        If .InlineShapes.Count = 0 Then
            .MoveEnd wdCharacter, -1
            txt = .Text
            .Paste
            With .InlineShapes(1)
                .TextEffect.Text = txt
                .Width = .Width * Len(txt) / charNo
            End With
        End If
    End With
Loop
End Sub
```

注釈:
- 文書の中身を「rng」に割り当てる。
- 検索条件を［見出し 1］スタイルに設定。
- 検索箇所が見つかる限り検索を続ける。
- 省略記法。検索箇所に行内図版がなければ「rng」の範囲を調整し、段落内容を「txt」に入れてからワードアートを貼り付ける。
- 省略記法。ワードアートの文字を差し替え、文字数に合わせて幅を調整。

ひと口解説 行内配置のワードアートは特定できない

　このマクロでは、あらかじめ体裁を整えたワードアートを利用し、別の章見出しの内容を同じ体裁のワードアートに置き換えます。

　［行内］配置形式のワードアートは「InlineShape」扱いになりますが、選択した「InlineShape」がワードアートかどうかを判定する方法はありません。そこで「選択箇所はワードアートである」という前提で、いきなり「charNo = Len(.InlineShapes(1).TextEffect.Text)」としました。右辺の「Len( )」は文字数を調べる関数で、中身の「.InlineShapes(1).TextEffect.Text」は「選択した InlineShape のワードアートの文字」という意味です。

　選択箇所がワードアートでなければエラーになるので、あらかじめ「On Error Resume Nex」を置き、エラーが発生しても処理を続行するように指示しています。エラーが発生すると「Err.Number」は「0」以外の値になるので、メッセージを表示してマクロを終了します。

　問題がなければワードアートをコピーし［見出し 1］スタイルの箇所を検索します。「1」の前に半角スペースが入るので注意してください。

　検索箇所に「InlineShape」がなければ未処理と判断し、以下の処理を行います。まず検索段落末尾の段落記号を範囲からはずして文字内容を変数「txt」に入れた上でワードアートを貼り付け、その文字を「txt」の内容に置き換え、コピー元の文字数との比率に合わせて幅を調整します。

図編集

37 描画キャンバスの図をグループ化する

描画キャンバス内の図を、選択せずに瞬時にグループ化するマクロです。描画キャンバス上でも図は簡単に動くので、グループ化した方が安心です。また、同じ書式をまとめて設定したり、図をまとめてコピーするといった場合にも役立ちます。

◇「描画キャンバス内図版グループ化」マクロの実行例

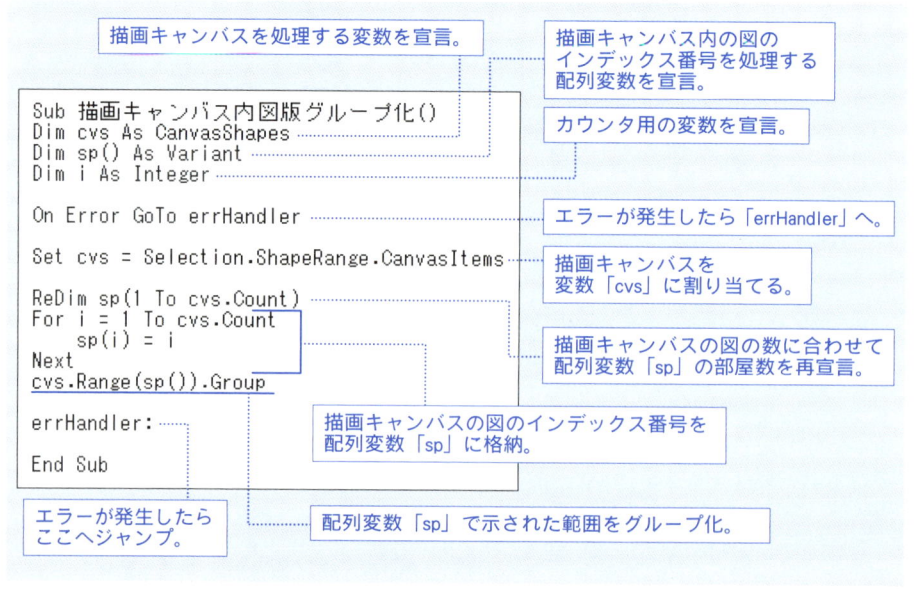

マクロを実行すると描画キャンバス上の図がグループ化される。

◇「描画キャンバス内図版グループ化」マクロを書く

```
Sub 描画キャンバス内図版グループ化()
Dim cvs As CanvasShapes
Dim sp() As Variant
Dim i As Integer

On Error GoTo errHandler

Set cvs = Selection.ShapeRange.CanvasItems

ReDim sp(1 To cvs.Count)
For i = 1 To cvs.Count
    sp(i) = i
Next
cvs.Range(sp()).Group

errHandler:

End Sub
```

- 描画キャンバスを処理する変数を宣言。
- 描画キャンバス内の図のインデックス番号を処理する配列変数を宣言。
- カウンタ用の変数を宣言。
- エラーが発生したら「errHandler」へ。
- 描画キャンバスを変数「cvs」に割り当てる。
- 描画キャンバスの図の数に合わせて配列変数「sp」の部屋数を再宣言。
- 描画キャンバスの図のインデックス番号を配列変数「sp」に格納。
- 配列変数「sp」で示された範囲をグループ化。
- エラーが発生したらここへジャンプ。

ひと口解説

図のグループ化は配列変数が便利

　このマクロの対象は描画キャンバスなので、選択箇所が描画キャンバスかどうかをチェックする処理を入れるのがきれいな方法ですが、Word2007以前と2010では描画キャンバスの仕様が変わり、両方に対応するのは少々煩雑です。そこで、「エラーが発生したらerrHandlerにジャンプする」という方法で対処しています。

　選択箇所が不適切であれば「Set cvs = Selection.ShapeRange.CanvasItems」を実行できず、エラーが発生します。描画キャンバスが選択されていればエラーは発生しないので、変数「cvs」に選択範囲を割り当てます。

　グループ化は「.Group」メソッドで行います。処理対象は「.」の前に指定した図版の範囲です。あらかじめ選択した図版をグループ化するのであれば「Selection.ShapeRange.Group」のように書くことができますが、このマクロは「あらかじめ選択する」という手間を省くのが眼目です。

　そこで役に立つのが「〜.Range(配列変数).Group」という書き方で、配列変数の中身として図の名前またはインデックス番号を指定すると、指定された図をグループ化することができます。

　描画キャンバスの図のインデックス番号は「1」から順にふられるので、「For〜Next」のループを使えば簡単に処理できます。

　ちなみに、「〜.Range(配列変数).Group」で使う配列変数は「Variant型」と決められているので、この処理に使う配列変数「sp( )」は「Variant型」として宣言しています。最初の段階では部屋数は決まらないので、描画キャンバスが特定してから「ReDim」で再宣言します。

　　📖 配列変数については150ページのコラム「複数のデータをひとつの変数で処理する（配列変数）」をご参照ください。

　なお、Wordには図のグループを解除するコマンド「DrawUngroup」があります。ここで紹介したグループ化マクロと「DrawUngroup」にそれぞれショートカットキーを割り当てておくと、グループ化←→グループ解除を瞬時に行うことができ、とても便利です。

　　📖 ショートカットキーの割り当てについては70ページ「マクロにショートカットキーを割り当てる」をご参照ください。「DrawUngroup」に割り当てるには、[キーボードのユーザー設定]ダイアログボックスの[分類(C):]で[すべてのコマンド]を選択します。

図編集
38 描画キャンバスのグループ解除（2007以前）

図のグループを解除するには［グループ解除］コマンドを使えばよいのですが、何重にもグループ化されている場合には手間がかかります。そこで、描画キャンバス上のグループを一挙に解除するマクロを紹介します。

◇「描画キャンバス内グループ解除」マクロの実行例

マクロを実行すると描画キャンバス上のグループがすべて解除される。

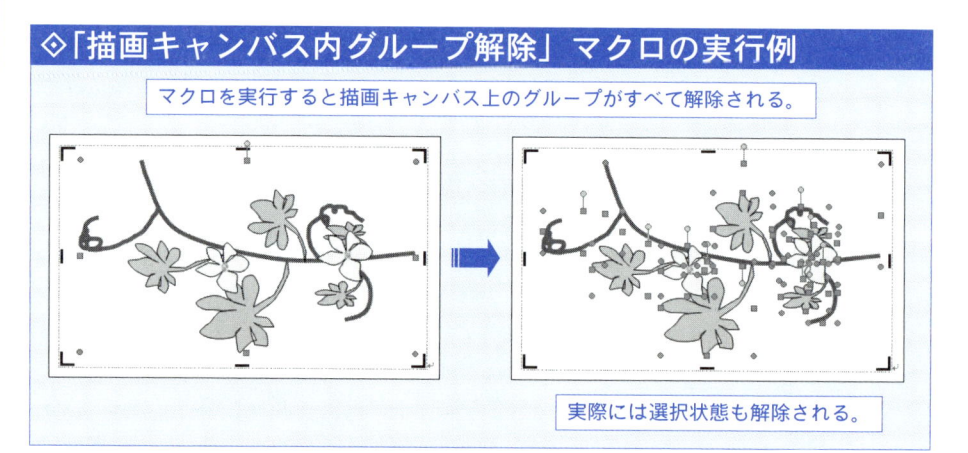

実際には選択状態も解除される。

◇「描画キャンバス内グループ解除」マクロを書く

```
Sub 描画キャンバス内グループ解除()
Dim s As Integer        ' 描画キャンバスの子図の数を入れる変数を宣言。
Dim i As Integer        ' カウンタ用の変数を宣言。

If Selection.Type <> wdSelectionShape Then End
If Selection.ShapeRange.Type <> msoCanvas Then End
                        ' 選択箇所が描画キャンバスでなければ終了。

With Selection.ShapeRange.CanvasItems
                        ' 省略記法。描画キャンバスの図について処理。
    For i = 1 To .Count
        If .Item(i).Type = msoGroup Then
            s = s + .Item(i).GroupItems.Count
        Else: s = s + 1
        End If
    Next                ' 描画キャンバスの図を調べ、グループであれば子の数を、そうでなければ「1」を足す。
    Do
        .SelectAll
        Application.Run "DrawUngroup"
    Loop Until .Count = s
                        ' 「全選択」→グループ解除を、親図と子図の数が一致するまで繰り返す。
    Selection.Collapse  ' 選択を解除する。
End With

End Sub
```

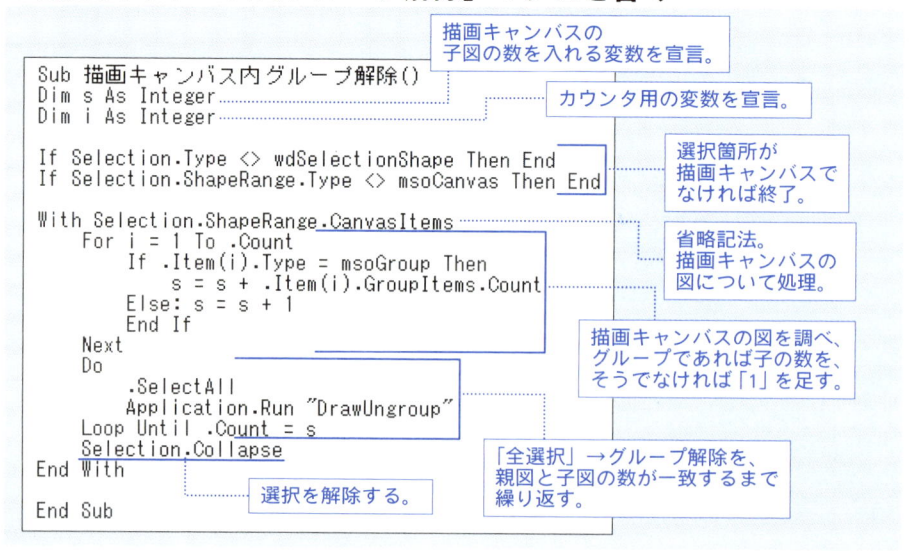

ひと口解説

多重グループは「Do～Loop」で処理

　オートシェイプを組み合わせて複雑な図形を作る場合、ひとまずでき上がった部分をグループ化したり、グループ化した部品を組み合わせて全体を仕上げることがあります。

　グループ内の子図は、親グループをクリックしてからさらに子図をクリックすれば選択でき、枠線や色などの書式を変更することができます。しかし、子図だけ位置を調整したり削除することはできず、その場合にはグループを解除する必要があります。

　一重のグループなら、マクロを使うまでもなく Word の「グループ解除」で処理できますが、何重にもグループ化されている場合、「グループ解除」を繰り返しても一部が解除できるだけで、目的のグループを解除できるとは限りません。

　そこでこのマクロでは、描画キャンバス内のすべてのグループを一挙に解除できるようにしてみました。前項の「描画キャンバス内図版グループ化」マクロと対で使えば重宝すると思います。

　グループを解除するには、グループに対して「Ungroup」というメソッドを使う方法がありますが、Word2007 以前では描画キャンバス内のグループには使えません。

　そこでこのマクロでは、Word の「グループ解除」コマンドを利用することにしました。それが「Do～Loop」内の「Application.Run "DrawUngroup"」です。直前に「.SelectAll」があるので、描画キャンバス内のすべての図に対して実行されます。

　ただし、この方法で解除できるのは選択図版内の最上位の親グループだけなので、多重グループでは「全選択→グループ解除」を何度か繰り返す必要があります。

　そこで、どこまで処理を繰り返すかを判断するために、あらかじめ「For～Next」のループを使って描画キャンバス内の子図を数え、変数「s」に入れておきます。

　あとはグループを解除するたびに描画キャンバス内の親図の数を調べ、親図と子図の数が一致したらループを抜けます。それが「Loop Until .Count = s」です。「.Count」は省略記法「With Selection.ShapeRange.CanvasItems」の中なので、「.CanvasItems」の数を表します。

39 図編集 描画キャンバスのグループ解除（2010）

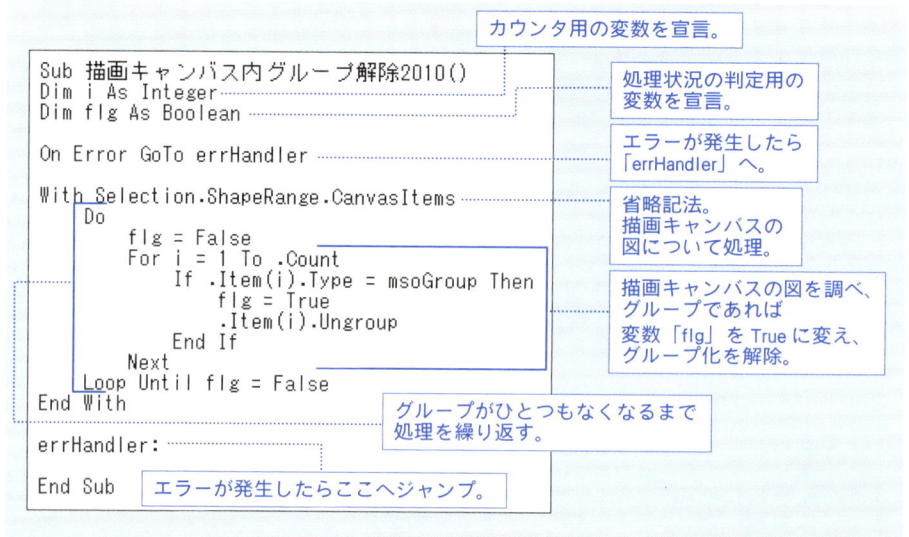

Word2010 では、グループ化された状態でも個々の図を移動したり削除できるようになりました。それでも、グループ化を解除した方が扱いやすい場合もありうるので、描画キャンバス内のグループを一挙に解除するマクロを紹介します。

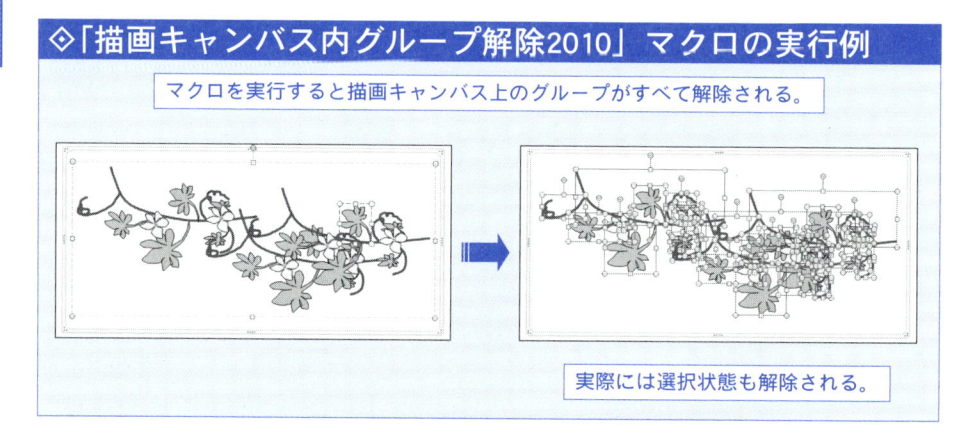

◆「描画キャンバス内グループ解除2010」マクロの実行例

マクロを実行すると描画キャンバス上のグループがすべて解除される。

実際には選択状態も解除される。

◆「描画キャンバス内グループ解除2010」マクロを書く

```
Sub 描画キャンバス内グループ解除2010()
Dim i As Integer
Dim flg As Boolean

On Error GoTo errHandler

With Selection.ShapeRange.CanvasItems
    Do
        flg = False
        For i = 1 To .Count
            If .Item(i).Type = msoGroup Then
                flg = True
                .Item(i).Ungroup
            End If
        Next
    Loop Until flg = False
End With

errHandler:

End Sub
```

- カウンタ用の変数を宣言。
- 処理状況の判定用の変数を宣言。
- エラーが発生したら「errHandler」へ。
- 省略記法。描画キャンバスの図について処理。
- 描画キャンバスの図を調べ、グループであれば変数「flg」を True に変え、グループ化を解除。
- グループがひとつもなくなるまで処理を繰り返す。
- エラーが発生したらここへジャンプ。

ひと口解説 Word2010の描画キャンバスは以前とは異なる

オートシェイプを組み合わせて複雑な図形を作るような場合、ひとまずでき上がった部分をグループ化したり、グループ化した部品を組み合わせて全体を仕上げることがあります。

Word2010ではグループの仕様が変わり、グループ化した状態でも子図を直接選択して枠線や色などの書式を変更したり、移動・削除することができます。その意味ではグループ解除の意義は乏しいとも言えますが、Word2010ではグループの扱いだけでなく描画キャンバスの仕様も変わりました。そのため、参考までにWord2010対応のマクロも作ってみました。

グループを解除するには、グループに対して「Ungroup」というメソッドを使う方法があります。このメソッドは、Word2007以前の描画キャンバス内グループに対しては使えませんが、Word2010仕様の描画キャンバスでは問題なく使うことができます。

ただし、この方法で解除できるのは選択図版内の最上位の親グループだけなので、多重グループではグループ解除を繰り返す必要があります。

そこで、どこまで処理を繰り返すかを判断するために、状況判定用の変数「flg」を用意し、ループ内の先頭で「False」に設定します。次に描画キャンバス内の図の状態を調べ、グループ化されていれば「flg」を「True」に変えた上でグループを解除します。

描画キャンバス内の各親図についてひととおり処理を終えたら「Loop Until flg = False」で変数「flg」の状態を確かめ、「True」、つまりグループをひとつでも解除していれば、その子図にグループ化されたものがある可能性があるので、ループを繰り返します。

グループ化されたものがひとつもなければ「flg」はループ内の最初に設定した「false」のままなので、ループを脱出します。

なお、このマクロは描画キャンバスに対する処理なので、選択箇所が描画キャンバスでなければ「With Selection.ShapeRange.CanvasItems」でエラーが発生します。そこであらかじめ「On Error GoTo errHandler」のように指示し、エラーが発生したら「errHandler:」へジャンプしてマクロを終了します。

40 図編集
選択した図を縦横に整列

Wordの「配置／整列」関係のコマンドを使えば、複数の図を縦横に整列させることは可能ですが、手間がかかります。そこで、横並びの数と縦横の間隔を指定して整列するマクロを作ってみました。チャート図などの作成に便利です。

◇「図版縦横整列」マクロの実行例

マクロを実行すると、選択した図が指定列数、指定間隔に整列される。

整列前の図全体の左上端が基準になる。

参考：図のコピーは［Ctrl］＋［D］が便利。

◇「図版縦横整列」マクロを書く

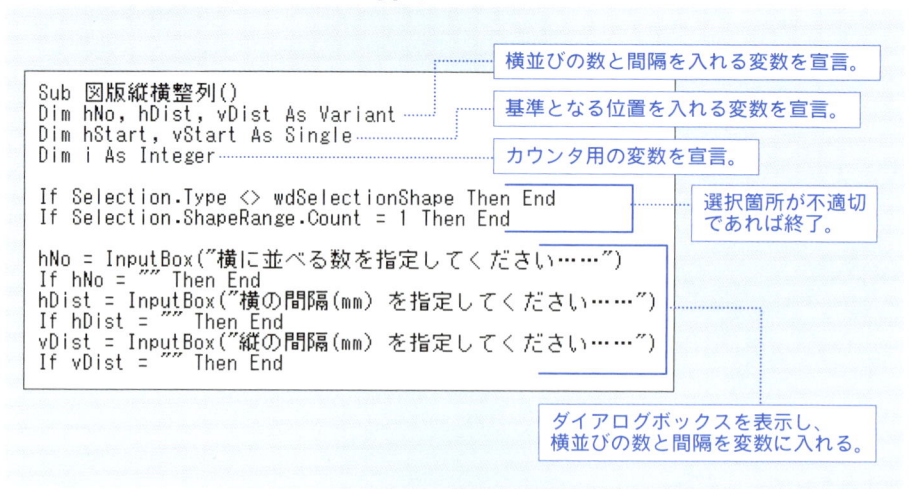

```
Sub 図版縦横整列()
Dim hNo, hDist, vDist As Variant
Dim hStart, vStart As Single
Dim i As Integer

If Selection.Type <> wdSelectionShape Then End
If Selection.ShapeRange.Count = 1 Then End

hNo = InputBox("横に並べる数を指定してください……")
If hNo = "" Then End
hDist = InputBox("横の間隔(mm) を指定してください……")
If hDist = "" Then End
vDist = InputBox("縦の間隔(mm) を指定してください……")
If vDist = "" Then End
```

横並びの数と間隔を入れる変数を宣言。

基準となる位置を入れる変数を宣言。

カウンタ用の変数を宣言。

選択箇所が不適切であれば終了。

ダイアログボックスを表示し、横並びの数と間隔を変数に入れる。

```
With Selection.ShapeRange
    With .Item(1)
        hDist = .Width + MillimetersToPoints(hDist)
        vDist = .Height + MillimetersToPoints(vDist)
        hStart = .Left
        vStart = .Top
    End With
    For i = 1 To .Count
        With .Item(i)
            .LeftRelative = wdShapePositionRelativeNone
            .TopRelative = wdShapePositionRelativeNone
            If hStart > .Left Then hStart = .Left
            If vStart > .Top Then vStart = .Top
        End With
    Next
    For i = 1 To .Count
        With .Item(i)
            .Left = hStart + hDist * ((i - 1) Mod hNo)
            .Top = vStart + vDist * Int((i - 1) / hNo)
        End With
    Next
End With
End Sub
```

注釈:
- With Selection.ShapeRange: 省略記法。選択した図について処理。
- With .Item(1)ブロック: 省略記法。1番目の図の幅、高さ、位置を変数に入れる。
- For i = 1 To .Count（1つ目）: 各図について処理を繰り返す。
- .LeftRelative / .TopRelative: Word2002/2003では書かないこと。
- If文: 各図の位置を調べ、最左端と最上端の位置を割り出す。
- For i = 1 To .Count（2つ目）: 各図について整列処理を繰り返す。

ひと口解説 図の位置決めは基準に配慮

　前ページに示したマクロの前半では、3つのダイアログボックスを表示し、横に並べる数、横と縦の間隔を変数に入れます。

　このマクロはすべての図が同じサイズという前提で処理します。そこで上記2行目の「With .Item(1)」つまり1番目の図から「幅＋横間隔」と「高さ＋縦間隔」を計算し、変数「hDist」と「vDist」に入れ直します。

　また、ひとまず1番目の図の位置を変数「hStart」「vStart」に入れ、次の「For〜Next」ループですべての選択図の位置を調べて全体の左端と上端の位置を割り出し、「hStart」「vStart」に入れ直します。ただし、Word2007以降では比率で位置を決めるオプションが選択されていると正しい距離を得ることができません。そこで、比率ではなく寸法で位置を決めるように指示します。それが「.LeftRelative = wdShapePositionRelativeNone」と「.TopRelative = wdShapePositionRelativeNone」です。

　最後に「For〜Next」ループで図を左から右へ、上から下へ整列します。位置決めには「.Left」「.Top」を使います。横方向1列分の距離は「hDist」なので、左端は「hStart＋hDist×（列位置−1）」で計算できます。列位置は図番号を列数で割った余りを調べればわかります。たとえば4列の場合、6番目の図は「6÷4の余り＝2」で2列目です。縦方向も同様です。

図編集

41 描画キャンバスの図を整列 (2007/2010)

前項では本文上で選択した図の整列マクロを紹介しましたが、こちらは描画キャンバスの図を整列するマクロです。整列の考え方は同様ですが、図の位置決めの方法は異なります。なお、このマクロは Word2003 以前では正しく処理されません。

◇「描画キャンバス内図版縦横整列」マクロの実行例

マクロを実行すると描画キャンバス内の図が指定列数、指定間隔に整列される。

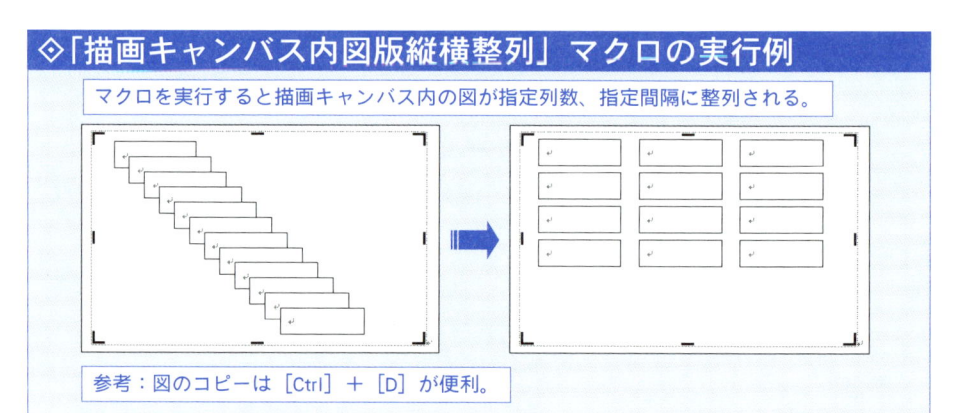

参考：図のコピーは［Ctrl］＋［D］が便利。

- Word2003 以前では使用できません。
- 間隔を揃えるので、図のサイズが混在していると図どうしの位置は不揃いになります。
- 描画キャンバスが整列結果より小さい場合は正しく処理されません。

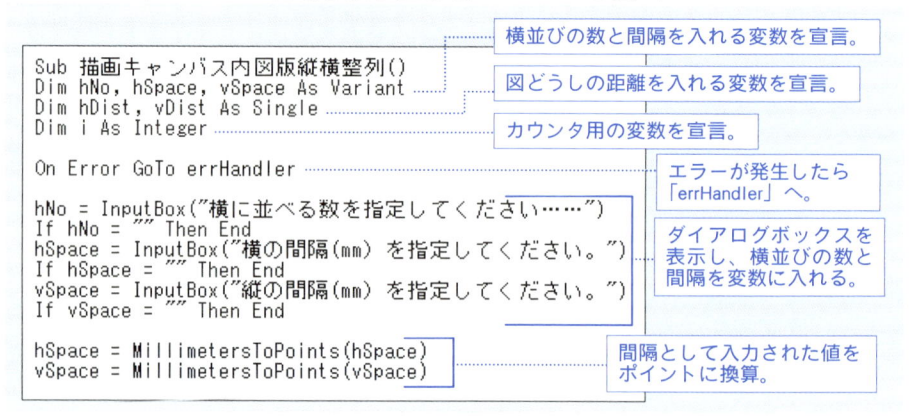

◇「描画キャンバス内図版縦横整列」マクロを書く

```
Sub 描画キャンバス内図版縦横整列()
Dim hNo, hSpace, vSpace As Variant
Dim hDist, vDist As Single
Dim i As Integer

On Error GoTo errHandler

hNo = InputBox("横に並べる数を指定してください……")
If hNo = "" Then End
hSpace = InputBox("横の間隔(mm) を指定してください。")
If hSpace = "" Then End
vSpace = InputBox("縦の間隔(mm) を指定してください。")
If vSpace = "" Then End

hSpace = MillimetersToPoints(hSpace)
vSpace = MillimetersToPoints(vSpace)
```

- 横並びの数と間隔を入れる変数を宣言。
- 図どうしの距離を入れる変数を宣言。
- カウンタ用の変数を宣言。
- エラーが発生したら「errHandler」へ。
- ダイアログボックスを表示し、横並びの数と間隔を変数に入れる。
- 間隔として入力された値をポイントに換算。

```
With Selection.ShapeRange.CanvasItems          省略記法。
    With .Item(1)                              描画キャンバスの図について処理。
        hDist = .Width + hSpace                省略記法。1番目の図から
        vDist = .Height + vSpace               図どうしの距離を計算。
    End With
    For i = 1 To .Count
        With .Item(i)
            .IncrementLeft (-.Left * 20 + hSpace + hDist * ((i - 1) Mod hNo))
            .IncrementTop (-.Top * 20 + vSpace + vDist * Int((i - 1) / hNo))
        End With
    Next
End With

errHandler:         エラーが発生したら       描画キャンバス内の図について
                    ここへジャンプ。         整列処理を繰り返す。
End Sub
```

ひと口解説 描画キャンバス内の位置決めは要注意

　ダイアログボックスで指示された列数と間隔に従って描画キャンバス内の図を整列します。位置決めの基準は描画キャンバスの左上端です。

　まず、入力された間隔を前ページ下端の2行でポイントに換算します。次に上記2行目の「With .Item(1)」つまり1番目の図から「幅＋横間隔」と「高さ＋縦間隔」を計算し、変数「hDist」と「vDist」に入れます。

　最後に「For～Next」のループを使って、左から右へ、上から下へという順序で整列します。前項の場合と異なり、Word2007では描画キャンバス内の位置決めに「.Left」「.Top」を使うと描画キャンバスのサイズが変わるという不適切な仕様があるため、「.IncrementLeft( )」「.IncrementTop( )」で処理します。これらは図を動かすメソッドで、( )内には移動量を「ポイント」で指定します。正は右および下方向、負は左および上方向です。

　たとえば図を描画キャンバスの左端に揃えるには「.IncrementLeft(－図の左座標)」とします。左座標を示す「.Left」の値は、描画キャンバス内ではなぜか「1/20」で表示されるため「(-.Left * 20～」としました。

　続く「+ hSpace + hDist * ((i - 1) Mod hNo)」は左端からの距離で、最低でも「hSpace」の分だけ空けるようにしました。あとは、図の列位置によって横方向の距離を調整します。縦方向も同様です。

　なお、選択箇所が描画キャンバスかどうかをチェックする処理を入れるのがきれいな方法ですが、Word2007と2010では描画キャンバスの仕様が変わり、両方に対応するのは少々煩雑です。そこで、「エラーが発生したらerrHandlerにジャンプする」という方法で対処しています。

図編集
42 描画キャンバスの書式統一（2007以前）

描画キャンバスには枠線や塗りつぶしの書式を設定できます。本書自身 Word2007 で作っており、実行例とマクロの背景は描画キャンバスです。書式は最初から決めるのが最善ですが、あとから変える場合に備えて、一括設定するマクロを紹介します。

◇「描画キャンバス書式統一」マクロの実行例

描画キャンバスを選択してマクロを実行すると、書式がコピーされる。

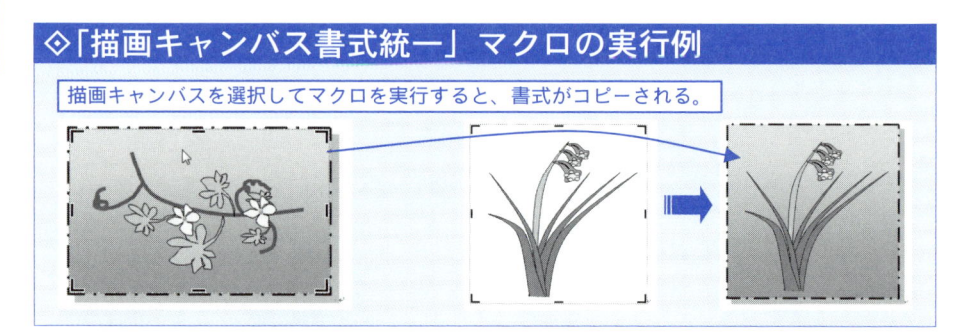

◇「描画キャンバス書式統一」マクロを書く

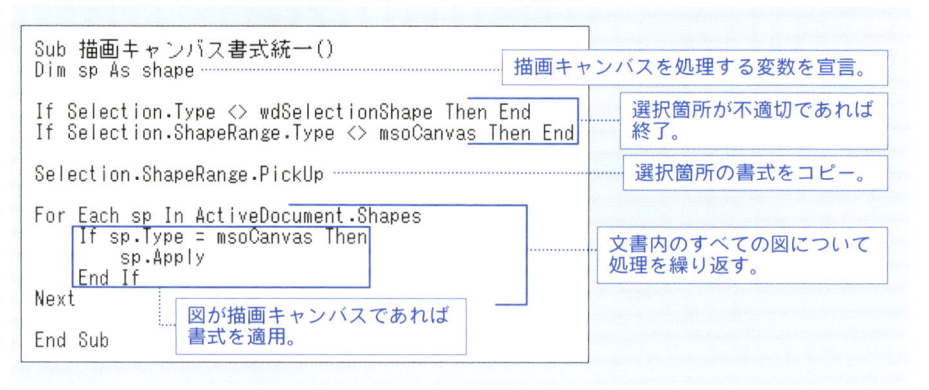

```
Sub 描画キャンバス書式統一()
Dim sp As shape                                    ' 描画キャンバスを処理する変数を宣言。

If Selection.Type <> wdSelectionShape Then End
If Selection.ShapeRange.Type <> msoCanvas Then End ' 選択箇所が不適切であれば終了。

Selection.ShapeRange.PickUp                        ' 選択箇所の書式をコピー。

For Each sp In ActiveDocument.Shapes
    If sp.Type = msoCanvas Then
        sp.Apply                                   ' 図が描画キャンバスであれば書式を適用。
    End If
Next                                               ' 文書内のすべての図について処理を繰り返す。
End Sub
```

ひと口解説　書式コピーは「.PickUp」と「.Apply」で処理

マクロの中ですべての書式を設定するのは大変なので、ひとつの描画キャンバスに設定した書式をすべての描画キャンバスにコピーするという方法をとりました。書式コピーは「.PickUp」と「.Apply」を使えば簡単です。ただし、このメソッドは Word2010 の描画キャンバスでは使えません。

43 図編集 テキストボックスの設定を調整する

テキストボックスにはサイズと中身の空きを調整するオプションがあります。Word2007以降では文字の上下位置を調整するオプションもあります。新しい文書を作るたびに書式設定を変えるのは面倒なので、マクロを作ってみました。

◇「テキストボックス調整」マクロの実行例

マクロを実行すると、中身との空き、幅と高さ、上下位置（Word2007）が設定され、既定値となる。

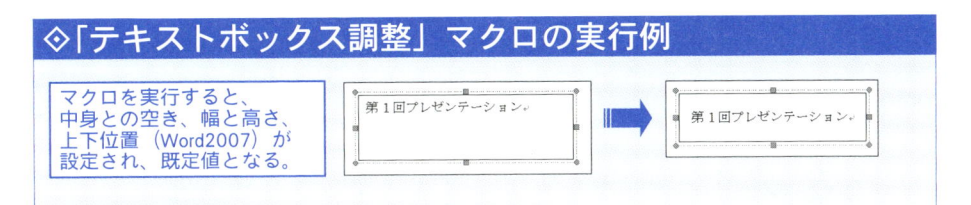

◇「テキストボックス調整」マクロを書く

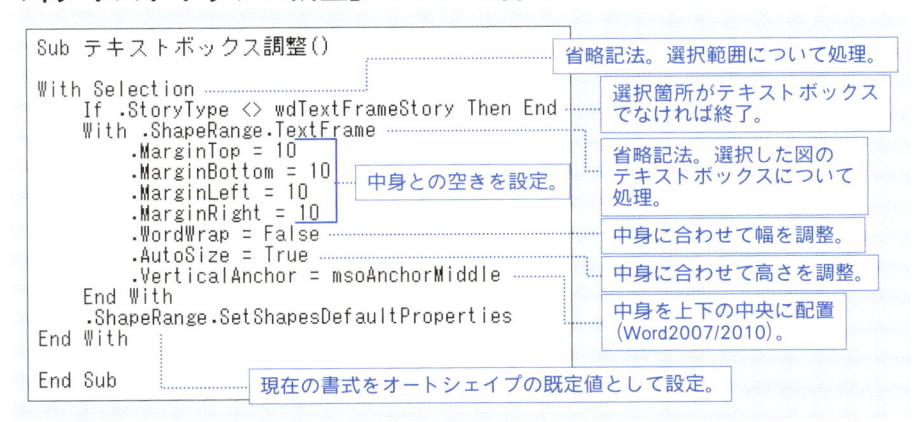

```
Sub テキストボックス調整()
With Selection                                    ─ 省略記法。選択範囲について処理。
    If .StoryType <> wdTextFrameStory Then End    ─ 選択箇所がテキストボックスでなければ終了。
    With .ShapeRange.TextFrame                    ─ 省略記法。選択した図のテキストボックスについて処理。
        .MarginTop = 10
        .MarginBottom = 10
        .MarginLeft = 10         ─ 中身との空きを設定。
        .MarginRight = 10
        .WordWrap = False                         ─ 中身に合わせて幅を調整。
        .AutoSize = True                          ─ 中身に合わせて高さを調整。
        .VerticalAnchor = msoAnchorMiddle         ─ 中身を上下の中央に配置（Word2007/2010）。
    End With
    .ShapeRange.SetShapesDefaultProperties        ─ 現在の書式をオートシェイプの既定値として設定。
End With
End Sub
```

ひと口解説 テキストボックスの書式を決め、既定値にする

3行目の「If」文は選択箇所がテキストボックスかどうかを判断します。「.WordWrap」は中身の折り返しを許可するオプションで、「False」にすると一番長い段落に合わせて調整されます。「.VerticalAnchor」はWord2007以降の新機能で、Word2003以前に書くとエラーになります。

「.ShapeRange.SetShapesDefaultProperties」を書くと、罫線や塗りつぶしを含めた現在の書式が、以降に描くオートシェイプの既定値になります。

図編集

44 行内配置写真の書式統一（2007/2010）

Word2003以前に対して Word2007 から写真の扱いが変わり、書式の種類が豊富になりました。ここでは Word2007 以降の行内配置写真の書式を統一するマクロを紹介します。処理方法は前項の描画キャンバスと同じですが、少し工夫が必要です。

◇「行内配置写真書式統一2007」マクロの実行例

行内配置の写真を選択してマクロを実行すると、書式がコピーされる。

◇「行内配置写真書式統一2007」マクロを書く

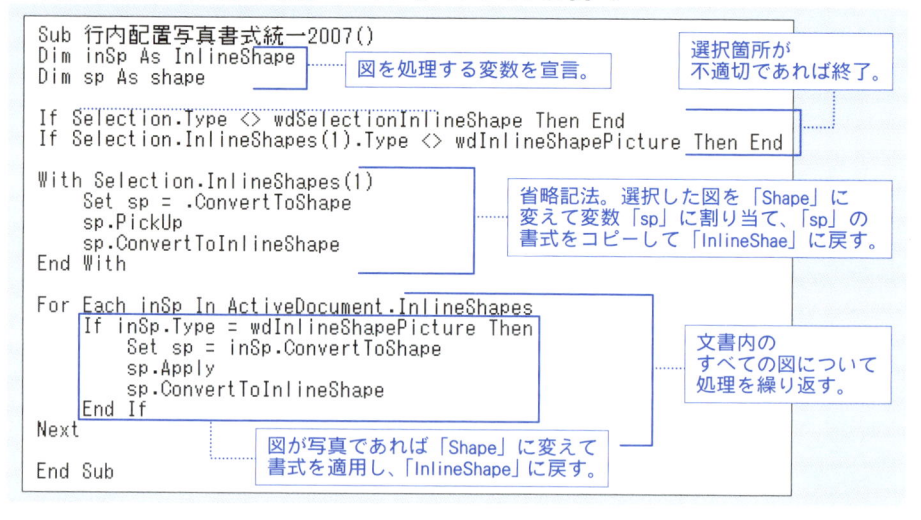

```
Sub 行内配置写真書式統一2007()
Dim inSp As InlineShape
Dim sp As shape

If Selection.Type <> wdSelectionInlineShape Then End
If Selection.InlineShapes(1).Type <> wdInlineShapePicture Then End

With Selection.InlineShapes(1)
    Set sp = .ConvertToShape
    sp.PickUp
    sp.ConvertToInlineShape
End With

For Each inSp In ActiveDocument.InlineShapes
    If inSp.Type = wdInlineShapePicture Then
        Set sp = inSp.ConvertToShape
        sp.Apply
        sp.ConvertToInlineShape
    End If
Next

End Sub
```

- 図を処理する変数を宣言。
- 選択箇所が不適切であれば終了。
- 省略記法。選択した図を「Shape」に変えて変数「sp」に割り当て、「sp」の書式をコピーして「InlineShae」に戻す。
- 文書内のすべての図について処理を繰り返す。
- 図が写真であれば「Shape」に変えて書式を適用し、「InlineShape」に戻す。

ひと口解説　「Shape」←→「InlineShape」変換を利用する

「Inlineshape」の書式コピーにはいい方法が見あたりません。そこで、いったん「Shape」に変換して前項と同じ「.Pickup」「.Apply」を利用し、「InlineShape」に戻すという方法をとりました。

45 図編集
複数の写真を別段落に分けて挿入する

複数の図をまとめて挿入すると、すべてがひとつの段落に配置されてしまい、場合によってはとても不便です。そこで、[図の挿入]ダイアログボックスで図を選択し、それぞれ別段落に分けるマクロを紹介します。実行例は省略します。

◇「写真別段落挿入」マクロを書く

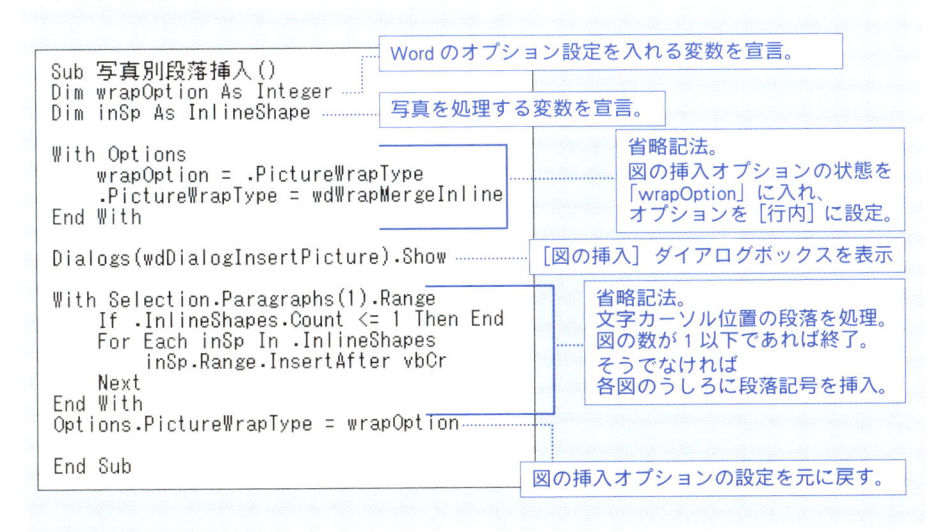

```
Sub 写真別段落挿入()
Dim wrapOption As Integer        ……Word のオプション設定を入れる変数を宣言。
Dim inSp As InlineShape          ……写真を処理する変数を宣言。

With Options                     ……省略記法。
    wrapOption = .PictureWrapType   図の挿入オプションの状態を
    .PictureWrapType = wdWrapMergeInline  「wrapOption」に入れ、
End With                            オプションを[行内]に設定。

Dialogs(wdDialogInsertPicture).Show  ……[図の挿入]ダイアログボックスを表示

With Selection.Paragraphs(1).Range   ……省略記法。
    If .InlineShapes.Count <= 1 Then End   文字カーソル位置の段落を処理。
    For Each inSp In .InlineShapes         図の数が1以下であれば終了。
        inSp.Range.InsertAfter vbCr        そうでなければ
    Next                                   各図のうしろに段落記号を挿入。
End With
Options.PictureWrapType = wrapOption  ……図の挿入オプションの設定を元に戻す。

End Sub
```

ひと口解説 写真の挿入はオプションに注意

　Wordでは、写真などの挿入時の配置形式をオプションで選択できます。しかし、段落内に配置するには[行内]形式にする必要があるので、現在の設定を変数「wrapOption」に確保した上でオプションを[行内]に設定します。
　次に[図の挿入]ダイアログボックスを表示します。その結果、段落内の図の数が「1以下」であれば終了し、そうでなければ各図のうしろに段落記号「vbCr」を追加します。
　最後に、「wrapOption」に確保した内容を使ってオプションの設定を元に戻します。

図編集

46 写真の幅と高さをまとめて調整する

行内配置した写真の大きさを調整するマクロです。最初にダイアログボックスで寸法を指定し、その寸法に合わせます。単純に幅を調整すると縦長と横長で大きさが異なってしまうので、縦長の写真は幅、横長の写真は高さを調整するようにしました。

◇「写真サイズ調整」マクロの実行例

マクロを実行すると、写真の向きによって幅または高さが調整される。

◇「写真サイズ調整」マクロを書く

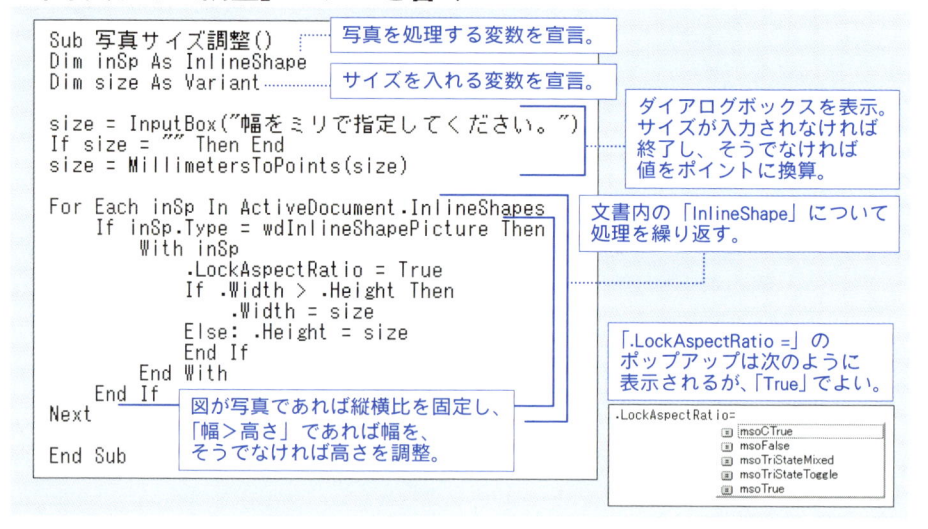

```
Sub 写真サイズ調整()
Dim inSp As InlineShape
Dim size As Variant

size = InputBox("幅をミリで指定してください。")
If size = "" Then End
size = MillimetersToPoints(size)

For Each inSp In ActiveDocument.InlineShapes
    If inSp.Type = wdInlineShapePicture Then
        With inSp
            .LockAspectRatio = True
            If .Width > .Height Then
                .Width = size
            Else: .Height = size
            End If
        End With
    End If
Next

End Sub
```

- 写真を処理する変数を宣言。
- サイズを入れる変数を宣言。
- ダイアログボックスを表示。サイズが入力されなければ終了し、そうでなければ値をポイントに換算。
- 文書内の「InlineShape」について処理を繰り返す。
- 「.LockAspectRatio =」のポップアップは次のように表示されるが、「True」でよい。
  - .LockAspectRatio=
    - msoCTrue
    - msoFalse
    - msoTriStateMixed
    - msoTriStateToggle
    - msoTrue
- 図が写真であれば縦横比を固定し、「幅>高さ」であれば幅を、そうでなければ高さを調整。

ひと口解説 サイズ調整は縦横比のオプションに注意

このマクロでは、幅または高さ優先で写真のサイズを調整します。一方だけが変わっては困るので、「.LockAspectRatio = True」で縦横比を固定した上で、横長であれば幅を、縦長であれば高さを調整しています。

画面表示

47 Wordウィンドウを定位置に表示する

タスクバーのショートカットメニューを使えば作業中のアプリケーションを並べて表示できますが、単純に均等割りされるので不便です。そこで、Wordウィンドウだけを定位置に表示するマクロを紹介します。実行例は省略します。

◇「Wordウィンドウ定位置表示」マクロを書く

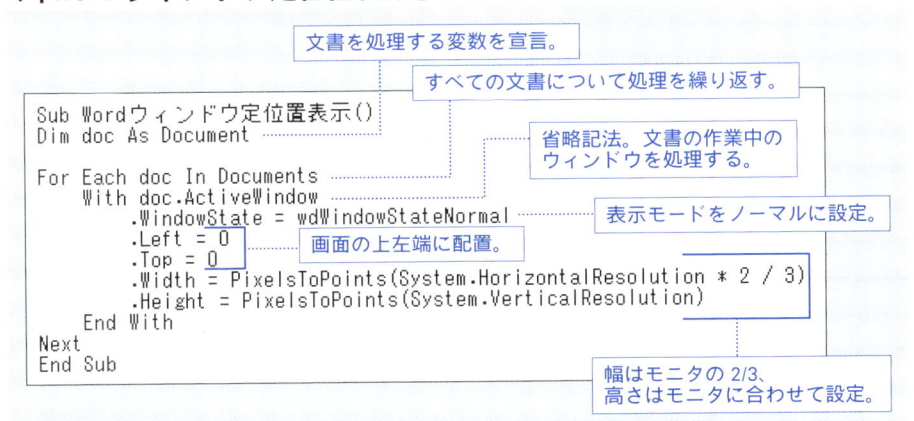

```
Sub Wordウィンドウ定位置表示()
    Dim doc As Document

    For Each doc In Documents
        With doc.ActiveWindow
            .WindowState = wdWindowStateNormal
            .Left = 0
            .Top = 0
            .Width = PixelsToPoints(System.HorizontalResolution * 2 / 3)
            .Height = PixelsToPoints(System.VerticalResolution)
        End With
    Next
End Sub
```

- 文書を処理する変数を宣言。
- すべての文書について処理を繰り返す。
- 省略記法。文書の作業中のウィンドウを処理する。
- 表示モードをノーマルに設定。
- 画面の上左端に配置。
- 幅はモニタの2/3、高さはモニタに合わせて設定。

ひと口解説 モニタの解像度から幅と高さを計算する

Wordでは文書ごとにウィンドウの表示を変えられるので、「For Each In ～Next」のループを使ってすべての文書を処理します。位置とサイズを変えるには「最大化」「最小化」のいずれでもない状態に設定します。それが「.WindowState = wdWindowStateNormal」です。

Wordウィンドウの位置はモニタの左上端からの距離指定しています。「.Left」「.Top」に割り当てる値はポイントですが、「pointstopixels( )」を使えばピクセルに換算することもできます。

幅と高さはモニタのピクセル数を元にして、幅は画面の2/3、高さは画面一杯になるように設定しています。「.Width」と「.Height」に割り当てる値はポイントなので、「PixelsToPoints」を使ってピクセルをポイントに換算しています。

48 画面表示
隠し文字だけ表示を切り換える

[編集記号の表示／非表示]ボタンをクリックすれば編集記号や隠し文字の表示を切り替えられますが、オンにするとすべて表示されてしまいます。そこで、隠し文字だけ表示を切り替えるマクロを紹介します。別の編集記号にも応用できます。

◇「隠し文字表示切り替え」マクロの実行例

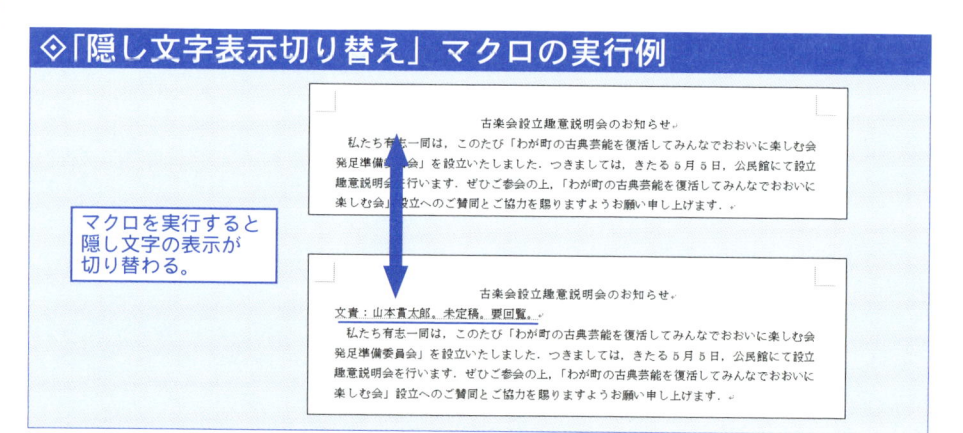

マクロを実行すると隠し文字の表示が切り替わる。

◇「隠し文字表示切り替え」マクロを書く

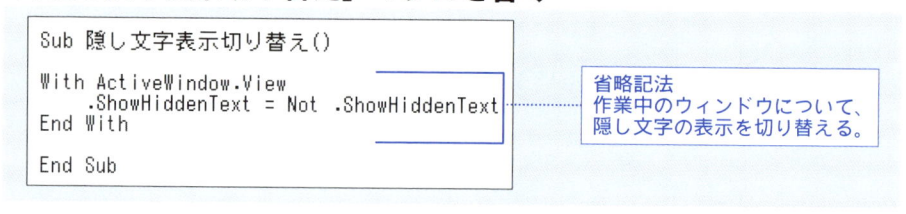

```
Sub 隠し文字表示切り替え()

With ActiveWindow.View
    .ShowHiddenText = Not .ShowHiddenText
End With

End Sub
```

省略記法
作業中のウィンドウについて、隠し文字の表示を切り替える。

ひと口解説　設定の反転は「= Not」が便利

　上記のように、いたって簡単なマクロです。実行するたびに現在の状態を反転します。つい「If ～ = True Then ～ = False」のように書きたくなるところですが、同じプロパティを「= Not」の両辺に置けば現状の否定となり、簡潔に書くことができます。ちなみに、「.View」には「.Show～」に始まるプロパティがたくさんあるので、少し書き換えるだけでいろいろな要素に応用できます。

画面表示

49 決まった寸法でグリッドを表示する

グリッド線の間隔はページ設定と関係付けられており、ページ設定を変えれば間隔も変わります。また、ときには中途半端な値になることもあり、使い勝手はよくありません。そこで、決まった寸法に切り替えるマクロを紹介します。

◇「グリッド間隔設定」マクロの実行例

マクロを実行するとグリッド線の表示が切り替わる。右図は表示例。

本文の左上端を基準にした例。

ページの左上端を基準にした例。

◇「グリッド間隔設定」マクロを書く

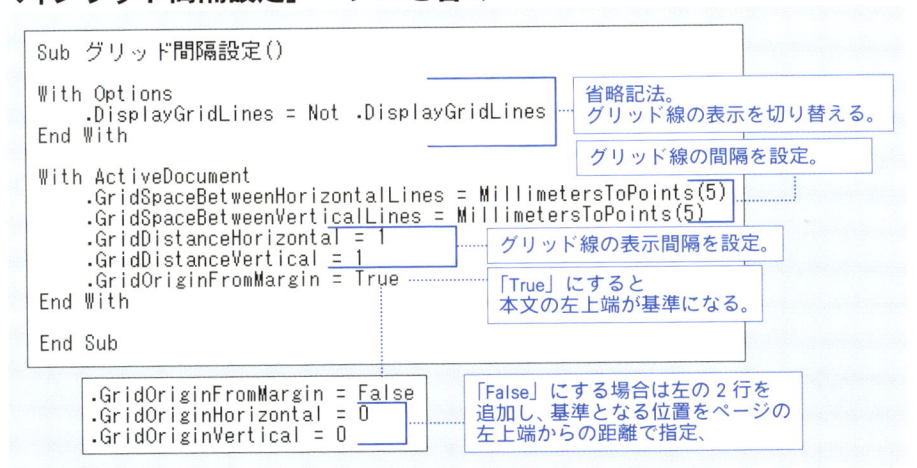

```
Sub グリッド間隔設定()

With Options
    .DisplayGridLines = Not .DisplayGridLines
End With

With ActiveDocument
    .GridSpaceBetweenHorizontalLines = MillimetersToPoints(5)
    .GridSpaceBetweenVerticalLines = MillimetersToPoints(5)
    .GridDistanceHorizontal = 1
    .GridDistanceVertical = 1
    .GridOriginFromMargin = True
End With

End Sub
```

- 省略記法。グリッド線の表示を切り替える。
- グリッド線の間隔を設定。
- グリッド線の表示間隔を設定。
- 「True」にすると本文の左上端が基準になる。

```
.GridOriginFromMargin = False
.GridOriginHorizontal = 0
.GridOriginVertical = 0
```

「False」にする場合は左の2行を追加し、基準となる位置をページの左上端からの距離で指定。

ひと口解説 グリッド線は基準位置の設定に注意

　グリッド線の処理は、表示切り替えとグリッド線の仕様設定に分かれます。最初の「With」ブロックが表示切り替え、2番目が仕様設定です。「.GridOriginFromMargin」の設定によって、基準の決め方が変わります。
　なお、このマクロ名を「ViewGridLines」にすると、既存の[グリッド線の表示]コマンドに置き換えることができます。

環境設定

50 文書の文字色でプリンタを切り替える

文書内の文字にカラーが使われているかどうかを調べ、その結果によってプリンタを切り替えた上で[印刷]ダイアログボックスを呼び出すマクロです。プリンタ名はマクロ内であらかじめ記述しておきます。図についてはチェックしていません。

◇「プリンタ自動切り替え」マクロの実行例

マクロ名を実行すると、文字に[自動]以外の色が使われているかどうかでプリンタを切り替え、ダイアログボックスを表示。

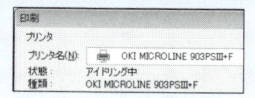

◇「プリンタ自動切り替え」マクロを書く

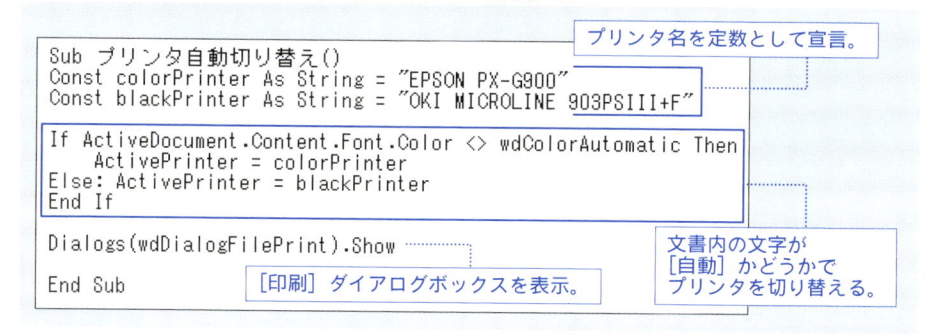

```
Sub プリンタ自動切り替え()
Const colorPrinter As String = "EPSON PX-G900"
Const blackPrinter As String = "OKI MICROLINE 903PSIII+F"

If ActiveDocument.Content.Font.Color <> wdColorAutomatic Then
    ActivePrinter = colorPrinter
Else: ActivePrinter = blackPrinter
End If

Dialogs(wdDialogFilePrint).Show

End Sub
```

プリンタ名を定数として宣言。

[印刷]ダイアログボックスを表示。

文書内の文字が[自動]かどうかでプリンタを切り替える。

ひと口解説 使うプリンタを定数として宣言

　使うプリンタ名を最初に定数として宣言します。プリンタ名は[～のプロパティ]ダイアログボックスの「～」部分と同じ表記にしてください。

　続く「If」文では、文書内の文字色が[自動]かどうかを判断します。[自動]とはWindowsのデザイン設定で「ウィンドウの文字」として設定した色で、既定では「黒」です。また、Word上で濃い網かけを設定した部分では「白」になります。1箇所でも[自動]以外の文字色が使われていれば条件が成立し、「ActivePrinter = colorPrinter」が実行されます。

　なお、マクロ名を「FilePrint」にすると、既存の[印刷]コマンドに置き換えることができます。

環境設定

51 アドインテンプレートをオン・オフする

「Normal」以外のテンプレートに保存したマクロを利用するにはそのテンプレートを Word に「アドイン」した上で「オン」にします。しかし、常にオンにしたいとは限りません。そんな場合のためにアドインを簡単にオン・オフするマクロを紹介します。

◇「アドイン切り替え」マクロを書く

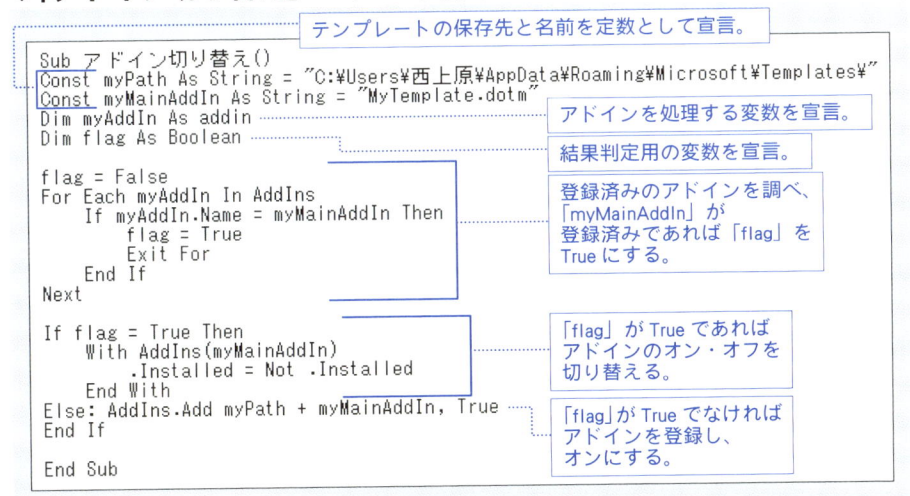

```
Sub アドイン切り替え()                         ← テンプレートの保存先と名前を定数として宣言。
Const myPath As String = "C:\Users\西上原\AppData\Roaming\Microsoft\Templates\"
Const myMainAddIn As String = "MyTemplate.dotm"
Dim myAddIn As addin                          ← アドインを処理する変数を宣言。
Dim flag As Boolean                           ← 結果判定用の変数を宣言。

flag = False
For Each myAddIn In AddIns                    ← 登録済みのアドインを調べ、
    If myAddIn.Name = myMainAddIn Then           「myMainAddIn」が
        flag = True                              登録済みであれば「flag」を
        Exit For                                 True にする。
    End If
Next

If flag = True Then                           ← 「flag」が True であれば
    With AddIns(myMainAddIn)                     アドインのオン・オフを
        .Installed = Not .Installed              切り替える。
    End With
Else: AddIns.Add myPath + myMainAddIn, True   ← 「flag」が True でなければ
End If                                           アドインを登録し、
                                                 オンにする。
End Sub
```

ひと口解説　アドインの登録とオン・オフは別処理

　このマクロでは、アドインテンプレートの保存先とテンプレート名を定数として宣言し、そのテンプレートがアドインとして登録済みかどうかを調べ、登録済みであれば変数「flag」を「True」にします。

　次に、「flag」が「True」であればオン・オフを切り替えます。「False」であればテンプレートをアドインとして登録した上でオンにします。

　なお、「myPath」に書く保存先の末尾には必ず「\」を付けてください。また、上の例の保存先は Windows Vista での既定の場所です。Windows XP では「C:\Documents and Settings\(ユーザー名)\Application Data\Microsoft\Templates」です。マクロ用テンプレートの拡張子は、Word2007/2010 では「.dotm」、Word2003 以前では「.dot」です。

187

環境設定

52 「既定のフォルダ」を切り替える

［ファイルを開く］［名前を付けて保存］［図の挿入］ダイアログボックスを開くと「既定のフォルダ」が表示されます。そこでこの仕様を利用し、作業の都合に合わせて「既定のフォルダ」自体を切り替えてしまおうというマクロです。

◇「既定フォルダ切り替え」マクロの実行例

マクロを実行し、番号を入力すると「既定のフォルダ」が切り替わる。

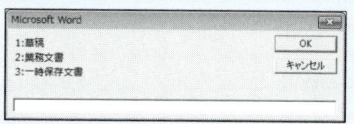

◇「既定フォルダ切り替え」マクロを書く

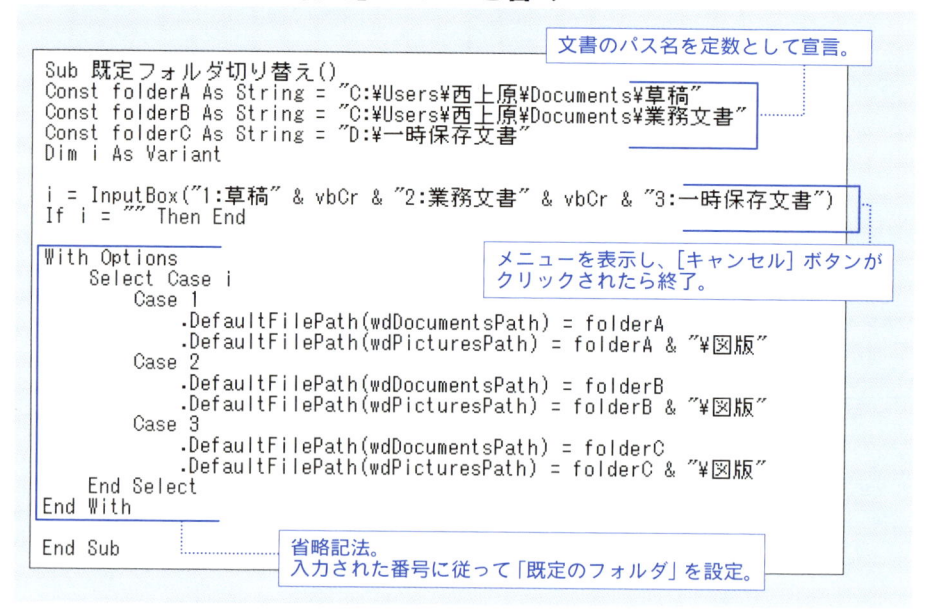

```
Sub 既定フォルダ切り替え()
Const folderA As String = "C:\Users\西上原\Documents\草稿"
Const folderB As String = "C:\Users\西上原\Documents\業務文書"
Const folderC As String = "D:\一時保存文書"
Dim i As Variant

i = InputBox("1:草稿" & vbCr & "2:業務文書" & vbCr & "3:一時保存文書")
If i = "" Then End

With Options
    Select Case i
        Case 1
            .DefaultFilePath(wdDocumentsPath) = folderA
            .DefaultFilePath(wdPicturesPath) = folderA & "\図版"
        Case 2
            .DefaultFilePath(wdDocumentsPath) = folderB
            .DefaultFilePath(wdPicturesPath) = folderB & "\図版"
        Case 3
            .DefaultFilePath(wdDocumentsPath) = folderC
            .DefaultFilePath(wdPicturesPath) = folderC & "\図版"
    End Select
End With

End Sub
```

文書のパス名を定数として宣言。

メニューを表示し、［キャンセル］ボタンがクリックされたら終了。

省略記法。
入力された番号に従って「既定のフォルダ」を設定。

📖 定数として宣言したフォルダが未作成の状態で実行するとエラーになるので注意してください。

ひと口解説

入力番号で処理を切り替える

　Word 起動後、最初に［ファイルを開く］［名前を付けて保存］［図の挿入］ダイアログボックスを呼び出すと「既定のフォルダ」が表示されます。別のフォルダを開けば次回はそのフォルダが表示されますが、Word を再起動するとまた「既定のフォルダ」が優先表示されます。

　したがって、よく使うフォルダは「既定のフォルダ」として登録すれば便利ですが、文書によってフォルダを使い分けている場合には困ります。そこで、よく使うフォルダへのパス名をあらかじめ定数として書き、メニューで切り替えようというのがこのマクロです。筆者はこのマクロにショートカットキーを割り当てて常用しています。

　「既定のフォルダ」には下図に示す種類がありますが、ここで変えるのは「文書」と「クリップアート」のフォルダです。「クリップアート」という名前になっていますが、マクロの方を見ればわかるように、その対象は「wdPicturesPath」、つまり［図の挿入］ダイアログボックスで、Office のクリップアートとは無関係です。

　図は文書と一体でコピーしたり移動することを考えると、文書と同じフォルダ、または下位のフォルダに保存するのがよいでしょう。そこでここでは、「図版」という名前のフォルダが文書のサブフォルダにあるものとして、「folderA & "¥図版"」のように処理しました。

　ちなみに、通常の操作で「既定のフォルダ」を変えるには、Word2002/2003 では［ツール(T)］-［オプション(O)...］コマンド、Word2007/2010 では［Word のオプション］ダイアログボックスから［既定のフォルダ］ダイアログボックスを呼び出します。

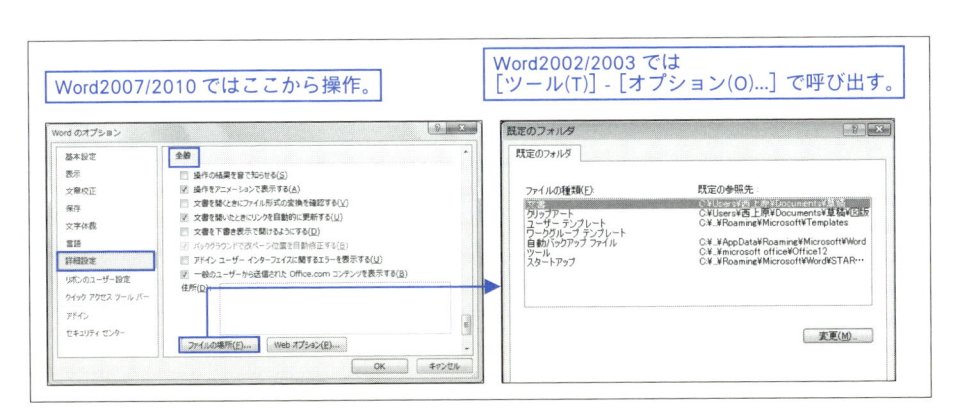

索引

【記号・英字】

- _ 23
- ' 23
- Apply メソッド 178
- Boolean 33
- Case プロパティ 42,95
- Const 45
- customUI 78,81,82
- Do〜Loop 38
- End 43
- Exit Do 43
- Exit For 43
- Find プロパティ 97
- First プロパティ 115
- For Each In〜Next 36,113
- For〜Next 35
- Format 関数 103
- GetAsyncKeyState 関数 131,134,165
- If〜End If 40,43
- InputBox 関数 39,119
- Integer 33
- Long 33
- MoveEnd メソッド 87
- Move メソッド 87
- MsgBox 関数 119
- NewMacros 21
- Not 演算子 184
- Object 33
- On Error Resume Next 123
- Option Base 150
- Option Explicit 19
- PickUp メソッド 178
- Range オブジェクト 38,93
- Round 関数 104
- Select Case 42
- Selection オブジェクト ... 38,93
- Single 33
- String 33
- Sub〜End Sub 22
- Until 38
- Variant 33
- VB Editor 16,18
  - イミディエイトウィンドウ 55
  - ウォッチウィンドウ 54
  - オブジェクトブラウザ 31
  - オプション設定 19
  - コードウィンドウ 18
  - ツールバー 18
  - プロジェクトエクスプローラ 18
  - 呼び出し方 16
  - ローカルウィンドウ 53
- vbCr（段落記号） 87
- While 38
- With 44
- Word ウィンドウ定位置表示 183

【ア】

- 赤字処理 143
- アドイン切り替え 187
- アドインテンプレート ... 68,69
- アラビア数字漢数字変換 ... 100
- アンカーロック切り替え .. 161
- イミディエイトウィンドウ 55
- インデント 24
- ウォッチウィンドウ 54
- 英字半角変換 96
- 英略号全角変換 98
- エラー
  - 回避オプション 123
  - 対処 57
- オートシェイプ 137
- オブジェクト 25,36,44
- オブジェクトコレクション 25
- オブジェクトブラウザ 31

【カ】

- 開発タブ 17
- カウンタ 35
- 隠し文字表示切り替え 184
- 下線語句書き出し 90
- 括弧囲み割注変換 108
- 空段落削除 112
- 既定のフォルダ 65,67
  - 切り替え 188
- 行数増減 130
- 強制改行 120
- 行列転置 146
- 記録マクロ 10
  - 記録方法 10
  - 実行方法 12
  - 使いみち 14
  - 中身を見る 13
- クイックアクセスツールバー 72
- 組み込み定数 30,62
- 繰り返し 35,38
- グリッド間隔設定 185
- グループ化 168
- 蛍光ペン白色置換 88

索引

継続行 …………………………… 23
桁区切りカンマ挿入 ………… 102
行内配置写真書式統一 ……… 180
行内配置図番号一括挿入 ‥ 162
後方削除 ………………………… 86
コードウィンドウ ……………… 18

【サ】
式フィールド ………………… 100
字下げ段落処理 ……………… 114
四捨五入 ……………………… 105
指定文字数折り返し ………… 116
写真サイズ調整 ……………… 182
写真別段落挿入 ……………… 181
重複語句削除 ……………… 90,92
条件処理 ………………………… 40
小数点以下四捨五入 ………… 104
章見出しワードアート化‥ 166
処理選択 ………………………… 42
数字セル右揃え ……………… 152
数字半角変換 ………………… 97
図拡大縮小 …………………… 164
ステップアウト ……………… 51
ステップイン ………………… 51
ステップオーバー …………… 51
図番号一括挿入 ……………… 162
図版縦横整列 ………………… 174
セキュリティ …………………… 66
セクション書式コピー ……… 142

【タ】
縦中横文字 …………………… 106
タブ（Word2010）…………74,76
段組み書式コピー …………… 141
段落記号 ………………………… 87
注釈記号 ………………………… 23
定数 ……………………… 30,31,45
データ型 ………………………… 33

テキストボックス調整 …… 179
テンプレート ………………… 64
　　アドイン ………………… 67
　　保存先 …………………… 64
ドロップキャップ一括設定
　…………………………… 122

【ハ】
配列変数 ………… 147,150,169
半角カタカナ全角変換 …… 94
描画キャンバス …………… 173
　　書式統一 ……………… 178
描画キャンバス内
　　グループ解除 …… 170,172
　　図版グループ化 ……… 168
　　図版縦横整列 ………… 176
表行斜め揃え ……………… 151
標準モジュール …………… 21
　　コピー ………………… 65
表書式設定 ………………… 154
表スタイル一括適用 ……… 160
表タイトルに番号追加 …… 144
表中央揃え ………………… 157
表内赤字処理 ……………… 143
表幅調整 …………………… 158
表番号追加 ………………… 144
表左揃え …………………… 156
便箋 ………………………… 135
二桁数字縦中横文字変換‥ 106
プリンタ自動切り替え …… 186
ブレークポイント ………… 52
プロジェクトエクスプローラ
　…………………………… 18
プロジェクト名 …………… 73
プロパティ …………… 26,31
ページサイズ切り替え …… 126
ヘルプ ……………………… 59
変数 ………………………… 32

宣言 ………………………… 33
宣言の強制 ……………… 19,56
中身の入れ替え ………… 129
ポップアップ ……………… 48
本文段落追い込み………… 120

【マ】
マクロ
　　実行 …………………… 49
　　ショートカットキー…… 70
　　名前 …………………… 22
　　ボタン ………………… 71
マクロダイアログボックス
　…………………………… 69
見出しスタイル化 ……… 124
無限ループ ……………… 58
メソッド ……………… 29,31
文字種変換 ……………… 95
文字数増減 ……………… 133
モジュール ……………… 21

【ラ】
ラベル …………………… 57
ループ …………………… 35
　　強制脱出 …………… 43
　　無限 ………………… 58
ローカルウィンドウ …… 53

【ワ】
ワードアート …………… 166
割注 ……………… 108,110
　　解除 ………………… 110

著者■西上原裕明

有限会社 TURTLE&WEST 代表。
最近の著書： 「Word2007 全機能 Bible」
「Word で作る仕事の書類 速効 お役立ちレシピ集 2007 対応」
「Word2007 書式設定・文書整形の達人技」
「仕事がはかどる Word2007 の技」
「Word2007 レイアウトでこうしたい 事例事典」
「もう迷わない！Word のしくみと落とし穴 2007 対応」
「もう迷わない！Word でハガキ宛名印刷・差し込み印刷 2007/2003/2002 対応」
「もう迷わない！Word で作る長文ドキュメント 2007/2003/2002 対応」
「これで完璧！Word で作る縦書き文書 2007/2003/2002 対応」
「Word のストレス解消読本」
「仕事に差が出る Word 快速活用術」など。
以上、技術評論社刊

Web ページ：http://www.turtle-west.co.jp

カバーデザイン	◆花本浩一（麒麟三隻館）
本文デザイン・DTP	◆TURTLE&WEST
編集担当	◆熊谷裕美子

Wordで作ったWordの本
作って簡単・超便利！
Wordのマクロ実践サンプル集
［Word2010/2007/2003/2002対応］

2010 年 8 月 5 日　初　版　第 1 刷発行

著　者　西上原　裕明
発行者　片岡　巌
発行所　株式会社技術評論社
　　　　東京都新宿区市谷左内町 21-13
　　　電話　03-3513-6150　販売促進部
　　　　　　03-3513-6166　書籍編集部
印刷／製本　昭和情報プロセス株式会社

定価はカバーに表示してあります。

本の一部または全部を著作権法上の定める範囲を越え、無断で複写、複製、転載、あるいはファイルに落とすことを禁じます。

©2010　西上原 裕明

造本には細心の注意を払っておりますが、万一、乱丁（ページの乱れ）や落丁（ページの抜け）がございましたら、小社販売促進部までお送りください。送料小社負担にてお取り替えいたします。

ISBN978-4-7741-4316-3 C3055
Printed in Japan

■問い合わせについて
　本書に関するご質問は、FAX や書面でお願いいたします。電話での直接のお問い合わせにはいっさいお答えできませんのであらかじめご了承ください。また、以下に示す弊社の Web サイトでも質問用フォームを用意しておりますのでご利用ください。
　ご質問の際には、書籍名と質問される該当ページ、返信先を明記してください。e-mail をお使いになれる方は、メールアドレスの併記をお願いいたします。
　なお、ご質問は「解説の文意がわからない」「解説どおりに操作してもうまくいかない」といった本書に記載されている内容に関するもののみとさせていただきます。本書の内容を超えた Word の操作方法にはお答えできかねます。
　お送りいただいたご質問には、できる限り迅速にお答えできるよう努力いたしておりますが、場合によってはお答えするまでに時間がかかることがあります。また、回答の期日をご指定なさっても、ご希望にお応えできるとは限りません。あらかじめご了承くださいますよう、お願いいたします。
　なお、ご質問の際に記載いただいた個人情報は質問の返答以外の目的には使用いたしません。質問の返答後は速やかに削除させていただきます。

■問い合わせ先
〒162-0846
東京都新宿区市谷左内町 21-13
株式会社技術評論社　書籍編集部
『Word のマクロ実践サンプル集』係
FAX 番号：03-3513-6167
技術評論社 Web：http://gihyo.jp/book